- 国家社会科学基金一般项目"高质量发展背景下旅游企业开放式创新的实现机制与政策保障研究"(18BGL149)
- 北京社会科学基金重大项目"建设'全国科技创新中心'视角下的北京旅游企业创业模式研究"(20ZDA06)

旅游企业创新创业管理研究
理论与案例

Innovation and Entrepreneurship Management in Tourism Enterprises: Theories and Cases

李彬 秦宇 著

华中科技大学出版社
http://www.hustp.com
中国·武汉

图书在版编目(CIP)数据

旅游企业创新创业管理研究:理论与案例/李彬,秦宇著. —武汉:华中科技大学出版社,2021.10
ISBN 978-7-5680-7581-7

Ⅰ.①旅… Ⅱ.①李… ②秦… Ⅲ.①旅游企业-企业管理-研究 Ⅳ.①F590.65

中国版本图书馆 CIP 数据核字(2021)第 218578 号

旅游企业创新创业管理研究:理论与案例
Lüyou Qiye Chuangxin Chuangye Guanli Yanjiu:Lilun yu Anli

李彬　秦宇　著

策划编辑：王　乾
责任编辑：张　琳
封面设计：原色设计
责任校对：谢　源
责任监印：周治超

出版发行：华中科技大学出版社(中国•武汉)　　电话：(027)81321913
　　　　　武汉市东湖新技术开发区华工科技园　　邮编：430223
录　排：华中科技大学惠友文印中心
印　刷：武汉科源印刷设计有限公司
开　本：710mm×1000mm　1/16
印　张：16.75　插页：2
字　数：320 千字
版　次：2021 年 10 月第 1 版第 1 次印刷
定　价：68.00 元

本书若有印装质量问题,请向出版社营销中心调换
全国免费服务热线：400-6679-118　竭诚为您服务
版权所有　侵权必究

内容摘要 CONTENT DESCRIPTION

新时代下我国旅游业向高质量发展阶段迈进,其中创新驱动、创新引领成为重要驱动力。旅游业创新创业活动大都由企业来落地实现,旅游企业是创新创业活动的"主力军"和"先锋部队"。然而当前对旅游企业创新创业的研究仍然处于起步阶段,研究的视角和结论还较为分散,有待从理论构建和经验研究方面进行深入推进。

本书各章节安排和主要内容如下。

第一章,绪论。本部分主要介绍旅游企业创新创业的研究背景和研究意义,进而对旅游创新、旅游创业等内容进行文献回顾。对旅游创新、旅游创业的概念进行界定,并提出了"旅游创新型创业"的概念,最后提出了一个旅游企业创新创业研究框架作为整本书的研究思路。

第二章,研究设计与研究方法。本部分提出本书采用质性与案例研究方法,重点介绍研究设计和数据分析策略,通过对68家旅游企业进行跟踪调查,运用深入访谈、实地观察和档案资料分析等方法,归纳得出旅游企业创新创业管理的理论命题和推论。

第三章,旅游企业创新创业环境。本部分提出环境因素是旅游企业创新创业重要的外部驱动力,并从宏观环境、旅游地(旅游目的地和客源地)环境、旅游产业环境三个方面进行分析,旅游地环境是旅游情境下企业创新创业研究的独特贡献。

第四章,旅游创业者与创业动机。本部分对我国旅游企业家成长阶段特征及新兴旅游创业者特征进行分析,重点分析旅游创业者的创业动机,提出旅游企业家资源是一个地区旅游业发展的重要资源,在传统旅游创业动机的基础上提出了"兴趣爱好需求驱动型动机"。

第五章,旅游企业创业机会识别及影响因素。本部分通过对8家互联网旅游公司进行多案例分析,发现旅游企业的创业机会是旅游创业者通过认知框架而逐步构建,分为服务驱动型和技术驱动型两类机会识别模式,影响因素主要包括外部环境因素和内部环境因素。

第六章,旅游企业创业资源管理与成长管理。本部分提出旅游企业通过资源拼凑和资源编排两种方式对资源进行重组、配置和开发,从创业团队管理、投融资管理、创业失败管理3个方面对旅游企业成长管理进行分析,其中总结提炼出旅游企业创业失败的几个主要内外部原因。

第七章到第八章,分别介绍旅游企业的战略创业和乡村旅游中的乡村创业。采用单案例研究方法,发现旅游企业战略创业从创业心智、创业文化和创业领导力、战略性配置资源、应用创造力和发展创新几个方面展开。乡村旅游创业采用共生式运营模式,通过形成"村集体合作社+运营商+X"的多元合作模式,并对本地资源进行"资源编排"管理。

第九章,旅游业创新发展的阶段与模式。本部分首先总结我国旅游业演进中的三个创新阶段,之后从纵向一体化控制资源、分解产业链条从事专业化生产、基于供给的产品要素创新、旅游市场的微细分创新四个方面总结旅游业创新模式。

第十章,旅游企业开放式创新。本部分通过对亚朵集团与旅悦集团进行双案例分析,归纳总结旅游企业开放式创新模式,包括以用户为导向的多行业发散型开放式创新模式和以技术为导向的旅游产业链横向型开放式创新模式。

第十一章到第十三章,分别介绍旅游企业管理创新、商业模式创新和服务创新。采用单案例研究方法,发现管理模式创新包括战略创新、组织结构创新、员工激励与发展创新、技术创新四个方面;商业模式创新包括打造独特的价值主张、目标市场、资源配置、产品与服务设计、收入模式五个方面;服务创新从酒店主题创新、产品创新升级、对客服务流程创新三个方面展开。

第十四章,研究结论与展望。

本书的主要理论贡献和实践价值体现在,首先,得出了一个旅游企业创新创业管理整合性理论框架,所提出的主要观点和理论命题,能够突出体现旅游情境化特征,对一般创新创业理论起到拓展作用,同时也对旅游管理的知识体系和理论框架在"创新创业"部分进行了完善。其次,本书所构建的旅游企业创新创业管理框架及得出的结论,可以为旅游企业的实践提供理论基础和指导,为政府相关部门在针对旅游创新创业发展制定相关政策、完善治理体系方面起到指导作用。最后,本书中所提出的案例,能够为更多旅游创业者、创新者提供可借鉴的经验和做法。

前言 FOREWORD

长期以来,我国旅游业中的创新创业一直被认为是开个小旅行社、小旅馆、餐馆或旅游商品店,或是收取景区门票。这样的"生存型创业",虽然被认为是旅游创业的一种重要形式,甚至在国内外研究中还较为常见,但这种创业形式缺乏"创新"这一内核,特别是在商业模式、管理模式和服务模式等方面缺乏改变行业惯例的做法。自1996年以来,锦江之星、如家、7天、汉庭等连锁酒店开始出现,以及1999年以来携程、艺龙、去哪儿等在线旅游企业开始兴起,大量依托新兴技术、新兴市场而产生的旅游新业态企业不断涌现,已成为旅游业高质量发展中的热点和亮点。

20世纪初,本书作者就敏锐地观察到这一现象,从关注早期经济型连锁酒店如家、锦江之星等开始,不断跟踪研究旅游企业的创业创新实践。对若干家旅游企业进行持续调研。例如,如家、住友、东呈、驿家365等每3~4年调研一次;穷游网、发现旅行、6人游、隐居乡里等则每年调研一次。目前,我们已经调研了68家旅游企业(集团),积累了近500万字的案例资料。在这一过程中,我们也陆续发表了一些学术论文和报纸媒体文章、调研报告等,但这些成果较为分散,需要进一步对这一领域的研究进行整合,并进一步在经验研究的基础上构建理论框架,从而为后续研究打下基础,本着这样的研究目的而完成本研究成果。

本书有如下特色。一是以理论构建为主。本书提出旅游创新型创业的概念,并通过理论回顾提出一个初步研究框架,进而基于质性与案例研究方法进一步归纳分析和理论构建,从而提出了一个旅游企业创新创业的理论框架,该框架突出旅游企业创新创业中的情境化特征,对主流企业创新创业理论和旅游管理理论有一定的拓展和完善。二是采用质性与案例研究方法,单案例与多案例研究设计相结合,突出该研究方法的理论构建作用,使得理论构建是建立在大量经验研究的基础上而进行的归纳逻辑下的提炼和总结工作。三是对实践的指导意义。尽管本书突出理论构建这一大特点，但同时也突出旅游企业的案例分析，全书提供了几十个从不同视角和主题撰写的案例分析，从而在理论上和案例实践上都可以为旅游企业创业者和管理者提供有价值的参考。

  本书的完成是集体智慧的结晶。李彬、秦宇进行了框架设计和整体内容的把关、各章的书写以及修改完善等。张壮、姜姗姗、杨露鹭、胡丹婷、段壮、王倩文、秦玉范、辛欢、孙蓉蓉、张昕、李橙等研究生参与了部分初稿的写作和内容修订工作。

  感谢68家旅游企业相关负责人在调研过程中给予我们的大力支持和无私帮助，也要感谢在研究过程中，中关村智慧旅游创新协会首任会长张德欣的指导和帮助。另外，感谢北京第二外国语学院旅游科学学院的谷慧敏院长、中国旅游研究院院长戴斌教授的支持。特别要感谢华中科技大学出版社的编辑老师们的辛苦付出！

  最后期待这本书能够记录下我国旅游企业创新创业的成长历程，对旅游创新创业实践者、研究者能够有一定启发。

李彬 秦宇

2021年7月12日

目录 CONTENTS

第一章　绪论 1
　第一节　研究背景与研究意义　1
　第二节　研究回顾　7
　第三节　概念界定　21
　第四节　研究框架　26

第二章　研究设计与研究方法 29
　第一节　研究方法论　29
　第二节　研究设计与数据分析策略　34

第三章　旅游企业创新创业环境 50
　第一节　宏观环境　50
　第二节　旅游目的地与客源地环境　68
　第三节　旅游产业环境　78

第四章　旅游创业者与创业动机 80
　第一节　旅游创业者与旅游企业家　80
　第二节　旅游创业者特征与创业动机分析　89

第五章　旅游企业创业机会识别及影响因素 104
　第一节　旅游企业机会识别　104
　第二节　旅游企业创业机会识别的影响因素　104
　第三节　旅游企业创业机会识别的案例分析　107

第六章　旅游企业创业资源管理与成长管理 117
　第一节　旅游企业创业资源开发与利用　117

第二节　旅游企业创业成长管理　124
第三节　旅游企业创业失败及影响因素　137
第四节　旅游企业创业失败的案例分析　141

第七章　旅游企业的战略创业　145
第一节　旅游企业战略创业概述　145
第二节　旅游企业战略创业案例分析　149

第八章　乡村旅游中的乡村创业　156
第一节　乡村旅游创业概述　156
第二节　乡村旅游创业案例分析　162

第九章　旅游业创新发展的阶段与模式　168
第一节　旅游业演化中的创新阶段　168
第二节　旅游业创新模式　174
第三节　微细分——旅游市场创新的新方向　179

第十章　旅游企业开放式创新　182
第一节　企业开放式创新　182
第二节　旅游企业开放式创新研究　186
第三节　旅游企业开放式创新案例分析　188

第十一章　旅游企业管理创新　199
第一节　旅游企业管理创新相关理论　199
第二节　旅游企业管理创新案例分析　204

第十二章　旅游企业商业模式创新　209
第一节　旅游企业商业模式创新相关理论　209
第二节　旅游企业商业模式创新案例分析　215

第十三章　旅游企业服务创新　220
第一节　旅游服务企业服务创新相关理论　220
第二节　旅游企业服务创新案例分析　223

第十四章　研究结论与展望　232
　　第一节　研究结论　232
　　第二节　研究展望　237

参考文献　240

第一章 绪 论

第一节 研究背景与研究意义

一、研究背景

长期以来,我国旅游业经济效益并不乐观,旅游业经济效益的区域不平衡现象也较为严重,同时旅游业经济增长方式很大程度上依靠的是劳动力投入,资本及其效率、技术、管理等全要素生产率还不高,增长方式仍较为粗放,亟须转型升级,向高质量发展阶段迈进。其中,创新能力的提升是旅游业转型升级的关键(宋振春等,2012;戴斌,2019)。

新时代旅游业发展也开始进入新阶段。党的十九大报告指出,中国特色社会主义进入新时代,我国社会主要矛盾已经转化为人民日益增长的美好生活需要和不平衡不充分的发展之间的矛盾。2020年9月1日,习近平总书记在中央全面深化改革委员会第十五次会议上强调,加快形成以国内大循环为主,国内国际双循环互相促进的新发展格局。这是全面建成小康社会,进而开启全面建设社会主义现代化国家新征程,面对世界"百年未有之大变局",面对国家发展优势和现实约束提出的发展战略。《中华人民共和国国民经济和社会发展第十四个五年规划和2035年远景目标纲要》中强调,要推动文化和旅游融合发展,建设一批富有文化底蕴的世界级旅游景区和度假区,打造一批文化特色鲜明的国家级旅游休闲城市和街区。

文化和旅游部《"十四五"文化和旅游发展规划》指出,要坚持创新驱动,突出创新的核心地位,把创新作为引领发展的第一动力,全面推进模式创新、业态创新、产品创新,大力发挥科技创新对文化和旅游发展的赋能作用,全面塑造文化和旅游发展新优势。

(一)创新创业成为旅游业高质量发展的重要驱动力量

创新创业与旅游业发展进行深度融合,会大大促进旅游业创新发展(宋瑞,

2019)。目前创新创业与旅游业的融合主要包括两类:一类是研发和应用新兴科技成果、前沿技术而形成的旅游产业创新活动,如大数据、云计算、人工智能、虚拟现实技术等对传统旅游业的重新塑造及其引致的旅游业技术边界变化;另一类则是伴随着旅游需求的多样化、差异化、个性化的发展,对旅游业内外要素整合重组,以业态融合为特征的旅游业态创新活动,如"互联网+旅游"中所涌现的旅游共享住宿、共享出行模式等。

在我国进入高质量发展阶段,"创新成为引领发展第一动力"大背景下,作为我国经济战略性支柱产业的旅游业存在着自主创新动力不足与创新方式封闭落后的"创新自闭症"问题,与零售业、金融业等现代服务业的创新水平相比仍存在差距(辛安娜,李树民,2015),低水平价格竞争、同质化产品设计、滞后的经营管理方式等问题严重影响对客服务质量和游客满意度(戴斌等,2015)。但是,从当今一批新兴旅游企业的发展实践来看,创新成为解决上述问题的重要实践。携程、艺龙、途牛、马蜂窝、世界邦、华住、亚朵等一批新兴旅游企业在互联网、大数据、人工智能等新兴技术赋能以及旅游消费品质升级的推动下在技术应用、商业模式、管理与服务等方面有新的突破。

从当前我国旅游创新相关政策来看,我国旅游业已迈向高质量发展阶段,党的十九大报告所指出的创新、开放的新发展理念以及文化和旅游部提出的"坚持全方位开放开拓,从资源驱动向创新驱动转变"的工作部署提供了重要政策导向。2020年11月30日,文化和旅游部联同国家发展改革委等十部门联合印发《关于深化"互联网+旅游"推动旅游业高质量发展的意见》。2021年,文化和旅游部印发的《"十四五"文化和旅游发展规划》指出,深化"互联网+旅游",加快推进以数字化、网络化、智能化为特征的智慧旅游,培育一批智慧旅游创新企业和示范项目,提出要提升文化和旅游发展的科技支撑水平,聚焦文化和旅游发展重大战略和现实需求,深入实施科技创新驱动战略,强化自主创新,集合优势资源,加强关键技术研发和应用,全面提升文化和旅游科技创新能力。其中,特别强调了创新载体建设,认定和建设一批文化和旅游部重点实验室、国家旅游科技示范园区等文化和旅游科技创新载体,支持文化和旅游企事业单位联合高校、研究机构申报国家重点实验室、技术中心等。这一系列政策的推出,反映了政府相关部门逐渐重视旅游企业的创新创业。然而,针对创新创业的动力激励、成果保护、利益分享等方面的具体政策制定及效果分析仍然没有深入研究。

(二)旅游市场主体的创业成长和创新发展是旅游业壮大的重要路径

旅游企业是旅游供需系统的重要组成部分,是旅游市场和旅游业的微观运行主体(申葆嘉,2010)。旅游企业为旅游者提供产品服务并创造价值,旅游业的高质量发展,很大程度上取决于旅游企业的高质量发展。

改革开放以来的相当长一段时间内,旅游企业的创业形式一般体现为"夫妻店""朋友店"式的小旅行社、小旅馆,甚至有些人把山圈上、水围上,然后收取门票。这些旅游创业形式当然非常重要,在特定的历史条件下对旅游业的发展起到了重要的推动作用,同时还解决了就业等问题。然而,问题似乎也是很明显的,那就是缺乏"创新",从整个行业来看缺乏在商业模式、管理模式和服务模式等方面的创新。没有创新的注入,旅游企业曾在相当长一段时间内被认为有"散、小、弱、差"等特征,旅游业也被认为是没有技术含量、低门槛的"低端"和"传统"的服务行业。

然而,在互联网技术背景下产生携程、艺龙、去哪儿等在线旅游企业,在大众商旅发展的需求背景下产生锦江之星、如家、7天、汉庭等连锁酒店公司,真正市场经济条件下的旅游创新和创业开始出现,并以"迅雷不及掩耳之势"不断掀起旅游业的创新浪潮,让"传统"的旅游市场主体,也开始与移动互联网、大数据、人工智能等新兴技术相结合,与大型连锁集团相结合,与时尚个性化、国际化、高品质的生活方式相结合,出现了大量新兴旅游市场主体。这些新兴旅游企业,本身自带创新的"DNA",在市场经济和商业逻辑下,通过创业,不断实现成长。目前,这些企业中的一批典型企业已经成为各自领域的头部企业,如携程、美团、驴妈妈(景域)、锦江、首旅如家、华住、格林豪泰、东呈等,它们的持续创新和发展,将会在旅游业起到引领作用,并对旅游业的创新和发展有重要影响,这将是旅游业高质量发展的一个重要路径。

从政府相关部门视角看,应重视旅游市场主体的引导和培育。中国旅游研究院院长戴斌(2016;2019)提出,没有强大的旅游市场主体,就没有强大的旅游产业,各级党委和政府要更加重视市场主体的作用,需要以开放的心态引进区域外的市场主体,需要下大力气培育本土的市场主体。营造良好的营商环境,鼓励旅游市场主体创新发展,培育多元化旅游市场主体,是激发旅游市场主体活力、实现旅游产业不断发展壮大、增强产业竞争力的重要路径。

(三)旅游企业创新创业研究处于起步阶段,亟待进行理论构建

当前,我国旅游企业创新创业研究仍然处于起步阶段,尽管已有一些实证研究和综述类成果,但是,一方面缺乏对旅游企业在创新创业实践方面的实证研究,特别是针对创新创业的模式、过程、优秀案例的调查研究,另一方面缺乏旅游企业创新创业研究的指导性理论框架。基于旅游企业创新创业研究的指导性理论框架,我们可以对旅游创新创业研究进行较为系统的分析。更为重要的是,我国旅游业、旅游企业发展迅速且变化快,有很多体现"旅游"情境的实践可以进行提炼

总结,形成凸显"旅游企业"特色的创新创业研究框架体系,但这方面工作目前还处于起步阶段。

特别是在新时代下,技术、经济和社会环境发生的重大变化直接或间接影响着旅游企业创新创业实践,因此关于旅游企业研究的假设也在发生变化,理论模型中的主要变量也需要重新审视(秦宇,2018)。旅游业中的特殊情境特点可以为旅游企业创新创业理论的构建与提炼提供丰富的实践土壤。下面列举一些旅游业情境特点。

第一,旅游业的零散性特征。每一个旅游地都是由众多自然和人文吸引物构成,由于地理环境和历史因素的差异,这些自然和人文吸引物都不相同,所以,每一个旅游地都是独一无二的。因此,旅游地之间的竞争,永远不可能是基于规模经济的竞争。某个或某几个旅游地不可能垄断旅游市场。由于旅游资源在分布上的零散性,服务于旅游者的旅游企业也必须是零散的。而且,中小企业数量多,难以实现规模经济。"零散"的产业本质——看看我们的周围,都是小而分散的酒店、餐馆、旅行社和信息服务企业——对旅游业中的创新创业有重要影响。这一产业垄断且零散的特点,意味着旅游业中将会一直存在中小旅游企业创新创业的机会和生存空间。这也是旅游业情境下对中小旅游企业创新创业进行研究能够做出贡献的领域。

第二,旅游业中的劳动生产率提高缓慢。旅游业属于传统服务业,满足的是人类的最终服务需求而且这些需求往往需要通过人力才能够完成。由于旅游业中劳动力密集度高,诸如住宿业和餐饮业等旅游业核心部门的劳动生产率提升幅度一直无法与制造业及商业服务业(如银行、咨询等)相媲美。长期来看,由于劳动生产率难以提升,旅游业在资本和劳动力等要素市场中处于不利的竞争地位。但是,信息技术出现后,旅游企业的生产流程不断得到优化,生产效率不断得到提高。因此,这一情境有助于旅游业、服务业中劳动生产率提升的创新创业活动研究。

第三,旅游产品的无形性和可标准化。作为一种服务产品,旅游产品的质量很难在购买之前被确定。而且,由于每一次参与生产的员工和顾客都不一样,旅游产品也很难标准化。近十几年来,中国旅游企业通过大量学习,借鉴并采用了类似工业制造业的方式,将服务产品的生产流程分解并制定相应的标准,由此大大提高了产品和服务的标准化程度,降低了顾客购买到低质量产品和服务的风险。因此,凡是有利于克服服务产品无形性、降低消费者购买前不确定性的创新实践活动都可能有较大的研究价值。

第四,"诀窍"的不可专利性。一般来说,旅游企业中的各种关于如何做事的"诀窍"(know-how)——如同工业企业中的生产技术——无法申请专利。这些

"诀窍"会随着员工的流动或企业间的其他信息交流而在行业中共享,因此会大大削弱旅游企业创新的积极性。虽然"诀窍"难以申请专利,但是依托"诀窍"去实现的服务或产品却可以通过注册商标(Trade Mark,TM)(如威斯汀的"天梦"系列床寝产品)或服务商标(Service Mark,SM)(如万豪的"万豪体验"系列服务)的方式获得一定的保护。因此,创新创业产品或服务可以通过注册商标的方式得到一定的法律保护,创新创业企业对商标的宣传越早越广,就越有可能在消费者群中树立企业形象。

总之,由于旅游业和旅游企业存在一些"特殊性",对这些情境化特征的理论总结和提炼,在旅游业乃至服务业的理论构建和实证研究方面具有重要作用。

二、研究意义

(一) 理论意义

一方面,从本质上看,旅游企业创新创业研究是主流企业创新创业研究的一部分(Hjalager,2010),"共性大于个性",旅游企业创新创业研究要充分吸收主流创新创业研究的理论成果和研究方法。但旅游企业创新创业的研究,特别是理论构建研究,要更加聚焦"旅游"这一情境特征,从而进一步挖掘旅游企业创新创业的相关理论和实践对主流企业创新创业研究的贡献。另一方面,旅游创新创业也属于旅游学知识体系的一部分。对旅游业和旅游企业的创新创业现状和实践进行调查研究,不仅可以进一步积累大量优秀案例和基本面数据,还会为进一步构建旅游学理论中的创新创业部分打下良好的基础。

正是从上述两方面出发,本书在主流创新创业理论框架基础上,基于旅游企业的情境提出了一个旅游企业创新创业研究框架。进而运用质性与案例研究方法,对68家旅游企业进行深入调研,在此基础上进行理论归纳,从而对上述研究框架进一步拓展和完善,最终得出旅游企业创新创业研究的理论框架。

本研究的理论意义主要体现在以下方面。

第一,提出了一个旅游企业创新创业管理理论框架。该理论框架是在质性与案例研究基础上归纳得出的。前人研究如 Morrison 等(1999)、Fu and Okumus(2019)及李彬等(2016)对旅游企业创业给出了研究框架,同时,Hjalager(1997;2002;2010)等给出了旅游创新的内容框架。然而,这些研究大多基于文献的梳理和理论逻辑的推导,尚未给出更为坚实的经验研究,特别是在众多企业案例数据基础上归纳得出的经验研究。同时,上述研究也没有将旅游创业和创新进行整合,因此需要进一步拓展。

第二，本研究所得出的主要观点和命题，突出体现旅游情境化特征，对主流创新创业理论的拓展和完善起到促进作用。例如，提出了旅游治理与市场监管对旅游创新创业主体的影响、旅游企业家特征与生活方式型和兴趣爱好驱动型的旅游创业动机、旅游企业创业机会的识别与影响因素、乡村旅游中的乡村创业、旅游企业的开放式创新以及旅游企业的管理创新、商业模式创新、服务创新等。这些内容均是以主流创新创业理论为基础，结合大量旅游企业的案例实践进行提炼总结，因此对将主流的创新创业研究拓展到旅游领域具有重要作用。

第三，为旅游学的知识体系"添砖加瓦"。创新创业一直是旅游业、旅游企业的重要特征，但在旅游学知识体系或理论体系中，关于这部分的研究还较为零散。一些主要话题，如新兴旅游企业的企业家特征、创业动机，旅游企业机会识别与影响因素、乡村旅游中的乡村创业、旅游企业创新过程等，尽管已有一定研究基础，但缺乏深入性的整合分析。本研究则试图运用归纳逻辑的方法，一方面把这些内容进行整合，另一方面通过质性与案例研究方法进行总结，与旅游业、旅游企业的实践发展紧密贴合，从而在创新创业这个部分对旅游学的知识体系进行补充和完善。

（二）实践意义

2007年起本书作者及其团队就开始关注旅游业中的创新创业公司，长期对这些公司进行观察、追踪、调研，特别是在2014年又开始对52家新兴的、以科技创新为主的旅游公司进行了长期追踪、调研。应当说，15年来通过对68家旅游创新创业公司的调研，在企业实践方面已经积累了大量案例资料和数据，资料本身就已经形成了一个较为完整的案例库或资料库，详细地记录了旅游业中典型的旅游企业在发展过程中创新创业的实践做法，并为旅游企业家和旅游创业者提供了一个在实践层面的参考指南。具体来看有以下实践意义。

第一，本书所构建和得出的旅游企业创新创业理论框架以及各章得出的结论，可以为今后旅游企业的创新创业实践提供理论基础和实践指导，因为这些结论都是从典型旅游企业的实践中归纳总结出来的，既保持了与实践的"一致性"，又体现了理论的"严谨性"。

第二，本书可以为政府在针对旅游创新创业发展制定相关政策、完善治理体系方面提供参考。一个区域的旅游业想要实现高质量发展、创新发展，最终仍然需要落在旅游企业的创新创业实践上。事实表明，一个旅游目的地的自然、历史文化等旅游资源再丰富，如果没有旅游企业作为旅游市场主体的深入参与，特别是在创新创业发展方面有优势的旅游企业的深入参与，也很难实现真正的高质量发展。因此，本书可以为政府相关部门在旅游企业创新创业方面的政策制定、市场监管、治理体系建设等方面,在"放、管、服"中释放旅游企业创新创业活力方面提供参考。

第三,本书中所提供的旅游企业案例,既有优秀的成功案例,也有创业失败的案例。其中,优秀的成功案例能够启发更多旅游创业者、创新者在实践过程中去学习和借鉴成功企业的做法,但更为重要的是要在深入了解该企业这样做的背景、原因、过程和效果等的基础上,结合自身企业的具体情况而选择适当的方法,切勿盲目地对案例进行模仿和照搬;同时,通过失败的案例旅游创业者可审视自己的企业,因反面案例而"敲响警钟"。总之,这两类案例都具有较好的参考价值。

第二节 研究回顾

一、创业与旅游创业研究回顾

(一)创业研究概述

创业研究目前已经是一个较为独立的研究领域,并成为工商管理主流研究领域之一。创业研究主要包括如下几个方面。

1. 创业特质论

20世纪80年代之前,创业研究基本以"特质论"为主导,沿袭奈特、熊彼特等经济学者的观点和思路,认为创业活动是少数人天赋使然的较为特殊的一类经济活动,创业者拥有"先天禀赋",聚焦于"谁是创业者"的问题,重点研究创业者与非创业者的差异(如家庭背景、心理特征、性格与人格等)、创业者与管理者的差异以及创业者群体之间的差异。

遗憾的是,大量针对创业者特质的研究并没有形成一致性的结论,无法从一些特质上将创业者和非创业者区别开来。很多拥有所谓"创业者特质"或者"先天禀赋"的人,他们并没有成为成功的创业者,而很多成功的创业者,也可能并不具备研究者们所指出的一些重要、核心的特质。特别是从创业教育普及、创业管理知识和能力培训的角度来看,如果将创业成功归因于一些个体先天的、稳定的内在特质,就意味着创业者是无法教育和培塑出来的,创业教育的必要性也会受到质疑。因此,到了20世纪80年代,创业特质论受到了质疑。学者们从先天禀赋,开始向后天习得的禀赋转向,后天习得的禀赋具有可塑性、可学习性和获得性,由此,学习理论、企业资源观、社会网络理论等相关理论开始引入创业者和创业团队的禀赋研究中,关注人力资本、社会网络、社会资本等要素对创业行为或新创企业的绩效的影响。创业特质论这一领域的拓展,与劳动经济学、战略管理、组织理论等领域进行了深入的融合,从而进一步拓展了这一流派的研究。

2. 创业过程论

Stenvenson 等(1985;1990)从过程视角对创业概念进行了开创式研究,他们将创业视为一种过程,创业者与管理者的思维方式和行事风格有较大差异,他们把创业看成是不拘泥于当前资源条件限制的对机会的追寻,是将不同的资源进行组合以寻找并利用机会创造价值的过程。与此同时,Gartner(1985)提出,新企业创建是创业者、组织、环境和过程四个要素相互作用的一个过程,创业就是新企业的创建过程。这一模型的价值在于,不只是从创业者特质这一个角度来看待创业,而且认为创业是一个复杂的、具有多维度特征的现象,这一概念为创业提供了一个系统性认识框架,有助于人们更加深入地理解创业活动过程的复杂性。后续研究者们提出的创业过程观即以这一框架为基础,进行了拓展。本书的论述框架也参考了这个框架。

在后续研究中,创业过程论从多个不同角度展开分析,如机会学派认为创业是机会识别与开发的过程。机会识别是创业活动的本质特征,机会也是创业研究的关键内容,因此机会学派认为创业活动是将机会的潜在价值转变为现实价值的识别与开发活动。Shane 和 Venkataraman(2000)认为,创业研究是立足于解释创造价值的机会从何而来、由谁以及如何被发现、评价与开发的一个独特研究领域。这一研究在创业成为一门独立学科方面起到了非常重要的作用。Ardichvili 等(2003)提出了机会识别和开发理论模型。这一机会学派以机会为主线,形成了"创意产生—概念形成—机会识别—机会评价—机会开发"的逻辑链条(这一部分将在第四章进一步分析)。另一个是资源学派,认为创业的本质是对创业资源进行合理配置以实现价值创造、获取竞争优势的过程(这一部分将在第六章进一步分析)。此外,还有网络学派,认为创业是网络化的过程;制度学派,认为创业是嵌入制度的合法化过程;等等。

3. 创业认知论

尽管创业研究出现了创业特质论和创业过程论两个大的流派,各自对应的研究问题是"谁是创业者"和"创业者如何做",然而,后续学者发现,这两大流派对于创业的本质仍然没有形成太多共识,并且难以对创业现象进行全面的解释。特别是学者们对创业特质论进行了深刻反思,认为创业者是创业活动成败的关键因素并没有错,但将创业者与创业过程、情境相割裂,特别是将创业活动成败归因到人格心理特质等因素,是有较大局限性的。由此,学者们进一步发现了创业意图形成是一系列独特认知因素组合的结果,包括成功概率感知、较强的行为控制力和直观推断等,这些因素被概括为创业认知,并指出创业认知与管理认知的区别。

伴随着心理学、行为经济学、决策科学等学科的发展,学者们开始关注创业者的认知基础和决策行为背后的机制,从而形成了创业认知流派。张玉利等(2018)提出,创业者认知具有独特性,在创业过程中由于面对高度不确定性的环境,很容易产生认知偏见,倾向于采用基于简单规则的启发式决策模式(Eisenhardt, 2012)。围绕这个独特性,学者们从两个方面进行了分析:一个是导致创业者决策认知偏见的因素;另一个是看似非理性的决策模式会对创业者的行为和结果产生的影响。这一领域中,主要涉及创业警觉、创业激情、创业乐观以及创业直觉、过度自信、自我效能感、情感、情绪、非理性决策,乃至创业思维等新兴话题。

张玉利和张敬伟等(2021)在出版的著作《理解创业:情境、思维与行动》中基于创业认知学派的基本理论逻辑框架,采用了"创业情境—创业思维—创业行动"的理论框架,通过分析创业情境,进而提出创业思维的独特性和创业类型的多样性,从而揭示了创业行动背后的认知机制与情境因素。其中,创业思维是创业者不同于管理者的主要区别,因为在创业情境下,创业者在面对高度不确定性、时间压力和资源约束时,具有创业思维的创业者可能更适应这一情境,更善于解决问题,而大多数人则可能缺乏这样的思维。

(二)旅游创业研究回顾

Gartner(1985)提出的框架可以作为创业研究的一个起点。Gartner认为,创业可以看作是创业者在某一环境中创立企业的过程。围绕这一定义,国外旅游及酒店创业研究者将研究焦点集中在"创业者在旅游目的地或客源地中创立旅游企业的过程"并就这一概念展开研究。这一概念大致分为三种研究类型:第一种是对旅游与酒店创业现象中的基础维度进行描述性统计分析和定性分析,这些基础维度包括创业环境、创业企业、创业过程、创业者等;第二种是探索创业现象中基础维度间的因果关系,如探讨创业环境对创业者、创业企业的影响等;第三种是深入探讨每个基础维度的类型、结构、特征,例如从创业动机、创业阶段等方面来深入探讨旅游创业者的类型和特征。其中,第二种和第三种研究类型是对第一种的深化。

1. 以对某个维度进行描述性分析为主的研究

对旅游创业研究的关注始于20世纪70年代末到80年代初。正式文献中较早提及旅游创业问题研究的是Kibedi。1979年,Kibedi在对旅游经营者培训时首次尝试提出旅游创业问题研究(Halk等,2015)。之后,Tajeddini(2010)、Thomas和Shaw(2011)以及Morrison等(2010)在旅游创业研究中围绕旅游目的地中小旅游企业与酒店企业进行研究。早期文献主要关注旅游创业领域中的创业者、创业环境、创业企业、创业过程等几个维度,研究内容以对这些维度进行描述性分析为主。表 1-1 列出了国外早期旅游与酒店创业研究的维度和内容,可以看出旅游与酒店创业的研究大都针对上述某个维度本身进行研究,较少涉及这些维度之间的关系,以及较少涉及对创业活动绩效的研究。部分学者对早期文献做了较全面的文献回顾,Morrison、Rimmington 和 Williams 的专著借鉴 Gartner 的研究对上述几个维度进行了较为详尽的分析,同时该著作也对维度之间的层次进行了说明:在创业研究中要注意创业环境、创业企业、创业过程和创业者之间由高到低的层次性,其中创业环境层次最高是因为其涵盖了从宏观环境、产业环境到地理环境等创业企业外部的环境因素,而创业过程则涉及创业企业内部的组织结构、流程、资源和能力等因素,因此处在低于创业企业的位置,而创业者则是指创业企业的创始人等个体。可见,Morrison、Rimmington 和 Williams 试图借鉴 Gartner 的理论框架,考虑构建旅游创业理论框架。另外,还有一些学者在上述研究的基础上,对旅游与酒店创业研究的文献数量、研究方法、研究主题等进行了系统梳理和总结。

表 1-1　国外早期旅游与酒店创业研究的维度和内容

研究列举	维度	具体内容
Berger 和 Bronson	创业者	创业者心理特征分析
Roberts	创业环境、创业过程	创业企业的投融资管理
Ferguson、Berger 和 Francese	创业企业	两家美国酒店公司内部创业的影响因素
Lowe	创业企业	家庭经营的小型酒店企业的研究策略
Baum	创业企业	爱尔兰酒店业(主要由小型的家庭经营的酒店构成)的管理机制
Popelka 和 Littrell	创业者、创业环境	手工艺人创业与旅游商品市场的发展、演变
Quinn、Larmour 和 McQuillan	创业者、创业环境	探索推动旅游业中中小旅游企业大量增长的因素,分析创业者个人的特征
Cohen	创业企业、创业环境	泰国旅游手工艺品生产和制造设施的分布特征
Glancey 和 Pettigrew	创业企业	酒店企业中的小企业创业活动

续表

研究列举	维度	具体内容
Wilson	创业企业	印度果阿旅游业中的小型家族企业经营状况
Lynch	创业者	家庭旅馆的女性创业者的创业动机及其影响因素
Morrison、Rimmington 和 Williams	创业者、创业过程、创业环境、创业企业	对每个维度都做了较为全面的描述和分析
Getz 和 Carlson	创业者	乡村旅游和酒店经营者的创业动机
Victurine	创业者、创业环境	用生态旅游原则培训乌干达农村地区的村民创业

(资料来源:根据文献回顾整理)

2. 处于发展期的国外旅游与酒店创业研究

(1) 以验证维度间关系为主的研究。

从 20 世纪 90 年代中期起开始,学者们开始对旅游与酒店创业研究框架中的若干个维度间的关系进行研究(图 1-1 和表 1-2)。学者们根据 Gartner 的经典理论框架和 Morrison 等人的旅游创业研究框架,对创业环境、创业过程、创业者、创业企业和创业绩效几个维度间的关系均有研究,其中重点研究的维度关系包括以下两个方面。第一,旅游环境(旅游目的地)和旅游创业者、旅游企业间的关系。一些研究强调了旅游企业创业活动对旅游目的地经济增长的影响。部分学者也提出了旅游目的地对中小旅游企业创业者特征、企业特征、创业行为特征等影响。第二,创业绩效及其影响因素研究。以往,国外文献对这一问题研究较多,从旅游

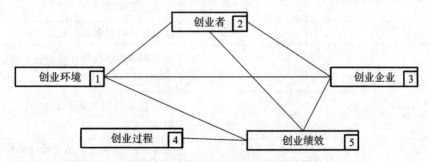

图 1-1 国外旅游与酒店创业研究中基础维度间的关系

(资料来源:根据文献回顾整理)

创业企业特征、旅游创业者以及旅游目的地等几个维度对创业绩效的影响进行了研究。

表 1-2　国外旅游与酒店创业研究中基础维度间的关系及研究内容

研究列举	研究关系	具体内容
Poorani 和 Smith	2—5;3—5	调查 B&B 旅馆经营者的工作经历、进入方式、项目开发、资本结构等与投资回报的关系
Van den Berghe	2—1	创业者对民族旅游发展的影响
Williams 和 Tse	2—3	创业者类型与创业企业战略类型之间的关系
Jogaratnam、Eliza 和 Olsen	3—5	创业战略方式与企业绩效的联系
Page、Forer 和 Lawton	3—1	旅游小企业的经营管理及其在旅游业发展中的作用
Russell 和 Faulkner	3—1	创业活动对旅游目的地发展的作用
Lerner 和 Haber	1—5;2—5;3—5	不同创业环境、不同类型的创业者和创业企业对绩效的影响
Özer B 和 Yamak	4—5	酒店企业中的小企业融资形式及其对企业绩效的影响
Wanhill	3—1	威尔士中小旅游企业在创造就业方面的作用
Jogaratnam	1—2;1—3	环境对创业者和企业创业导向的影响
Altinary 和 Altinary	3—2—5	企业结构对内部创业者及创业绩效的影响
Altinary	2—5	内部创业者对创业绩效的影响
Jogaratnam 和 Tse	3—5	企业的结构和战略对内部创业绩效的影响
Ateljevic	3—1	创业企业发展对旅游目的地发展的影响
Tajeddini	3—5	创业导向、顾客导向等对绩效的影响
Bosworth 和 Farrel	2—1	外来创业者对本地市场发展的促进作用

续表

研究列举	研究关系	具体内容
Jaafar、Abdul-Aziz、Maideen 和 Mohd	1—2；1—3	产业环境对中小酒店、创业者的影响
Burgess	3—2	企业内部结构、领导力和沟通对内部创业者的影响
Hernandez-Maestro 和 Gonzalez-Benito	2—5	创业者教育水平对创业绩效的影响
Jaafar、Rasoolimanesh 和 Lonik	1—2	旅游目的发展地对中小企业创业者的影响
Hallk、Assaker 和 Lee	2—5	创业者地方身份感知、自我效能和创业绩效的关系

（资料来源：根据文献回顾整理）

然而，对于旅游企业的创业过程这一重要维度以及该维度与其他几个维度间关系的研究还较少（仅发现创业过程和创业绩效的关系研究）。事实上，在一般创业研究领域中，对企业创业过程的研究已取得了较为丰富的成果。由此可见，旅游与酒店企业的创业过程研究仍需进一步完善。

(2) 对创业现象中的各个维度的深入分析。

在一部分研究者致力于研究维度间关系的同时，另一部分研究者开始探讨图1-1中每个维度的不同类型、结构(子维度)和过程(子维度间关系)(表1-3)。

表1-3 国外旅游与酒店创业研究中对各维度的深化研究

研究列举	维度	具体内容
Ateljevic 和 Doorne	创业者	生活方式型创业特征
Pittaway	创业企业	企业内部创业的分析框架
Zhao、Ritchie 和 Echtner	创业者	不同类型社会资本对创业者的影响
McGehee、Kim 和 Jennings	创业者	创业者的经济动机与社会-文化动机及其影响因素
Getz 和 Carlsen	综合框架	旅游业中家庭企业创立和发展的综合性框架分析
Getz 和 Petersen	创业者	不同类型创业者的创业动机比较
McGehee、Kim 和 Jennings	创业者	不同性别创业者的创业动机比较

续表

研究列举	维度	具体内容
Bosworth 和 Farrel	创业者	生活方式型创业动机
Dawson、Fountain 和 Cohen	创业者	非经济目标取向的生活方式型创业动机
Jaafar、Abdul-Aziz、Maideen 和 Mohd	酒店创业者	创业者人口特征、创业动机、人格特征
Jaafar、Rasoolimanesh 和 Lonik	创业者	创业者人口特征、创业动机等
Hallk、Assaker 和 Lee	创业者	创业者的地方身份感知和自我效能

（资料来源：根据文献回顾整理）

由表1-3可知，在对每个维度的深化研究中，对创业者这一维度的深化研究较多，包括创业者的性别（如 McGehee 等(2007)研究）、人口特征（如 Jaafar 等(2011；2015)研究）。其中，对创业者生活方式型创业动机的研究最具有代表性，例如 Bosworth 和 Farrel(2011)以及 Dawson 等(2011)提出生活方式型创业动机是基于乡村旅游目的地展开的，众多创业者迁入这类目的地进行创业是为了积极地追求一种不同的生活方式，他们更注重生活质量和当地生活的环境氛围，而不是以利润为导向和目标。

Xiong 等(2019)对返乡的创意阶层这类乡村创业者在旅游业发展中的创业行动进行了分析，包括知识过程、协作能力和战略定位三个维度，以及创业与组织创新和可持续竞争优势的关系。Fu 和 Okumus(2019)对旅游创业文献进行了回顾和梳理，他们发现，在旅游创业的前因变量中主要是个体因素（包括性格特质和人口统计）对创业绩效有影响。在性格特质方面，包括实现的需要(Camillo 等，2008)、创新(Burgess,2013)、风险承担(Altinay 等,2012)等。一些学者将旅游与酒店创业者描述为能够战胜困难、有较高的内部控制能力、独立的性格和强大的自我依赖心理(Lerner 和 Haber,2001)。在人口统计方面，旅游与酒店创业者多为中年人或年龄更大的人(45 岁以上)，Chen 和 Elston(2013)认为创业者平均年龄是 39.7 岁，大部分都是已婚(Getz 和 Carlsen,2000)，且 60.6% 的创业者和管理者是男性，这是由于大部分研究集中在发展中国家，特别是这些国家的郊区、乡村等目的地，这些地区比较传统，男性通常为一家之主，在创业决策方面更有优势。然而，也有学者对此结论进行了批判，如 Figueroa-Domecq 等(2020)对性别和旅游创业进行了批判性分析，以女性角度，从三个维度（后结构主义、政治经济和后殖民主义）对原有旅游创业理论进行了反思。

关于其他维度的研究也有涉及。如 Getz 和 Carlson(2004),对旅游业中家庭企业这种特定类型企业组织进行了分析,创业方式中的内部创业(如 Altinary 和 Altinary(2004)、Pittaway(2001)的研究)以及创业导向(如 Tajeddini(2010)、Jogaratnam(2002)和 Tse 的研究)。但从整体来看,对创业环境、创业过程、创业绩效等其他几个维度的深化研究并不多见。

3. 国内旅游创业文献回顾

在中国期刊网的期刊库、会议库和博士硕士论文库中以"创业"和"旅游"(或"酒店")同时出现在文章标题中的主题词搜索文献,共得到 116 个检索结果(本次检索时间为 2016 年 8 月)。其中,讨论旅游类专业中创业教育与人才培养的占 53%,介绍地方和企业创业事迹的占 24%,介绍旅游创业方案的占 3%,另有 9 篇文献描述的是与旅游创业研究关联不大的内容。有关旅游创业学术研究的论文仅 14 篇,占 12%。

表 1-4 对国内旅游创业的一些典型研究进行了梳理和归纳①,总结为如下两个方面。第一,关于影响创业的因素或创业动机研究。如李星群对广西地区乡村旅游经营者创业的影响因素做了实地调查,归纳出经济收入、自我实现、家庭生活需要等影响因素。蒙芳从内在动机和外部环境两个方面分析了广西龙胜的小型民营旅游企业创业的影响因素。林宗贤等研究了台湾地区不同性别的乡村旅游经营者在创业动机方面的差异。第二,旅游创业过程的研究。如徐红罡、唐周媛从创业机会识别、创业资源分析和创业经历特点等方面对大理少数民族企业家创业过程进行研究。徐红罡和马少吟对广西阳朔 36 家旅游小企业创业者的创业机会识别过程等进行分析。

表 1-4　国内旅游和酒店创业研究的维度和内容

研究列举	维度	具体内容
李星群	创业者、创业环境	创业者的创业影响因素
蒙芳	创业者、创业环境	创业者的创业动机和影响因素
徐红罡和马少吟	创业者、创业过程	创业机会识别和资源分析
徐红罡和唐周媛	创业者、创业过程	创业机会识别和影响因素
林宗贤	创业者	不同性别创业者的动机差异
蔡成凤	创业企业、创业绩效	旅游企业内部创业能力对企业绩效的影响
白长虹和温婧	创业企业	智慧旅游与在线旅游企业商业模式

① 表 1-4 中只列出 11 篇,是因为另外 3 篇文献的主题是关于"云南旅游二次创业的市场分析与对策建议",此处创业含义并不是本书所指的旅游企业创业含义,因此,这 3 篇文献没有列在表 1-4 中。

续表

研究列举	维度	具体内容
刘金锋和李强	创业者、创业绩效	农村妇女创业的社会影响
尹浩然	创业企业、创业环境	旅游创业活动与创业集群发展关联机制
周肖	创业企业	旅游创业公司的商业模式
田喜洲和谢晋宇	创业者	旅游创业者胜任素质特征

(资料来源:根据文献回顾整理)

除上述两个较为集中的研究主题外,近年来国内旅游创业研究主题开始出现针对特定人群的旅游创业行为分析。例如刘金锋和李强研究了旅游创业活动对农村妇女参与农村经济生活和政治生活的作用。此外,旅游创业公司的商业模式问题、旅游企业创业能力对企业绩效的影响、旅游创业活动与创业集群发展的关联机制、智慧旅游导向下的旅游创业研究、旅游创业者胜任素质特征等较为具体的话题也得到了分析。

总体来看,国内旅游与酒店创业研究文献数量还较少,缺乏统一的分析框架和研究范式,研究也多为描述性分析,缺乏深入的实证分析。另外,从研究对象来看,一方面,对旅游目的地的企业研究较多,而对客源地的企业研究较少;另一方面,对小微企业研究较多,对创业后快速成长的企业关注不够。从整体来看,国内旅游和酒店创业研究还处在起步阶段,无论是从广度上还是深度上,都有待加强。

二、创新与旅游创新研究回顾

(一)创新研究概述

"创新"一词较为古老,其英文起源于拉丁语的"innovare",是更新、改变、产生新事物的意思。学术界普遍接受的创新概念源自经济学家约瑟夫·熊彼特(Joseph Schumpeter),他在《经济发展理论》这本书中提出了创新的概念:创新是指把一种从来没有过的关于生产要素的新组合引入生产体系,目的在于获取潜在利润。他提出了创新的五种形式:引入新的产品或提高产品的质量;采用新的生产方法、新的工艺过程;开辟新的市场;开拓并利用新的原材料或半成品的新供给来源;采用新的组织形式。

传统的创新概念经常与"技术创新"概念相联系,即创造新技术并把它引入产品、工艺或商业系统之中。但当前的创新概念不只与技术创新概念相关,它可以是商业模式创新(如阿里巴巴、京东等电子商务模式),也可以是海尔的"人单合一"的组织与管理模式创新,还也可以是体制机制创新(如改革开放初期的经济特区这一制度创新)。如此,广义上的创新,是指一起创造新的商业价值或社会价值的活动。

但从一般来看,学术界普遍以企业中的技术创新为主、兼顾其他领域创新作为创业概念的内涵。例如,陈劲和郑刚(2018)提出,创新是从新思想(创意)的产生、研究、开发、试制、制造,到首次实现商业化的全过程,是将远见、知识和冒险精神转化为财富,特别是将科技知识和商业知识有效结合并转化为价值。

创新可从不同角度进行分类:从内容上看,可分为产品创新、工艺(流程)创新、服务创新、商业模式创新;从程度上看,可分为渐进式创新(incremental innovation)和突破式创新(breakthrough/radical innovation)。此外,还有颠覆性创新(disruptive innovation)、社会创新(social innovation)、设计驱动创新(design driven innovation)、朴素式或节俭式创新(frugal innovation)。

总之,目前现有研究中,创新概念研究已经较为丰富,且伴随大量新兴的创新类型的出现,创新概念也在不断拓展。这对于我们认识旅游创新概念及其研究有较大的启示意义,特别是需要进一步思考旅游创新是否也是一种创新类型,这种类型的创新概念的内涵和外延是什么,以及它与其他类型的创新又是什么关系等。

(二)旅游创新研究回顾

1. 旅游创新的概念

早期关于服务业的创新研究主要沿用制造业的理论,并重点关注技术创新领域。随着服务业和信息技术的发展以及研究的深入,学者们渐渐发现,传统的创新理论是针对制造业技术创新的研究,作为综合性服务业的旅游产业,其创新形式、创新活动与制造业相比具有自身的独特性,因此制造业的创新理论并不适用于服务业。到20世纪80年代旅游和服务创新的研究才真正得到关注。创新研究的整体脉络是创新研究的范围不断扩大和深入,从制造业到服务业,从技术创新到非技术创新。旅游创新的研究在这种背景下得到了迅速发展。旅游创新是一个流动和动态的概念,根据情境的变化而变化(Garcia-Sanchez,2019)。

Pikkemaat等(2019)对旅游创新文献进行了系统梳理,发现旅游创新文献主要集中在创新过程、情境、知识和技术、生态创新上。同时发现了未来研究的方向,包括:中小旅游创业公司多为家族企业,因此需要对中小微家族企业的创新行为进行研究;可持续性是创新研究的重要话题,围绕这一话题涌现出的生态创新和顾客驱动创新是新的重点;之前的研究忽视了对创新的政策和治理研究,未来需要关注联合治理安排对创新的影响。

虽然旅游创新被大量提及,但对其概念的具体研究,学者们并没有达成一致。关于旅游创新的概念,学者们有不同的解释。第一类是直接将熊彼特的创新理论运用到旅游业当中,认为旅游创新是先前未在生产工程中出现过的,是关于生产要素的重新组合,强调"新"的含义(Weiermair,2004;Decelle,2006)。第二类是以Hjalager为代表的学者在分类的基础上对不同类型的旅游创新进行探讨。Hjalager(1997)在研究可持续旅游中的创新时,将旅游创新分为产品创新、传统过程创新、信息控制中的过程创新、管理创新、制度创新。Hjalager(2002)研究修补旅游创新的缺陷时,认为旅游创新可以发生在以下五种类型之一或同时发生:产品创新、过程创新、管理创新、组织创新、制度创新。这种方式是在分类上讨论旅游创新的概念,而不是在对旅游创新进行界定的基础上进行分类,难以把握旅游创新的整体特点。第三类是国内众多的学者从旅游资源创新、旅游产品创新、旅游科技创新、旅游服务创新、旅游规划创新研究、区域或旅游目的地创新等不同研究视角,分别对某一类旅游创新的概念、特征和类型进行了探讨。这种方式不是从旅游创新的整体视角来讨论,不利于旅游创新研究的全面发展和深入研究。概括来讲,广义的旅游创新包括旅游产业内发生的所有创新以及旅游产业外部一切服务于旅游(活动)的创新。狭义的旅游创新定义为旅游产业内发生的所有创新(郭峦,2011)。

2. 旅游创新的内容

Hjalager(2002)将旅游创新分为产品创新、过程创新、管理创新、组织创新和制度创新,旅游创新的重要影响因素包括创业者角色、技术的推力、产业集聚等。下面介绍几个主要的旅游创新内容。

(1) 旅游资源和要素创新。

旅游资源是旅游业赖以生存和发展的前提条件与物质基础,资源和要素的赋存状况、丰度大小和品质优劣直接影响着旅游业的发展水平乃至旅游产业的结构优化(肖星和王景波,2013)。同时,旅游资源创新也是拓展旅游业的基础条件,是旅游业推动区域社会经济发展的必要条件,同时也是景点景区可持续发展的基本途径(戴光全,2001)。旅游资源创新的内涵包括旅游资源的认识创新和实践创新两个方面:认识创新包括形成机制创新、资源特色创新、美学特征创新、资源分类创新、资源评价创新、资源利用方向创新;实践创新包括旅游规划创新、经济效益创新、生态效益创新、社会效益创新。郑群明(2012)认为,广义的旅游资源创新包括两方面的内容:一方面是旅游资源本身的创新,如旅游资源范畴的拓展、新型旅游资源的发现等;另一方面是旅游资源的开发利用创新,如旅游资源由单一的开发利用转化成综合利用、由单一产品开发转向多种产品开发等。学者们关于旅游资源创新的研究,大多从旅游资源的内涵、价值和功能、开发方式三个方面展开。近些年热门旅游资源的开发有红色旅游资源、乡村旅游资源、工业遗产资源、茶文化资源等。随着旅游资源的开发和不断发展,旅游资源的分类标准和方法也随之进行了创新,从1993年出版的《中国旅游资源普查规范(试行稿)》等,到2003年发布的《旅游资源分类、调查与评价》国家标准,对旅游资源的内涵的叙述越来越深化,越来越注重建立系统模型,更适用于旅游目的地旅游资源开发与保护、旅游规划与项目建设、旅游行业管理与旅游法规建设、旅游资源信息管理等方面的工作。

(2)旅游产品和服务创新。

旅游产品和服务是可变的、可细分的、可根据市场的变化而塑造的。旅游产品和服务创新是制定市场策略的关键,同时也是实现旅游业可持续发展的基本途径。旅游产品和服务创新的实质是吸引力的提升,即市场竞争力的提升。当前,由于旅游市场迅猛发展,旅游者需求不断变化,以及旅游业竞争的加剧,处在供给端的许多传统旅游目的地的旅游产品和服务呈现出产品老化、内容单一、主题重复、缺乏变化的特点,因此无论是将要开发的新产品和服务,还是已经成熟的旅游产品和服务,都需要研究产品和服务的创新问题。目前,针对旅游产品和服务的创新,大都是按照旅游业态进行分类展开研究,从产品和服务创新的途径、以及产品和服务创新的影响因素等方面研究。徐福英等(2018)立足于乡村旅游价值链构成与运行的特殊性,结合其产业融合方式,发现乡村旅游产品创新的三条路径;徐虹等(2017)等分析不同类型服务创新产生的影响作用,探讨怎样的创新更有利于提升顾客感知价值和品牌态度,对酒店服务创新工作的开展提供对策建议。张岚等(2020)分析了智慧城市发展背景下互联网旅游企业采用云计算技术进行服务创新对提升品牌资产价值的影响机制。李凌飞(2017)以美国走四方旅游网的精品定制游线路为研究对象,以市场营销理论、产品创新理论、电商商业模式理论研究、产品周期理论为基础展开研究,并为在线旅游网站的产品创新提出了相关的建议。

(3)旅游市场营销创新。

旅游市场营销创新是指旅游企业根据营销环境的变化,结合企业自身情况,提出新的营销理念或思路,采用新的营销方式开展旅游市场营销活动的过程。从本质上讲,旅游市场营销创新就是通过营销活动及时把社会需求转化为有利于旅游企业的各种机会。从这个定义中可以看到,旅游市场营销创新的主体是旅游企业的管理人员,旅游市场营销创新的原因是旅游企业对社会需求的把握。而创新的目的则在于把社会需求转化为旅游企业的机会。新的营销理念往往引起企业营销创新;网络的发展为旅游企业营销带来的则是根本性的创新,小微旅游企业为此获得了与旅游市场领导者站在同一营销平台上的机会;借助产业融合发展所带来的利好政策、机遇,全面变革旅游市场营销的运营理念,构建更为高效、创新的运作模式。

(4) 管理制度及组织创新。

制度是组织运行方式的原则规定。企业制度主要包括产权制度、经营制度和管理制度三个方面。企业制度创新的方向是不断调整和优化企业所有者、经营者、劳动者三者之间的关系,使各个方面的权益得到充分的体现,使组织的各成员的作用得到充分的发挥。而企业系统的正常运行,既要求具有符合企业及其环境特点的运行制度,又要求具有与之相应的运行载体,即合理的组织形式。因此,企业制度创新必然要求组织形式的变革和发展。在旅游领域,制度创新是旅游创新的不可或缺的重要保障。秦宇(2019)从新制度的来源、要素和形成过程三个角度详细地展示了制度创新的核心理论框架,并通过列举中国制度变迁过程中旅游企业的具体实例进行了分析。童斌(2020)归纳了我国旅游业集团化发展的现状和问题,并提出改制和公司内部组织结构改革的实施方案,为旅游集团化发展提供了理论依据与实践参考。杨旸(2018)以酒店管理模式为研究对象,提出个性化与规范化相融合、情景管理、质量控制三类管理方式和具体应用,并从人力资源管理、责任分配、危机管理等方面提出了相关建议。过程创新涉及提升效率、生产力和后台活动,通常通过对技术的投资与应用来实现。如信息与通信技术是过程创新的基础。Julia Nieves 等人以西班牙领土内建立的酒店公司为研究对象,测试了内部和外部因素对管理创新的影响,认为人力资本和整合能力以及与外部变革推动者的关系对管理创新产生影响,而与行业代理商的关系与管理创新无关。

3. 旅游创新驱动机制

旅游创新需要多种因素加以推动和进行作用。目前,旅游创新的驱动机制研究大都针对旅游创新的某一具体方面展开,如某类旅游业态的创新、旅游企业的商业模式创新等,少部分从整体行业出发进行分析。Hjalager(2010)在文献综述基础上,总结得出旅游创新由企业家创业精神、技术推动、需求拉动以及地区创新系统所共同推动;此外,知识流动、市场竞争、创新网络、企业间合作等也是旅游创新的重要影响因素(宋慧林和宋海岩,2013)。黄炜等(2013)则以旅游演艺产业业态创新为研究对象,通过对案例的比较和扎根分析,得出了需求市场、旅游地资源、主创团队创意、政府支持、供给市场、技术、资本、管理层以及产品创作九个旅游演艺产业业态创新的驱动因素,并构建了旅游演艺产业业态创新驱动机制图。李菲菲(2017)借助结构方程模型,实证分析各要素对在线旅游企业商业模式创新的作用,通过揭示各要素之间的内部关系及其与在线旅游企业商业模式创新之间的关系,探究在线旅游企业商业模式创新的动力机制。研究发现,技术进步、顾客需求、行业环境、供应链企业、企业战略、企业家能力及组织学习能力等对在线旅游企业商业模式创新具有显著正向影响,其中以企业战略和技术进步的作用最为显著;以在线旅游企业商业模式创新为中心节点,以在线旅游企业商业模式创新的主力模块为主体、以市场模块与关联者模块为两翼构建在线旅游企业商业模式创新动力机制,可以得到商业模式创新的五条路径。李莉等(2021)针对康养旅游产业创新驱动展开了探讨,研究得出市场需求、产业供给、基础设施、外部环境共同影响康养旅游产业创新发展,据此提出促进重庆康养旅游产业创新发展的对策建议。王皓(2015)提出在市场需求拉动力、市场竞争推动力、技术发展催化力、政府引导支持力和价值创造驱动力因素的共同作用下,政府、旅游企业、大学及科研院所、旅游者和中介组织组成多元旅游市场创新主体可以进一步创新动力,发挥出协同效应。

王新越等(2020)通过文献回顾,提出我国旅游产业发展经历了经济驱动阶段(2000—2005年)、市场驱动阶段(2006—2011年),逐步过渡到创新驱动阶段(2012年至今)。其中,经济驱动阶段的主要动力是城市旅游蓬勃发展、区域经济发展,市场驱动阶段的主要动力是乡村旅游成为新的增长点,旅游产品供给不断完善。创新驱动阶段的主要动力是以新兴技术为代表、以产业融合为主要形式的旅游创新引导旅游产业转型升级。

总之,创新研究在旅游研究中还是一个新兴领域,需要通过理论的完善和经验证据的不断呈现来逐步推进。Hajlager(2010)认为,旅游是一种现象,而不是单一产业,旅游业与制造业以及其他服务行业不同,因此,对旅游创新的调查研究不能仅依靠其他创新领域的方法工作,需要应用新的方法,采用跨学科的方式跳出主流创新研究,如采用人类学、社会学等方法研究等。Hajlager还指出,旅游创新研究需要采用质性研究方法,离开原子式的观察,抓住旅游案例创新的丰富内容,其中案例研究方法是主要方法,可以对过程阶段进行分析并且构建理论。

第三节 概念界定

一、创业与旅游创业

(一)创业概念

创业本身是一个较为复杂的概念,不同的理论视角、不同的阶段都对创业概念从不同角度进行了定义。

Kirzner(1973)认为创业是正确预期市场不完善和不均衡的能力,Gartner(1985)认为创业是"新组织的创建",组织化过程是创业研究的焦点。1990年,Gartner进一步概括了创业的内涵,通过对创业者和研究者进行德尔菲法研究,发现创业现象的特征和属性主要包括新事业的创造、新创企业的发展、新事业附加价值的创造、整合资源和机会的产品和服务创造、为抓住所感知机会的资源筹集、政府规制、个人生活方式的创造等,这些特征和属性表明创业概念的确有较为丰富的内涵,是一个复杂、多维度特征的概念。同时,Gartner对这些特征和属性进一步归类,得到创业的本质构成,即创业者、创新、创建组织、价值创造、盈利或非盈利、增长、独特性、自我雇佣和管理。这一研究尽管对已有研究进行了归纳总结,并深化了对创业复杂特征的认识,但并没有给出一个更为深入理解创业内涵的一致性概念,也没有对创业过程进行深入分析。

由此,创业过程论学者从过程视角对创业概念的内涵进行了进一步分析。学术界普遍认为,Stenvenson(1985;1990)从过程视角对创业概念进行了开创式研究,他将创业者与管理者的思维模式与行动模式进行比较分析,发现了创业者的不同特征,并进一步指出创业是创业者依靠自己或在组织内部不拘泥于当前资源条件对机会的追寻过程,是将不同的资源组织以识别和利用机会并创造价值的过程,该定义反映出创业的关键要素,包括识别机会、整合资源、资源约束、价值创造等,可见,这个定义是从过程视角对创业的本质特征进行了深入分析,对创业概念和内涵定义开创了一个新的方向。

根据Gartner(2001)和Shane等(2000)从过程观视角的研究,笔者认为,创业现象是创业者、机会和资源三者的结合和互动的过程,其中机会的识别和利用、资源的获取与组合是创业现象的两个本质过程,创业者则是这两个过程实现的驱动者和行动者。

需要说明的是,创业概念与中小企业的经营管理有一定的关联,但本质上两者有较大差异。创业具有创新性、高风险性和高利润性的特点,而在中小企业的经营管理过程中并不一定具有。其中,创新性又是重要的差异特征,因为很多中小企业经营管理中只关注生存,并不一定考虑通过创新来解决问题。

彼得·德鲁克在《创新与企业家精神》中指出,"二战"以后,美国的快餐店如同雨后春笋般发展起来,其中很多是"夫妻店"。这些家庭经营的快餐店毫无疑问是"新企业",但是这些快餐店的产品、流程与19世纪以来就存在的售卖汉堡包的小店并没有太大差异。德鲁克指出,这类小店的创始人当然也在冒风险创立新的事业,但是,他们所做的不过是被重复过多次的老一套而已。因此,他们当然不算企业家,即使他们建立的是新企业。因此,这里所说的创业,指的是有创新的创业。

由此可见,中小企业的创业一般体现为生存型创业类型,是创业者为了生存而进行的被动的、微利的创业活动,其主要特征如下:面对的是现有市场,在现有市场捕捉机会;通常从事的是技术壁垒低、不需要很高技能的行业,同时也是低风险、低利润的行业,如餐饮、零售等行业。而与之相对的则是创新型创业,是指创业者建立新的市场和顾客群,突破传统的经营理念,通过自身的创造性活动引导新市场的开发和形成,通过培育市场来营造商机,不断满足顾客的现有需求以及开发其潜在需求,通常分为技术驱动型、创意驱动型。本书的创业则是指的创新型创业。

(二)旅游创业概念

现有研究较少对"旅游创业"进行概念研究,通常都认为是"旅游领域中的创业活动"(entrepreneurship in tourism),也就是将旅游作为一个情境,来分析这个情境中的创业活动。但如果能够针对这一情境特征,将旅游的特点(如旅游业的特点、旅游创业动机的特点等)进行很好的提炼与挖掘,进而可以像"乡村创业""绿色创业"等类似创业概念一样成为创业领域里一个独特的概念和子领域。正如我们在第二节理论意义中所述,旅游产业的产业结构特征、旅游企业的运营行为特征、旅游产品和服务特征、旅游者行为特征、旅游目的地管理特征等,都具有独特的情境化特征,可以进一步提炼,为现有创业理论做出贡献。因此,"旅游创业"概念从理论上看是有必要提出的。

结合创业研究我们可以看出,现有研究从特质论、过程论和认知论对创业活动进行了研究,对于创业活动的理解也从各自学派进行探索,因此对于创业概念的理解也没有形成较为一致的结论。但目前较为普遍和常用的创业概念,大多从过程视角展开,正如本书前面提出的创业概念。结合这一概念,本书进一步提出,"旅游创业"是旅游目的地或客源地中的旅游创业者、机会和资源三者之间互动的过程。旅游创业者通过识别、利用和开发环境资源中存在的机会,产生旅游创业动机,通过利用和开发资源来实现创业目标。

二、创新与旅游创新

(一)创新概念

创新是一种复杂的社会现象,研究人员和国际组织为其提供了多种定义。Schumpeter(1934)将创新定义为"为商业目的在市场上进行发明的活动"。但发明和创新有很大的区别,Hjalager(1997)在分析旅游创新时首先对发明与创新的概念进行了辨别：发明侧重于科学和技术上的革新与进步，但并不考虑任何特定的商业用途和市场推广；创新则是经济活动主体有目的地将某项发明创造推向市场并实现其价值的过程。经济合作与发展组织（OECD）在 2018 年将创新定义为"一个新的或改进的产品或工艺（或其组合），与该单位以前的产品或工艺有显著不同，并且已经提供给潜在用户（产品）或由该单位（工艺）投入使用"。

一般来说，学术界普遍以企业中的技术创新为主，兼顾其他领域创新，以此作为创业概念的内涵。例如，陈劲和郑刚（2018）提出，创新是从新思想（创意）的产生、研究、开发、试制、制造，到首次商业化的全过程，是将远见、知识和冒险精神转化为财富的能力，特别是将科技知识和商业知识有效结合并转化为价值。

（二）旅游创新概念

正如前面的论述，虽然"旅游创新"这一名词在研究中被大量提及，但对其概念研究并没有深入探讨。以往研究直接将熊彼特的创新理论运用到旅游业当中，认为旅游创新是先前未在生产工程中出现过的、是关于生产要素的重新组合，强调"新"的含义，也有学者从旅游创新的不同类型来进行定义，如 Hjalager（1997；2002）认为旅游创新可以发生在以下五种类型之一或同时发生的创新：产品创新、过程创新、管理创新、组织创新、制度创新。这种方式是在分类上讨论旅游创新概念，而不是在对旅游创新进行界定的基础上进行分类，难以把握旅游创新的整体特点。郭峦（2011）认为，广义的旅游创新包括旅游产业内发生的所有创新以及旅游产业外部一切服务于旅游（活动）的创新，而狭义的旅游创新从产业范畴定义为旅游产业内发生的所有创新，然而，这一定义也没有关注旅游创新的本质。

笔者认为，旅游创新主要以旅游企业为主体，旅游目的地或客源地、协会、当地居民、旅游者等参与，将某项创意、发明创造出来并依托技术应用、商业模式、管理模式等推向市场，从而实现顾客价值、商业价值、社会价值的过程。

这一概念是围绕创新的本质而提出的，突出创新是围绕创意、发明而开展，以实现顾客价值、商业价值、社会价值等为目标，从而将创新与创造、发明等概念区别开来。同时，该定义还强调旅游创新的主体是旅游企业，旅游目的地或客源地、旅游产业、协会、居民等其他利益相关者共同参与，实现价值共创，这是旅游创新过程中的重要特征。另外，该定义还强调了旅游创新的手段或方式是利用技术应用（非传统意义上的技术创新）、管理模式、商业模式，这样也就将旅游创新与技术、管理、经营等概念相关联。可见，旅游创新是一个围绕旅游业、旅游企业而生成的一个具有综合性的概念，其内涵与企业创新、技术创新、商业模式创新等概念均有较大差异。具体这方面的比较和差异，本书将在后续章节，通过文献回顾和案例分析来进行介绍。

三、旅游创新型创业

在创业活动中,创业与创新是相辅相成的,创新是创业的基础,创业是创新的载体和实现途径。创新是突破旧的思维和常规,创业是创立新的企业或组织,开创新事业,以组织的形式实现创新,创业的过程就是不断创新的过程。当然,不同的创业类型,其创新的程度可能不尽相同,例如生存型创业可能创新的程度较低。

本书中的旅游创新型创业是指旅游创业者突破传统的旅游经营理念,通过培育新市场、新顾客群体,借助信息技术、商业模式等手段来实现自身的创新行为和创造性活动引导新市场的开发和形成,识别商业机会的创业行为。

这一概念表现出以下三个特征。

一是旅游创新创业以满足或开创旅游者的新需求为主要任务。旅游者的新需求是旅游创新创业活动的根本动力,没有这些新需求的旅游创新创业活动是没有价值的。根据2013—2018年的《中国旅游企业创新创业发展报告》,2014—2016年关于旅游创新创业的资本投资异常活跃,特别是在在线旅游、旅游大数据、新兴业态方面,出现了大量旅游创业企业,然而,这些在资本驱动下的旅游创新创业有多少是满足旅游者真正需要的新需求,以及有多少符合正常市场需求与商业逻辑还有待考量。从2017年以来出现的"资本寒冬"和大量旅游创业公司创业失败的案例可以看出,很多创新创业活动并没有为旅游者创造出他们需要的新价值。

二是强调不断创新,善于把握和利用机会。旅游创新型创业与其他创业类型(如旅游生存型创业)最主要的区别就是能够抓住旅游者的新需求、市场中的新变化,提供附加值更高的旅游产品或服务。然而,创新是永无止境的,竞争对手会随时模仿和学习,旅游者的需求和市场的状况也会瞬息万变,因此旅游创新也要不断突破已有范式,创新创业者应转变思维模式,善于把握和利用各类新机会,形成新的技术应用创新模式、管理创新模式、商业创新模式等,从而实现创业组织的成长。

三是不仅要注重技术创新,还要关注非技术创新,如商业模式创新、管理创新、制度创新等。这是因为,一方面,旅游创新涉及面广,旅游企业的创新也要和旅游目的地、旅游客源地、政府、市场等方面有较为复杂的互动关系;另一方面,旅游只是技术创新应用的一类特殊场景,旅游的本质还是为旅游者提供服务体验,因此技术创新的最终目标还是要提高或改善旅游体验。即使是围绕技术的先进性而展开的"高大上"的创新,如果无法解决旅游业的问题,无法改善旅游者的体验,也不是一个有价值和前景的技术创新。同时,商业模式、管理、制度、政策等方面的创新,也应该是围绕旅游业本质来展开。

然而,当前旅游创业研究主要对中小旅游企业甚至一些旅游商户、旅游街边摊等进行研究,尽管这些研究对象属于生存型创业者,但只是旅游创业类型中的一种,有更多以技术驱动、创新驱动等为主要特征的旅游创业者和创业企业才是更为重要的研究对象。

本书研究的旅游创业类型是在创业活动中,以技术、顾客、业态、市场等为手段,在商业模式、管理模式、服务模式等方面能有创新的旅游企业,即"旅游创新型创业"是本书关注的焦点。

第四节 研究框架

20世纪80年代中期以来,在管理学研究中,创新创业研究已经成为一个重要的领域。当前,创业分会是美国管理学会规模较大的一个分会,创新创业主题的论文在 *Academy of Management Review*(AMR)和 *Academy of Management Journal*(AMJ)等主流管理学刊物中出现得越来越多,近十几年来 AMR 被引用较多的论文也是一篇描述创业研究框架的文章。一般创新创业研究领域中的框架和观点为我们建构旅游创业研究框架提供了重要基础。

其中,Gartner 在论文中提出的理论框架影响较大,后来的研究者所做工作主要是对 Gartner 框架中各个维度和过程的深化。例如,Scott 和 Bruce(1987)在提出创业过程阶段的同时指出,在各个阶段都有可能出现某些问题导致创业失败;Low 和 MacMillan(1988)、Bruyat 和 Julien(1988)提出,创业研究的核心应该是在某一社会情境下的创业过程;Timmons 和 Spinelli(1994)提出创业过程中在创业者的主导下,创业团队、创业机会和资源之间取得平衡的重要性;Shane 和 Venkataraman 把机会识别作为创业过程的核心,提出创业过程是围绕机会识别、开发与利用的一系列过程。在对创业研究进行整合并提出理论框架的研究中,Carlsson 等(2013)对创业环境和创业企业的绩效进行了较为细致的划分。国内学者中,吴晓波、周浩军、蔡莉等从不同研究视角针对创业维度整合提出综合性的理论框架。

上述众多学者对创业研究框架进行了较为系统的研究。然而,这些研究没有将创新研究考虑进来。实际上,在笔者所研究的旅游企业创业过程中,始终有创新的活动参与其中,特别是在旅游企业创业成长到一定阶段,则开始出现了较多创新实践的探索,由此,需要在理论上将创新的内容融入创业研究框架中,笔者则将旅游企业的创新类型和创新过程两个部分作为重点进行考虑。

基于上述内容,笔者提出了一个旅游企业创新创业管理分析框架(图1-2),该框架主要包括五个部分:旅游创新创业环境、旅游创新创业主体、旅游创业过程管理、旅游创新管理和旅游创新创业绩效。

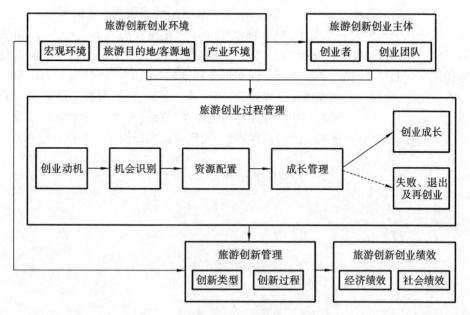

图1-2 旅游企业创新创业管理分析框架

第一部分是旅游创新创业环境,外部环境是旅游企业创新创业活动的起点,其中包括经济、文化、政治(制度与政策)、技术等宏观环境因素,以及旅游目的地/旅游客源地在内的地理环境因素。同时,笔者也列出了一些现有研究较为忽视的因素,如旅游产业环境。旅游创新创业环境是重要的外部驱动力,蕴含许多的创业机会,会为旅游企业创业活动提供源源不竭的动力。

第二部分是旅游创新创业主体,包括创业者和创业团队。旅游创业者及旅游企业家特征、旅游创业团队的构成和特点是本书关注的重点。

第三部分是旅游创业过程管理。受到创新创业环境(宏观环境、旅游目的地/客源地环境和产业环境等)以及创新创业主体(创业者、创业团队)的影响,创业主体的创业动机、机会识别、资源配置和成长管理等创业过程会受到影响,进而创业环境、创业过程会对最终的创业绩效产生影响。与此同时,这一框架不仅列出了创业研究各个维度的子维度,也给出了各个子维度间的逻辑关系,例如创业过程管理这一维度中的创业动机—机会识别—资源配置—成长管理—创业成长/失败、退出及再创业若干子维度的逻辑关系。

第四部分是旅游创新管理。这部分是在原有旅游创业过程研究框架基础上新增加的部分,主要包括创新类型和创新过程两个部分。事实上,本书所关注的旅游创业是创新驱动的创业,因此,在旅游创业活动过程中就已经开始出现创新活动,两者是融合在一起的。

最后一部分是旅游企业创新创业绩效,主要包括经济绩效和社会绩效。

以上五个部分的关系如下:旅游创新创业环境是重要的外部驱动力,旅游创新创业主体则是重要的内部驱动力,特别是创业者的个人特质以及创业团队的结构和成员间的良好匹配,是旅游企业创新创业活动的"基因"。在外部和内部驱动力的作用下,旅游企业完成创业过程,同时包括若干创新活动,最终影响旅游创新创业绩效。总之,该研究框架中的维度和维度间的关系,构建了一个旅游企业创新创业的分析框架,这是本书的指导性提纲,为后续研究提供了一个整合性思路。

第二章 研究设计与研究方法

本章主要介绍研究设计与研究方法。第一部分重点介绍研究方法论,介绍在实证主义与理论建构的方法论基础上,突出情境化与本土化。围绕上述方法论基础,第一部分还重点介绍本书主要采用的研究方法——质性研究方法与案例研究方法。第二部分重点介绍研究设计和数据分析策略,包括本书关注的两大类旅游创新创业企业案例的选择、数据收集与获取过程、数据分析过程等。

第一节 研究方法论

一、方法论基础

(一)建构主义和理论构建

科学哲学是指导科学研究工作开展的重要基础。在自然科学研究中,科学哲学相对统一,学者们对科学哲学的认识也没有太大的分歧,这是由于自然科学研究的是物理世界、自然世界。然而,社会科学研究则有较大差异。由于社会科学研究的是社会,即人的世界(人与人、人与自然的关系),因此社会科学的科学哲学则相对较为多元和复杂,科学哲学的不同,造成社会科学中的研究范式和研究方法也出现了较大的不同。总体来看,主要分为实证主义和建构主义[①]。在实证主义中,社会是真实的、客观存在的,可以通过研究将其中的规律客观地揭示出来,研究者自身往往被认为是独立于研究对象之外的,并且不同的研究者之间的差异

[①] 需要说明的是,此处实证主义研究(positivist research)容易与经验研究(empirical research)相混淆,因为国内经常将经验研究翻译成实证研究。经验研究强调的是科学研究应该建立在来自现实世界的经验性证据之上,因此研究者需要开展大量的数据收集工作,从而获取关于研究对象的资料。而实证主义则是一种科学哲学中的思想。因此,质性与案例研究一定是经验研究(实证研究),但不一定是实证主义研究。而当前的案例研究方法已经大致分为实证主义案例研究和诠释主义案例研究,但两者的区别并没有那么明显。

不会对研究结果产生影响,具备可复制性。可见,实证主义更加偏重自然科学中的哲学范式,历史上也是自社会学家孔德、涂尔干等通过自然科学研究学习而开创了实证主义范式下的社会科学研究,而演绎推理、理论验证和定量研究则与实证主义范式的研究相关。而建构主义认为,社会现实是多元的,是人们之间的互动和社会建构出来的,特别是因各类情境因素的不同而产生的认识也不同,研究者需要深入情境中,与研究对象进行互动和对话,从而与研究对象一起构建出研究发现。可见,持建构主义观的研究者认为研究时研究者不必独立于研究对象之外。归纳推理、理论构建、质性研究与案例研究则和这种科学哲学范式相关。

本书的整体研究思路是基于建构主义的哲学基础,其中一个重要原因是我国旅游企业创新创业这个研究领域仍然处于起步阶段(李彬等,2016;Fu等,2018)。一方面,在这个领域中,旅游产业和旅游企业的创新创业实践快速发展且随着我国旅游外部环境的快速变化,创新创业的新实践不断涌现,有的甚至已经领先于国外的旅游创新创业水平。此时,如果只是用现有理论,特别是一般管理学中的创业创新理论,通过简单套用、应用来解释和分析,则很可能无法真正揭示这个领域发展的深层原因和规律,更无法揭示这个领域中的独特情境特征,因此需要扎根于产业和企业实践进行归纳与提炼,进而构建出这个领域的独特理论。另一方面,在这样一个处于起步阶段的研究领域,也存在大量亟需解释和分析的研究现象与问题,也为理论构建和后续产生理论贡献提供了很好的研究机会。此时,如果先是采用以理论验证、定量研究为主要特征的实证主义哲学基础观,尽管也可以进行规范性的研究,甚至也可以得出漂亮的数学模型和统计结果,并发表到高水平的学术期刊,然而,很可能会忽视这一领域中情境化的独特性(去情境化),进而忽视理论构建工作。

具体来看,旅游创新的核心是旅游企业创新,旅游企业是旅游供需系统中的重要组成部分,是旅游市场和旅游业的微观运行主体(申葆嘉,2010)。特别是在新时代下,技术、经济和社会环境发生的重大变化直接或间接影响着旅游企业管理实践,因此关于旅游企业管理的研究假设也在发生变化,理论模型中的主要变量也需要重新审视(秦宇,2018)。

然而,近几年来,我国旅游企业管理的学术研究并未与我国蓬勃发展的旅游企业实践同步,且没有形成较为系统的理论框架与研究范式。对此,学者们进行了初步探讨。一方面,近几年的旅游企业管理研究对实践的解释与指导还较为欠缺。例如,秦宇(2017)指出,虽然旅行社的零负团费问题一直是实践领域的热点和难点问题,但目前还鲜有较为深入的研究进行分析。陈晔(2018)认为,当前一些旅游企业的前沿创新实践问题没有得到重视,如新兴旅游电商公司(如美团旅游、飞猪等)对成熟电商(如携程)的冲击。徐虹(2017)在分析酒店业的相关研究时指出现有理论还不能很好地应用于实践。类似地,何建民(2017)提出,一些旅游研究者缺乏对相关实践领域全面、系统和深入的了解,不少相关研究只以单纯论文发表为导向,虽然模型很"美"但缺乏实践导向,对实践了解不足且指导价值不足。另一方面,旅游企业管理研究在构建本领域的理论方面也较为不足,缺乏自身的独特概念、研究命题与理论框架等(陈晔,2018;谢彦君,那梦帆,2019)。曾国军和王丹丹(2018)对国际接待业相关研究进行系统梳理后提出该领域定量实证研究比例非常高,但缺乏在此基础上的理论构建研究以及完善的知识体系。Fu 等(2018)在对酒店与旅游企业创业研究的系统梳理中发现这一领域的实践较为丰富却缺乏理论的发展。McKercher(2018)则认为,国际旅游与酒店研究领域也同样存在着理论与实践脱节问题,缺乏该领域话语特色的理论范式。

总之,目前研究过于注重以理论检验为目的的实证研究范式,而忽视了科学研究的另一个重要方面——理论构建。

(二)情境化

情境化是指在对现象进行研究时,识别并考察它们所处情境中相关的和有意义的元素(徐淑英等,2016)。特别是要用现有理论解释新情境中的现象,就必须考虑情境化。Tsui(2007)提出,情境化可以加强现有理论、提高其精确度,并且提升其预测能力,深度情境化更能够发展理论,解释新情境中的独特现象。对情境化的关注成为近几年管理学研究的热点话题。徐淑英等(2016)认为,情境化能够改进现有理论精确度,深入的情境化还能使有效的理论更好地解释新情境中的独特现象,提升其与实践的关联性。任兵(2014)、秦宇等(2014)对管理学中情境化理论构建的方式与路径进行了阐述。

旅游企业管理研究与一般企业管理研究可能在理论视角、研究方法、研究范式等方面有较大的相似性。然而,旅游企业管理研究如果能够成为一个特定的研究领域(Köseoglu 等,2019),就需要在"旅游"二字所体现出的行业、企业、消费者等各方面的独特性这一情境问题上进行深入分析。

根据 Zahra(2007)提出的情境化理论构建分析框架,构建情境化理论的有效策略如下:第一,描述情境边界以及独特性的来源;第二,质疑现有理论的一般性假设;第三,识别情境中影响因果关系的关键要素。由此,在旅游这一情境下,可以质疑特定理论的核心假设,甚至是放松这些假设,进而探索这些假设在旅游情境下是否成立。李彬(2019)对源自西方的酒店业服务管理理论背后的"服务人员与顾客之间的地位与心理是对称、平等的"这一假设进行质疑,提出可以构建本土化的酒店与接待业服务管理理论。若要实现这一系列步骤,就要对理论和实践(问题或现象)有充分的了解。正如 Zahra 进一步指出的,将理论和现象相联系的一个途径是认识理论和现象的发展水平,通过分析情境化的丰富程度,从而有针对性地做理论构建工作。

总之,本书研究工作的一个方法论基础就是坚持情境化的理论构建思路,通过对旅游企业进行创业和创新活动时所处的宏观、中观和微观层面的各类情境进行分析,试图在情境化分析中提炼旅游企业的创业创新独特性。

(三) 本土化

本土化研究是当今社会科学领域的热门话题之一,因为其在构建本土理论及提升理论对本土现象和问题的解释力方面具有突出优势。本土化研究是使用本土语言,针对本土研究对象,提炼具有本土意义的概念与命题而进行的科学研究。本土化研究有层次性:第一层次是研究中的问题、对象、数据是本土的,但概念、命题及理论等直接来自原有的、以西方情境为主的研究(可以称为本土研究);第二层次是在上一层次的基础上,在研究模型或分析框架中部分地引入本土概念(构念)、变量。这是当前本土化研究常见类型,旨在对原有理论在本土情境下的适用性进行分析,如张翠娟和白凯(2015)、Zhou等(2018)的研究。第三层次是在前两个层次基础上,在研究范式、概念与命题、研究方法等方面都突出本土化特征,特别是在本土理论构建方面提出了本土的知识体系、概念、理论框架等,或者对原有理论体系有重要拓展与修正,或者提出一套新的理论话语体系,充分体现本土化的"化"字含义。然而这类研究目前还较少,典型的如社会学中费孝通提出的"差序格局"理论,翟学伟提出的"中国人的脸面观"和"关系向度理论"等。

本土化研究强调地方性知识,凸显文化类型及社会行为的多样性(翟学伟,2017)。当研究者发现现有的理论、视角、知识体系无法对本土情境中的现象、问题进行充分解释时,则需要从本土的问题出发,探寻与获得从本土的历史、文化、制度中生长出来的地方性知识。因此,本土化研究首先要探索地方性知识,然后与其他可能的知识体系进行"对话"。这一过程需要以本土理论构建作为科学研究的起点,其中抓住本土情境特征是理论构建的关键点。任兵(2016)曾提出,在管理学研究中,有些研究尽管也是研究本土中独特的现象和问题,但研究总是"雾里看花",表面上看都对,但就是和日常生活世界的认知不一样。任兵进一步提出,如果要做中国本土化研究,要考虑到中国是一个历史悠久、文化深厚的国度,如果这些本土内容缺失严重,将会导致很多针对本该富有本土独特性的现象和理论研究不为广大实践者所理解。

具体到酒店与接待业研究领域,不应只满足于对产生于西方情境下[①]的理论

[①] 事实上,西方情境也是"西方的本土情境",但在当前的学术环境下较少有人质疑其为"本土",甚至将其等同于"国际、全球"。

在中国情境下进行检验,而应该通过本土理论构建来发展本土酒店与接待业管理相关的理论、模型与研究体系。

事实上,我国酒店与接待业的发展,在受到中国特色的政治、经济、社会、文化和制度等情境因素影响下,已显现其发展的独特性,在酒店运营管理层面也存在很多不同于西方情境下的问题和现象。因此笔者建议,应当重点关注第二层次和第三层次的本土化研究,在深入分析中国酒店业情境特征后,构建与验证相关本土化理论,再与基于西方情境得出的理论进行对比研究,与西方学者进行对话,甚至可以在西方情境下验证基于中国情境得出的理论的适用性,这样可以促进全球酒店与接待业理论构建与学科体系的发展。

二、研究方法

旅游创新研究领域学者 Hajlager(2010)认为,旅游业与制造业和其他服务行业都不同,因此对旅游创新的调查研究需要依靠其他创新研究领域中的方法,需要应用新的方法,采用跨学科的方式如采用人类学、社会学和文化学研究等,跳出主流创新研究。他还指出,旅游创新研究需要采用质性研究方法,离开原子式的观察,抓住旅游案例创新的丰富内容,其中案例研究方法是主要方法,可以对过程阶段进行分析并且构建理论。

在理论建构的研究方法论基础上,本书主要采用质性研究方法与案例研究方法。

(一)质性研究方法

质性研究目前还没有形成一个清晰和一致性的定义,且没有形成像定量研究那样相对比较一致,或者"八股式"的研究设计范式和论文写作模式(Denzin 和 Lincoln,2011)。

在质性研究方法论领域,有影响广泛的《质性研究手册》,1994—2011 年一共出版了四个版本,在各个版本中,作者从不同的侧面对质性研究进行了说明。例如,质性研究应用解释性、自然主义的视角处理研究对象,是多种方法的研究(multimethod research)。其研究对象通常是在某种环境下自然发生的现象,并采用现象参与者的认识和想法来理解现象(Denzin 和 Lincoln,1994)。质性研究强调研究对象的属性,即其自然发生的过程及其意义(Denzin 和 Lincoln,2000)。质性研究要回答下面的问题:社会经验是如何被创造并赋予意义的?又如何生产出使世界显现的表象(representation)?(Denzin 和 Lincoln,2000)质性研究是对现实世界的一种整体主义的描绘,这种描绘是无法简化成几个变量实现的。Rossman

和 Rallis(2003)指出了质性研究的五个特点,包括:是在自然场景下进行的;采用了多种方法,确保研究对象作为人得到了应有的尊重;关注情境;是自然出现并逐渐展开的;其根本上是解释性的。质性研究通常会对个案进行研究,采用"深描"(thick description)①的方式来对多种过程进行有价值的解释。

(二)案例研究方法

关于案例研究方法,目前学术界没有一个普遍认可的定义,但对于案例研究的目标和方法已经大致形成了一些基本的共识。在我国管理学界影响较大的是Yin 和 Eisenhardt 的定义。Yin(2009)认为,案例研究是一种经验研究,它深入现实生活情境中正在发生的现象,特别是待研究的现象与其所处的情境之间的界限并不十分明显时。Eisenhardt(1989)提出,案例研究是一种研究策略,其焦点是理解某种情境下的动态过程。案例研究的目标包括描述情境、检验理论或者构建理论,其中,构建理论是案例研究的主要目标。

李亮(2019)总结了案例研究方法的主要特征,包括:案例研究是一种实证研究方法,案例研究的对象主要是当前正在发生的事件,但也可以是历史性回顾,案例研究的问题类型是"如何""怎么样"和"为什么",案例研究是在自然情境下对现象展开研究,不对现象进行控制或仅进行极低程度的控制,案例研究通过访谈、文档资料、观察等收集多种来源的数据。

第二节 研究设计与数据分析策略

一、研究设计

研究设计是对整个研究工作进行规划,制定出探索特定社会现象或事物的具体策略,确定研究的最佳途径,选择恰当的研究方法,制定详细的操作步骤及研究方案等方面的内容。Yin(2009)认为,研究设计是用收集的资料把准备研究的问题与最终结论连接起来,是从研究需要回答的一系列问题到研究所得出的结论(答案)的逻辑步骤。研究设计是"纲"、是指南,对于厘清研究过程中的关键问题、明确研究思路有重要的作用。

---

① 此处深描,也被称为厚描,是由人类学家 Geertz 提出的,强调的不是要发掘深层的意义,而是需要进行丰富的描述,并在丰富的描述中展示各层级意义的厚度。

质性与案例研究设计的特征主要体现为灵活性、非线性、开放性，这些特征是与定量研究设计相比较而言的。其中，灵活性是指质性与案例研究设计在研究过程之中会出现调整和变化。这是因为，在质性与案例研究过程中会出现新资料，涌现出与原有构想不一样的新问题、新构念，这时就需要重新调整原有研究设计，进而对新的问题进行分析和解决。非线性是指质性与案例研究设计中的各个步骤不断循环往复，特别是在质性与案例研究过程中，资料收集与资料分析两个步骤经常同时进行，不像定量研究设计中是先收集资料再进行资料分析。因此，在资料收集与分析的并行过程中，很可能会产生新的问题，需要回到最初步骤再重新完成各步骤，质性与案例研究设计中的非线性循环过程如图 2-1 所示。开放性是指质性与案例研究设计更加"包容"，不仅在数据来源方面更加多样和丰富，而且采用更多的数据分析方法（如定量分析、定性比较分析等）、更加多元化的理论构建过程（诠释主义范式、扎根理论范式等）。

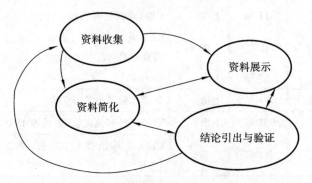

图 2-1　质性与案例研究设计中的非线性循环过程
（资料来源：Miles 和 Huberman(1994)）

质性与案例研究设计是围绕分析工作而进行的规划或指南，其目的就是初步规划研究工作的开展，具体如下。

第一，质性与案例研究过程中，经常会出现调研过程中需要调整调研思路、改变访谈对象或案例调研对象、增加调研案例个数，甚至改变部分研究问题等情况。此时，则更加凸显质性与案例研究设计的重要性，由此，研究设计可以提升研究质量，使研究更加有章可循。

第二，质性与案例研究中最为重要的"理论抽样"部分，需要对质性与案例研究模式（如单案例还是多案例）和案例企业、个数、分析单位等进行确定，这是研究设计最为关键的部分，决定了研究的质量。

由于本研究主要关注我国旅游企业创新创业的过程、机制、模式等问题，需要对我国旅游企业在创新创业方面的实践进行跟踪调研，采用现场访谈、观察、企业咨询等方式多次对典型企业进行调查,以获取持续、深度和丰富的质性与案例数据。

正式的访谈数据收集始于 2006 年。当时第一作者参与了北京第二外国语学院组织的旅游业发展口述历史项目,对全国各地亲历了早期旅游业发展的旅游行政管理干部和企业家进行访谈。2007 年开始,笔者在各种校内外项目的资助下,较为系统地对全国的酒店公司进行调研,这些公司包括锦江之星、如家集团、7 天、城市便捷(东呈)等。2012 年以后,笔者也对另外一些酒店公司,如维也纳酒店、亚朵酒店、有戏电影酒店、时光漫步酒店集团等进行了调研,这些调研均围绕酒店企业经营管理创新策略展开,见表 2-1。

表 2-1 连锁酒店集团调研情况

序号	调研企业	调研时间	调研地点	调研人数	访谈字数
1	如家集团	2007 年	上海	CEO 及其他高管共 7 人	81214 字
		2010 年	北京	CEO	30121 字
		2011 年	上海	CEO 及其他高管共 12 人	149696 字
		2015 年	上海	CEO 及其他高管、店长、员工及加盟商等共 33 人	578522 字
		2017 年	上海	CEO	17171 字
2	锦江之星	2007 年	上海	运营总监及员工等 7 人	12202 字
3	莫泰	2007 年	上海	总经理及其他高管、店长等 18 人	53598 字
4	7 天	2011 年	广州	CEO 及其他高管、店长、员工等 13 人	123220 字
5	驿家 365 酒店集团	2012 年	石家庄	CEO 及其他高管、店长、员工等 14 人	106171 字
		2017 年	石家庄	CEO 及其他高管等 9 人	166243 字
		2019 年	石家庄/北京	CEO 及其他高管等 12 人	59882 字
6	城市便捷(东呈)	2012 年	南宁	CEO 及其他高管、店长等 9 人	124490 字
		2017 年	广州	CEO 及其他高管、店长、加盟商、员工等 16 人	250378 字
7	维也纳酒店	2013 年	深圳	CEO 及其他高管、店长等 15 人	212774 字
8	方圆连锁	2013 年	南阳	董事长及其他高管等 5 人	87171 字
9	八方快捷	2014 年	东莞	总经理及其他高管团队、店长、员工等 8 人	108805 字
10	住友酒店(布丁)	2015 年	杭州	CEO 及其他高管、店长等 14 人	255361 字
		2017 年	杭州		201001 字

续表

序号	调研企业	调研时间	调研地点	调研人数	访谈字数
11	城市之家（古井酒店）	2014年 2019年 2020年	合肥 合肥 线上	CEO及其他高管、店长等10人 CEO及其他高管等6人 CEO及其他高管等9人	159044字 145696字 230976字
12	莫林风尚	2015年	长沙	CEO及其他高管等7人	171985字
13	君亭酒店	2015年	杭州	CEO及其他高管、店长、加盟商等20人	337748字
14	亚朵酒店	2015年 2018年	上海 上海	CEO及其他高管等7人 CEO及其他高管等9人	179905字 276797字
15	时光漫步酒店集团	2020年	北京	—	—
16	有戏电影酒店	2019年 2020年 2021年	北京 北京 北京	CEO及其他高管6人 CEO及其他高管、店长等12人 CEO及其他高管、员工4人	69870字 94394字 35323字

2015年以来，笔者团队也开始关注新型旅游公司，主要是在线旅游企业、新业态旅游企业等，调研分为两个阶段：第一阶段，为全面把握这些新兴旅游企业创新创业的现状，2015—2016年前往北京、上海和深圳三个创新型城市进行现场调研；第二阶段，在上述初步调研的基础上，2017—2018年对北京的重点新兴旅游企业进行跟踪调研，有的企业甚至连续调研3~4次，所选企业见表2-2。

表2-2 新兴旅游创业企业调研情况

序号	调研企业	创立时间	主要业务	调研时间	访谈人员	访谈字数
1	屏联科技	2014年	酒店、餐饮智能化设计和解决方案	2015年3月	郭家肃（董事长）	22881字
2	舌尖旅行	2014年	出境游美食推荐移动社交应用	2015年3月	熊浩（创始人）	19682字
3	世纪明德	2006年	游学、夏令营研学旅游	2015年3月	王京凯（高级副总裁）	12076字
4	周末去哪玩	2013年	周边游市场在线旅游服务提供商	2015年3月	张文龙（创始人）	12683字

续表

序号	调研企业	创立时间	主要业务	调研时间	访谈人员	访谈字数
5	6人游	2013年	中高端定制旅行服务的在线旅游服务商	2015年3月	贾建强（创始人兼总经理）	34461字
6	飞屋旅行	2013年	出境游无线上网（Wi-Fi）服务商	2015年3月	袁京辉（联席董事长）	11966字
7	哈达旅行	2012年	出境游P2P平台（用户对当地旅游达人）	2015年3月	段继奎（创始人）	20149字
8	九十度	2013年	体验式旅游服务平台/文化传媒	2015年3月	高弘（创始人兼CEO）	12352字
9	发现旅行	2013年	精品旅游严选平台	2015年3月	王振华（创始人）	13394字
					阮弘政（联合创始人）	16082字
10	穷游网	2010年	旅游内容与服务提供商	2015年3月	周彤（高级副总裁）	24027字
11	妙计旅行	2014年	基于人工智能技术的旅游路线个性化定制工具	2015年3月	张帆（创始人）	18171字
12	慧评网（众荟）	2012年	酒店业大数据挖掘与应用服务提供商	2015年3月	林小俊（创始人兼总经理）	39419字
13	口碑旅行	2014年	出境游旅游者决策工具	2015年3月	周青松（创始人）	24109字
14	景旅通	2014年	智慧旅游解决方案	2015年1月	高视（总经理）卫玉杰（副总裁）	19247字

续表

序号	调研企业	创立时间	主要业务	调研时间	访谈人员	访谈字数
15	麦兜旅行	2014年	休闲度假领域的零售品牌商	2015年1月	周翔（创始人兼CEO）	5945字
16	意时网	2011年	互联网旅游保险服务商	2015年	夏宁峰（联合创始人）	24412字
17	美辰旅游（美辰国际旅行社）	2010年	邮轮旅游服务商、批发商	2015年1月	杜翊铭（CEO）	14994字
18	丸子地球	2012年	出境自由行P2P服务平台	2015年1月	宋海波（创始人兼CEO）	10070字
19	泡泡海	2012年	海岛旅游度假电子商务平台	2015年1月	李蓉（创始人兼总经理）	13083字
20	麦途旅行	2012年	旅游定制化服务解决方案	2015年1月	陈友超（CEO）	25522字
21	四季游	2012年	运动旅游服务提供平台	2015年2月	胡飞（创始人）	10388字
22	深圳沃可仕（VOX）视听旅游设备	2012年	无线语音导览设备租赁服务	2015年2月	王志刚（总经理）	12635字
23	收客易	2012年	B2B分销平台	2015年2月	杨平（创始人）	10292字
24	泰久信息系统	2005年	影院票务到旅游目的地智慧旅游服务商	2015年2月	陈龙军（董事长）	7013字

续表

序号	调研企业	创立时间	主要业务	调研时间	访谈人员	访谈字数
25	GO购全球导购	2013年	出境游导购平台	2015年2月	刘瑾、李瑞娟（创始人）	9507字
26	热气球旅游网	2013年	旅游尾单特卖及特价错峰旅游电子商务网站	2015年2月	张险峰、潘鑫（创始人）	14092字
27	悠悠海岛之家	2013年	出境海岛旅游服务商	2015年2月	陈睿（创始人）	8374字
28	智游啦	2012年	自助游在线服务商	2015年2月	毛义明（COO）	6086字
29	客路旅行	2014年	境外目的地旅游资源整合预订平台	2015年2月	林照围（创始人）	7513字
30	九十度	2013年	体验式旅游服务平台/文化传媒	2016年1月	高弘（创始人兼CEO）	24459字
31	穷游网	2010年	旅游内容与服务提供商	2016年1月	周彤（联合创始人）	31138字
32	唯恩私人度假	2016年	定制旅游服务商	2016年1月	张强（总经理）	28555字
33	桔子瑜伽	2016年	瑜伽培训服务商	2016年1月	张文龙	13056字
34	6人游	2013年	中高端定制旅行服务的在线旅游服务商	2016年1月	贾建强（创始人兼总经理）	20120字
35	驿捷度假（燕海九州）	2010年	旅游休闲文化产业综合性旅游服务公司	2016年1月	师怀礼（创始人兼总经理）	46063字
36	发现旅行	2013年	精品旅游严选平台	2016年1月	王振华（创始人兼CEO）	18727字

续表

序号	调研企业	创立时间	主要业务	调研时间	访谈人员	访谈字数
37	我趣	2013年	海外自助游在线服务商	2016年2月	Fox（副总裁）Kitty（公关总监）	30001字
38	提谱	2013年	自助游旅游服务商（景区语音讲解、景区导览图等）	2016年2月	张文威（创始人）	22791字
39	团建宝	2015年	企业团建方案采购平台	2016年2月	石永刚（创始人）	9584字
40	海玩网	2013年	海外目的地旅游活动和线路预订平台	2016年2月	龚届乐（联合创始人）	30049字
41	中票盟（远帆票务）	1998年	旅游票务分销平台	2016年2月	郭雁鸣（总经理）	16223字
42	马上游	2010年	智慧旅游服务商	2016年2月	蒋晨明（副总裁）	17649字
43	远方网（隐居乡里）	2015年	中高端消费者的高品质乡村度假服务平台	2016年2月	陈长春（创始人）	12649字
44	世纪中润	2006年	老年游、研学旅游服务商	2016年2月	龚德海（创始人兼总经理）	20717字
45	光影旅行网 童子军户外网	2015年	摄影旅游 4～12岁儿童亲子服务	2016年2月	蒋理（创始人）冯钰（创始人）	31669字
46	漫宜度假	2012年	郊区精品客栈服务商	2016年2月	李崇昌（创始人）	23155字
47	喊你玩	2013年	日韩民宿预订平台	2016年2月	刘腾飞（创始人）	18113字

续表

序号	调研企业	创立时间	主要业务	调研时间	访谈人员	访谈字数
48	游啊游	2013年	东南亚自由行服务商	2016年2月	周旭东（创始人）	13237字
49	世界邦	2012年	出境自由行服务商	2016年2月	赵新宇（联合创始人）	29083字
50	游心旅行	2014年	定制旅游服务平台	2016年3月	蒋松涛（CEO）	12124字
51	金鼠标	2012年	入境游目的地分销与营销服务商	2016年3月	张进强（CEO）	23282字
52	6人游	2013年	中高端定制旅行服务的在线旅游服务商	2018年1月	贾建强（创始人兼CEO）	24074字
53	路书	2014年	定制游企业一站式解决方案供应商	2018年1月	程小雨（创始人兼CEO）	25451字
54	穷游网	2010年	旅游内容与服务提供商	2018年1月	周彤（联合创始人）	23796字
55	九十度	2013年	体验式旅游服务平台/文化传媒	2018年1月	高弘（创始人兼CEO）	11805字
56	游谱旅行（本该旅行）	2014年	出境自由行旅游行程规划专家	2018年1月	赵杨（联合创始人）	20886字
57	旅悦集团	2016年	旅游民宿酒店集团	2018年1月	张强（创始人兼CEO）张宝龙（副总裁）	21516字
58	远方网（隐居乡里）	2015年	中高端消费者的高品质乡村度假服务平台	2018年1月	陈长春（创始人）	14795字

续表

序号	调研企业	创立时间	主要业务	调研时间	访谈人员	访谈字数
59	驿捷度假（燕海九州）	2010年	旅游休闲文化产业综合性旅游服务公司	2018年1月	师怀礼（创始人兼CEO）	30478字
60	发现旅行	2013年	精品旅游严选平台	2018年1月	王振华（创始人兼CEO）	18129字
61	世界邦	2012年	出境自由行服务商	2018年4月	赵新宇（联合创始人）	37466字

（资料来源：根据团队成员访谈和二手资料整理）

观察笔记和档案资料的收集自第一作者1999年进入北京第二外国语学院从事酒店管理与教学工作后展开，主要成果是工作笔记、读书笔记和各种数据资料文件。工作笔记和读书笔记在我们寻找其他原始资料的过程中发挥着指引作用。其中，很多工作笔记被直接当作一手数据使用。

2018年8月，两位作者带领研究生将手头所有访谈资料、观察笔记、档案资料等分类整理并进行编码，初步建成了一个内部数据库，专供本书写作之用。

（一）确定研究对象

本书研究的焦点是旅游企业创新，但由于旅游产业是一个综合性产业，内部包含多个子产业或业态，且它们之间在创新阶段、模式特点等方面有差异，因此如果"大而化之"研究旅游业则可能得不到更多情境化的、深层次的发现。由此，本书主要关注两大类旅游业态来重点分析创新创业：一是新兴旅游公司（含在线旅游企业、新兴旅行社与其他涉旅企业）；二是连锁酒店管理公司。

这主要是考虑到：这两种业态是在旅游业创新创业发展过程中特征较为明显，并对旅游产业创新创业发展起到重要推动作用的业态，符合质性与案例研究对调研对象和案例企业的"典型性"的要求。其中，一些企业已经成长为旅游企业中的头部企业，如早期调研的如家集团、7天、城市便捷（东呈），有的企业是我国旅游新业态中的明星企业，如乡村民宿领域的隐居乡里、旅游社区和攻略领域的穷游网、定制游领域的6人游、路书等。

具体内容如下。

从2007年到2020年，共访谈连锁酒店集团16家并对其中的有的企业进行了连续跟踪调查，例如如家集团5次，城市之家（古井酒店）3次，驿家365酒店集团3

次,城市便捷(东呈)2次、亚朵酒店 2 次、住友酒店(布丁)2 次等,共计访谈本文字数有 30 多万字。

从 2015 年到 2018 年,对 52 家新兴旅游企业 61 次现场调研,现场访谈的文本字数共计 1201387 字。其中,笔者选择北京、上海和深圳三个城市中的新兴旅游企业进行调研,这主要是考虑到北京、上海、深圳是我国具有较高创新力的城市,如 2017 年、2019 年,在"福布斯中国最具创新力城市"的排行榜中,北京、深圳、上海均位列前三名。

(二)数据收集与获取

1. 现场调研

笔者对这两个业态中的企业进行了长期追踪观察,多次到企业现场和实地进行深入调查(田野调查),特别是对多家典型企业进行了持续、多次的追踪调查,如连锁酒店领域的如家、东呈、驿家 365 等,新兴旅游企业中的穷游网、隐居乡里、6 人游、发现旅行、世界邦等。

调研主要采取了深入访谈的方法。其中,旅游企业创业研究的访谈人员主要为公司早期的创业团队的成员,如创始人及联合创始人、董事长、CEO 和其他创业团队成员,旅游企业创新研究的访谈人员则更为全面,考虑到旅游企业的创新具有综合性和无形性,多涉及旅游企业各个部门共同参与,因此访谈的人员也相对较多,同时,也考虑到了质性与案例研究方法的"三角验证"原则。

调研的主要过程如下。

首先要完成如下几项内容。一是根据研究主题制定一份详细的企业调研计划,主要包括调研概述、调研的背景和意义、调研的成果、调研希望收集的问题和资料、调研的过程和注意事项等,一般调研计划书大约 20 页。调研计划书举例如图 2-2 所示。二是收集互联网资料、相关书面资料等二手资料,包括公司的官网资料、高管讲话新闻等。三是制定半结构式的访谈提纲,针对公司每位高管都要设置一些有针对性的访谈问题,这样既体现调研工作的专业性,也能让访谈者有准备,知道从哪些具体方面来提问,从而获得更好的访谈效果。一般访谈时间为 1 小时左右,创始人或董事长(总经理)的访谈时间为 1.5 个小时或 2 个小时。访谈一般采用"法庭式"提问的方法,尽量让被访谈者回答时间、地点、人物、事件、背景、原因、结果等陈述性事实。同时,访谈中一般两位老师作为访谈人员,一至两名学生作为辅助工作人员,两位老师中的一位作为主访谈人,按照准备好的访谈提纲与被访谈者进行对话,另一位进行补充提问,提出"反证"问题和"强化"问题以获取更多信息。学生的分工主要是进行现场记录、拍照和录音等工作。

同时为了保证信度和效度,还要依照"三角验证"的原则进行完善,主要有两种思路:一是收集不同来源的数据,进行相互印证,包括访谈获取的一手数据、现

赴君亭集团调研计划

目录

一、调研概述 ……………………………………………………… 2
　　1. 关于该调研 ………………………………………………… 2
　　2. 关于北京第二外国语学院酒店管理学院 ………………… 2
　　3. 关于项目团队 ……………………………………………… 3
二、关于调研后的成果 …………………………………………… 3
三、本次调研的背景和目的 ……………………………………… 4
四、希望调研的问题和收集的资料 ……………………………… 6
　　1. 对君亭集团提出的问题 …………………………………… 7
　　2. 对合作者和供应商的调研 ………………………………… 9
　　3. 此次调研希望收集的资料 ………………………………… 10
　　4. 补充调研 …………………………………………………… 11
五、调研流程、安排及事项 ……………………………………… 11

图 2-2　调研计划书举例

场观察(甚至是参与式观察,如参加了酒店集团每年举办的内部战略研讨会)、从各方面获取的二手数据(如网站资料、书籍、公司的内部档案等);二是在访谈时,围绕同一问题,对高层、中层和基层等不同层级、不同部门和不同岗位等的人员进行访谈,从多个方面进行相互印证。调研收集资料汇总举例如图 2-3 所示。访谈调研现场举例如图 2-4 所示。

名称	修改日期	类型
君亭酒店-访谈提纲	2019/7/11 0:02	文件夹
君亭酒店-高管名录	2018/7/19 15:17	文件夹
君亭酒店-录音文本	2021/5/23 17:22	文件夹
君亭酒店-拍摄照片	2017/4/8 16:37	文件夹
君亭酒店-入住体验	2020/12/22 10:11	文件夹
君亭酒店-现场笔记	2020/12/22 10:11	文件夹
君亭酒店-行程安排	2018/7/19 15:37	文件夹
君亭酒店-音频文件	2017/4/8 16:37	文件夹
君亭酒店-资料搜集	2018/7/27 16:46	文件夹
2017年赴君亭集团调研计划.doc	2020/1/27 20:06	Microsoft

图 2-3　调研收集资料汇总举例

图 2-4　访谈调研现场举例

2. 观察笔记

两位作者均来自北京第二外国语学院旅游科学学院。其中一位从1999年开始从事旅游企业管理的教学和研究工作,另一位自2008年开始持续进行旅游企业相关研究工作。特别是在过去十几年中,两位作者通过直接参与旅游企业咨询、行业培训及主持,以及各类行业会议及论坛等工作,积累了大量对旅游企业的观察成果。这些观察成果大都以笔记的形式保存下来,主要有以下几种类型。

一是大会参会记录。两位作者参加了中国旅游饭店业协会、中国饭店协会、中国旅游协会民宿客栈与精品酒店分会、中国旅行社协会、中关村智慧旅游创新协会等举办的各种会议和行业会议,记录了会议现场的发言、讨论、互动等信息,并誊写为正式的观察记录。

二是专业内部会议的记录。两位作者广泛参与了各种旅游与酒店相关项目,包括中关村智慧旅游协会(原中国旅游创业家协会)的沙龙、年会和其他研讨会活动,燕海九州、穷游、时光漫步、有戏电影酒店、亚朵等多家创业企业的公司内部会议、年会和加盟商大会等。两位作者还参加了星级评定标准等国家级和省市级标准2003版和2018版的起草和修订以及《中国饭店集团发展报告》《中国酒店连锁发展与投资报告》等全国范围内的调查报告的撰写等,以及大量的企业咨询和行业培训项目。这些项目在实施过程中举行了多次会议,参会者来自行业内的各类企业,不仅为作者提供了观察行业的机会也积累了很多会议记录。

三是非正式谈话记录。作者对旅游企业的创始人、高管团队成员和各个层级的员工进行了很多正式和非正式的调研。在调研过程中,作者与企业的管理者和员工都有较多的交流。除了正式的访谈之外,这些交流还包括了非正式的谈话,如在参观工作场所、用餐等过程中与企业管理者及员工的多次对话。这些对话的精要部分被记录下来并整理成文,以工作记录的形式呈现出来。

四是参观、观察记录。例如,在拜访公司总部的时候,总部办公区域的布局、高管办公室内的布置、员工的精神风貌和言谈举止,都被作者记录下来。在调研一些企业时,作者还会选择直接入住该公司旗下的酒店,记录对该公司产品和服务的体验。上述观察笔记,长短不一,内容各不相同,但都是作者对观察到的事件的正式记载。每一份笔记被整理为一个单独的 Word 文档文件,一共有 328 个。

(三)数据整理

由于数据体量庞大,我们首先需要全面阅读并对资料进行分类,登记每份资料的主要信息。例如,观察笔记分为大会参会记录、专业内部会议的记录、非正式谈话记录和参观、观察记录四类,每份笔记的事件、时间、地点、人物、主题和关键词,都被录入数据库中。再如,每份访谈记录除了登记上述要件之外,还需要登记访谈者职级和访谈摘要。

档案资料分为报刊、政府文件、标准、出版物和类出版物、图片资料、影像资料、网络资料七类,其中每一类又分为不同的子类。每份文件的关键信息也被记录下来。经过分类和记录工作之后,可以在数据库中较为方便地查找具有相同关键词的文件。例如,可以快速找出同一受访人在不同时期接受访谈的文件,即使这一阶段他已经变换了工作单位或职位。

通过这种方式,我们可以将访谈数据、观察笔记和档案数据进行对比阅读,也使得通过"三角验证"来证实数据的真实性变得更容易(Ghauri,2004;Stake,2005)。例如,如果某一事件的时间、地点、任务等关键信息在某位访谈者不同时间的访谈中都是一样的,我们就可以采纳这一信息。如果有不一致的地方,我们需要查阅其他来源和其他类型的数据,确定哪一种说法才是可信的。

二、数据分析策略

按照质性和案例研究学者的建议(Eisenhardt,1989;Gioia,2001),我们将数据分析过程分为三个阶段:数据缩减(data reduction)、数据展示(data display)和得出及验证结论(conclusion drawing and verification)。

数据缩减是指对访谈文本、观察记录和档案资料进行选择、聚焦、简化、摘取和转化的过程(Miles and Huberman,1994)。由于原始数据数量巨大,不可能直接用于分析,需要将这些记录和文本的内容进行压缩,以简洁、精练的形式进行表达。首先,作者反复阅读了所有的访谈文本、观察记录、档案资料,并对每一个文本撰写了摘要。其次,从上述文本中选择与本研究主题有关的内容,将这些内容摘取出来用于下一步分析。这个过程中伴随着大量数据简化工作,以更简洁、精确地表达文本中蕴含的信息。具体内容如下。

第一,资料编码过程。

由于一手资料和二手资料数量较多,对资料进行编号是数据分析的前提。访谈资料是一手资料,其总代码为F,其中通过深度访谈获得的资料为F1,通过现场观察和体验获得的资料为G;二手资料的总代码为S,其中新闻报道和高管发言为S1,酒店内部公告为S2;网络点评的总代码为N。资料详细信息及编码规则见表2-3。通常用名字拼音首字母代表被访谈者,后缀年份表示资料获取时间。综上所述,文章中如果涉及资料中的原话,则文本编号为"F-WHJ-2015"表示"访谈-王海军-2015",下面举例说明。

表 2-3 资料详细信息及编码规则

数据来源	详细信息	编号
一手资料	通过深度访谈获得的资料	F1
	通过现场观察和体验获得的资料	G
二手资料	企业提供或认可的新闻报道与高管发言	S1
	企业网站及相关内部文件	S2
网络点评	酒店官网、App、OTA	N

在对资料文本进行缩减、简化后,分析工作的重点是以一种有组织的方式来陈列得到的数据,将初步研究发现展示出来。这一过程主要运用表格的形式对简化后的数据进行分类、组合和比较,使数据能够以清晰、易懂的形式说明问题。例如,按照 Eisenhardt 和 Bourgeois(1988)梳理事物发展过程时采用的叙事描述方法,笔者收集、整理了旅游企业创新创业的标志性事件,并以表格的形式将这些事件列出,这样就可以很清楚地看到旅游企业创新创业的发展脉络。在资料分析过程中,这样的表格及图还很多,其中一部分在经过改进后直接用到了后面章节的相关分析中。

在上述工作的基础上,我们开始试探性地提出一些结论并对结论进行验证。例如,在分析旅游创业机会识别过程时,笔者根据多家案例企业调研的结果进行多案例分析。

在此基础上,为了得到令人信服的结论,我们广泛地在访谈数据、观察笔记和档案数据之间,不同访谈者之间,同一受访者不同时间的访谈之间,以及各类档案数据之间,进行"三角验证"。这被普遍认为是对某一观察解释的可重复性进行验证的有效方法(Stake,2005)。通过对亲历者的访谈,这些事件的过程又可以得到较好的再现,这种相互印证的做法能够对研究对象做出更全面、更普遍、更好的背景化的描述(Ghauri,2004)。

具体的编码过程可参照 Gioia(2004)和毛基业(2020)提出的一阶、二阶数据结构图。当我们拥有一系列完整的一阶主题、二阶主题和聚合维度时,我们就有了构建数据结构的基础,这也是整个研究方法中的关键步骤。数据结构图不仅是一个有助于我们将数据进行合理配置的视觉辅助工具,还以图形的形式展示如何从原始数据发展到类型和主题,这是证明定性研究严谨性的关键组成部分(Pratt,2008;Tracy,2010),参见图2-5。

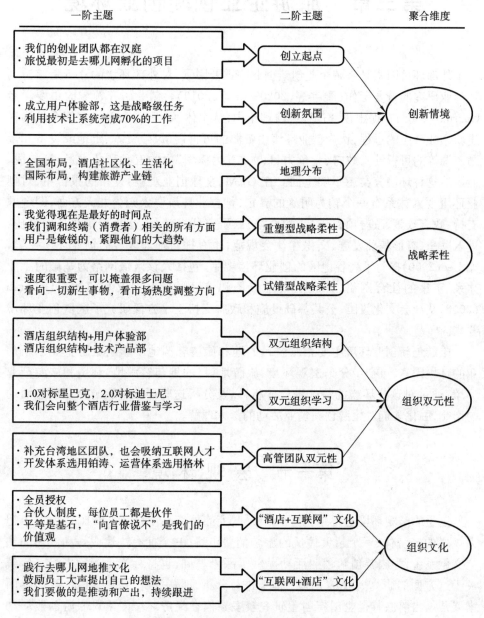

图2-5 数据分析中的数据结构举例

第三章　旅游企业创新创业环境

外部环境因素是旅游企业创新创业的重要因素,对外部环境的分析是旅游创新创业研究的首要工作(秦宇等,2020;Fu等,2019)。创业研究领域的重要学者Gartner(1985)在提出创业过程经典理论中,从个体、组织、过程和环境四个维度描述新企业产生的过程,认为创业环境由资源的可得性(风险资本、土地或设备和金融资源等的可得性)、政府、竞争力量(如"五力模型"中的五种竞争力量)等构成。但显然这种环境分类还不够全面。在 GEM(全球创业观察)发布的报告中,对创业环境要素体系有一个较为明确的界定,把创业环境要素归为九大方面,即金融支持、政府政策、政府项目支持、教育培训、研究开发转移、商业和专业基础设施、进入壁垒、有形基础设施、文化和社会规范,也有探讨地理区域的创业环境要素,如 Lee(2000)探讨了硅谷地区的创业环境要素,包括以该区域网络为基础的工业体系、密集的社会网络、开放的人才市场和该区域的社会文化氛围。Deborah(2002)从社会文化氛围、公共基础设施和政府支持三个方面研究了区域创业环境要素。

旅游创新创业环境主要指旅游目的地和旅游客源地中影响旅游企业创新创业的环境因素,可初步分为宏观环境、旅游地(目的地与客源地)环境和旅游产业环境,通过对这些环境的特征进行分析,以及分析这些环境对旅游企业创业活动的影响,强化人们对旅游创新创业活动的深入理解。

第一节　宏　观　环　境

这里的宏观环境主要是指"国家"尺度上的外部环境,例如,我国作为一个超大规模的经济体、一个超大体量的旅游消费市场、一个拥有快速成长和变化的社会文化系统,为旅游创新创业活动提供了深厚基础,也将会产生深远影响。传统关于这方面的研究一般从 PEST 框架进行分析,即从经济、社会、技术、政治等因素展开。当前旅游企业创新创业研究较多聚焦在经济环境因素对旅游创业活动的影响(Jafar等,2015),对其他一些因素的分析相对较少,且对经济因素的分析也需要进一步结合新冠肺炎疫情的影响而分析。

本节将分别对旅游企业创新创业的宏观环境中几个主要因素进行分析,特别是分析当前在新冠肺炎疫情影响下的宏观环境变化,以及其对旅游企业创新创业的影响。

一、经济环境

这里的经济环境主要表现为我国宏观经济和旅游经济的发展走势,这一直是旅游创业创新的最重要的环境因素(戴斌,2015)。但现有研究并没有在"经济增长会促进旅游创新创业活动增长"这一命题上有一致性的结论,特别是有学者提出,经济周期的低谷反倒是企业进行创业的大好时机。但普遍来看,经济的持续稳定增长,确实会给旅游创新创业活动提供机会的"土壤"。经济的持续向好,会带动旅游产业投融资的不断向好,相应的创投、风投等大量资金进入旅游创业创新领域,尽管可能会存在大旅游投资项目对中小旅游创业项目的挤出效应,以及投资过度集中形成的"泡沫",但整体来看,仍然会营造创新创业活动的良好氛围,为创新创业者提供信心。与此同时,宏观经济与旅游经济的稳定增长,也会影响消费者的需求,带来需求的结构变化和消费的不断升级,从而进一步促使旅游创新创业活动围绕需求与消费展开。

(一)后疫情时代的宏观经济和旅游经济

从我国宏观经济发展来看,突如其来的新冠肺炎疫情让中国经济面临"大考",但中国却成为 2020 年全球经济唯一正增长的经济体。受新冠肺炎疫情影响,全球经济、贸易和投资等遭遇重挫,许多国家在"保生命"和"保生计"的艰难平衡中选择后者,复苏势头明显减缓。

与之相反,我国采取了强有力的防疫措施,国内疫情得到有效控制,经济发展情况好于预期,中国成为全球唯一实现正增长的主要经济体。据国家统计局数据,2020 年国内生产总值 1015986.2 亿元,比上年增长 2.3%。其中,第一产业增加值 77754.1 亿元,增长 3.0%;第二产业增加值 384255.3 亿元,增长 2.6%;第三产业增加值 553976.8 亿元,增长 2.1%。

从旅游经济基本面看,2022 年中国旅游研究院发布《中国旅游经济蓝皮书(No.14)》指出,2021 年受疫情多点散发的影响,全年旅游经济出现"弱景气"区间,企业纾困解难的压力进一步加大。2022 年疫情仍将是影响旅游业复苏最大的不确定性因素,但创新发展的势头不会减弱,优质文化产品和旅游服务供给力度将会进一步加大,仍然要保持相对乐观的心态并充满信心。从文化和旅游部发布的数据来看,2021 年国内旅游总人次 32.46 亿,国内旅游收入 2.92 万亿元,分别同比增长12.8%和31%,全年旅游经济总体呈现"U"形走势。

(二)旅游投融资

本书第一作者参与了新旅界每年发布的《中国文旅产业投融资研究报告》的相关工作,对我国旅游投融资趋势进行跟踪分析。在2020年的报告中,共追踪到全行业投融资事件387起,较2019年下降10.21%;统计到已披露的投融资总金额16162.24亿元,较2019年下降9.6%(不含未公开的投融资事件及金额,以及事件公开但投融资金额未透露情况;投融资金额中,数百万按300万元统计,百万按100万元统计,美元兑人民币按全年平均6.8974:1的统一汇率换算)①。可见在2020年,虽然文旅产业遭遇新冠肺炎疫情、融资收紧等因素影响,但文旅产业投资端仍保持一定活力,特别是目的地重资产项目。

2018—2020年文旅产业投融资事件数量和投融资金额如图3-1所示。

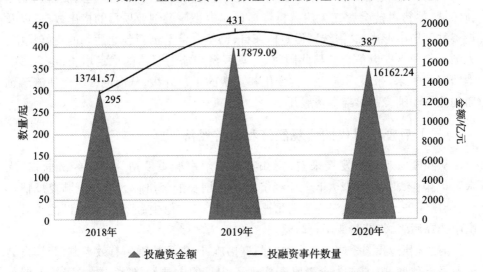

图3-1 2018—2020年文旅产业投融资事件数量和投融资金额

(资料来源:《2020中国文旅产业投融资研究报告》,新旅界、北二外旅游科学学院)

1. 投融资事件数量

从投融资事件数量来看,在众多细分业态中,2020年投融资数量最多的是文旅综合体和文旅特色小镇,两者相加为180起,占46.51%,与2019年基本一致。可见,产业融合型综合性项目投资是目前的市场热点。此外,目的地资源端的景

---

① 该报告统计到的投融资事件和投融资金额主要是民间资本投资,再加上政府财政投资及未统计到的部分国有资本投资,最终的投资总额数据要大于本报告的统计数据。

区、酒店、主题公园、农文旅项目、旅行社以及智慧旅游投资热度较高，投融资事件数分别为46起、33起、19起、17起、14起和14起。

2020年文旅产业各细分领域投融资事件数量如图3-2所示。

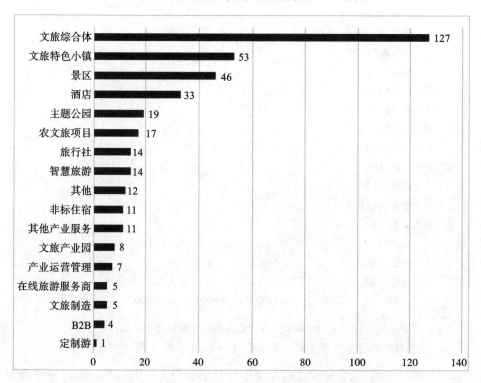

图3-2 2020年文旅产业各细分领域投融资事件数量

(资料来源：《2020中国文旅产业投融资研究报告》，新旅界、北二外旅游科学学院)

2. 投融资金额

从投融资金额来看，目的地资源端项目投资金额仍占据主体。其中，文旅综合体、文旅特色小镇投资体量最大，两者投资规模合计14231.22亿元，占比高达88.05%，见图3-3。

除目的地资源端项目外，轻资产类渠道端五个细分领域融资总额为50.7亿元，其中旅行社和在线旅游服务商占比较大。而产业服务端融资规模仅为33.36亿元，其中智慧旅游领域投融资事件数量和金额最高。

目的地资源端属于重资产模式，是文旅市场投资主体。2020年目的地资源端投融资金额达到16078.18亿元，同比下降9.44%。占全年总投资金额的99.48%。投融资事件数量326个，与2019年基本持平，占全年文旅产业投融资事件总数的84.24%。同时，共有277个重资产项目落地，投资金额达到15664.4亿

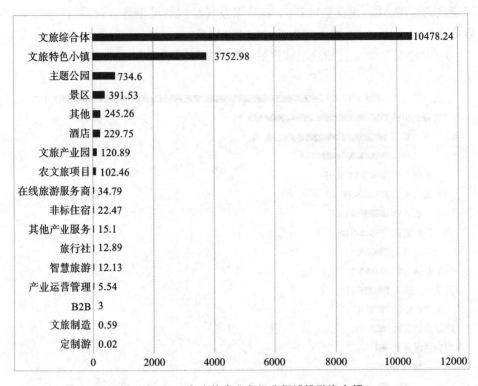

图 3-3 2020 年文旅产业各细分领域投融资金额

(资料来源:《2020 中国文旅产业投融资研究报告》,新旅界、北二外旅游科学学院)

元。在目的地资源端,文旅综合体和文旅特色小镇仍为投资金额和投资事件数量的主体,见图 3-4。

此外,从 2018—2020 年目的地端投融资情况看,目的地端仍保持较高热度,即使在新冠肺炎疫情影响的 2020 年,目的地端投融资事件金额只出现小幅度下滑,仍超过 2018 年,见图 3-5。

在 2020 年,共有 277 个重资产项目签约、拿地或开工,共有 197 家企业参与投资。从这些企业资产类型来看,民营企业仍处于主导地位,占比高达 68%,见图 3-6。从业务类型来看,旅游类和地产类仍是投资主力军,分别占比 41.62%、18.27%,见图 3-7。

(三)旅游需求与旅游消费

从旅游需求的变化来看,出于为国家经济建设创造外汇收入的首要考虑,改革开放后很长一段时间,中国旅游业走的是"入境优先"的道路。在当时接待设施奇缺的情况下,一切设施以接待外国游客为主要任务。我国的旅行社业、酒店业

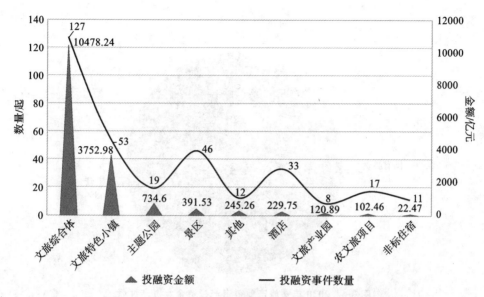

图 3-4 2020 年目的地资源端投融资事件数量和金额

(资料来源:《2020 中国文旅产业投融资研究报告》,新旅界、北二外旅游科学学院)

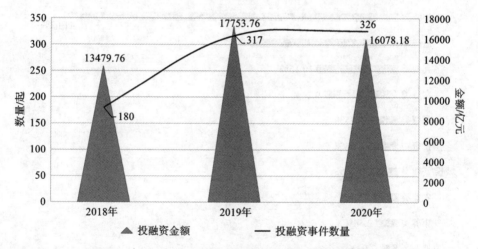

图 3-5 2018—2020 年目的地端投融资事件数量和投资金额

(资料来源:《2020 中国文旅产业投融资研究报告》,新旅界、北二外旅游科学学院)

都是以接待国外观光旅游者起步的,所提供的产品和服务基于外国游客的需要而设计,并没有必要考虑国内游客的需求。

20 世纪 90 年代后期,国内旅游开始得到政府的鼓励并因此获得了发展的机会。加上人民群众可自由支配的时间和收入的增加,国内旅游迅速发展起来,国内游客成为旅游业中的主流顾客群。1998—1999 年,四星级和五星级酒店顾客中

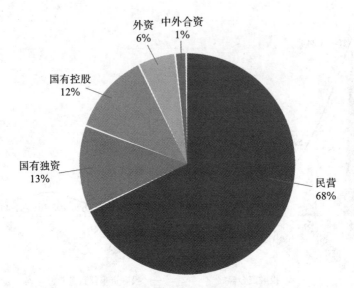

图 3-6 2020 年文旅产业重资产投资企业资产性质

（资料来源：《2020 中国文旅产业投融资研究报告》，新旅界、北二外旅游科学学院）

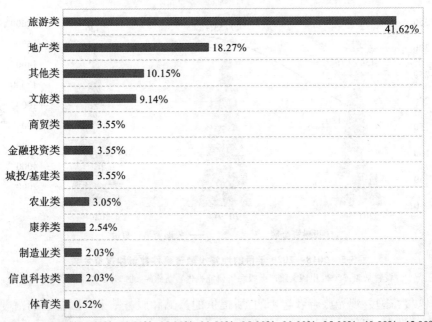

图 3-7 2020 年文旅产业重资产投资企业主营业务类型

（资料来源：《2020 中国文旅产业投融资研究报告》，新旅界、北二外旅游科学学院）

国内游客所占比例分别为30%和50%。在之后的十年,这一数据不断上升,到2009年,分别占到了70%和85%。国内游客不仅成为中国旅游业的主体消费者,还成为世界旅游业中的一股重要力量。2012年,中国的出境旅游支出超过1020亿美元,一举超越长期稳居世界前两位的德国和美国,位居第一。中国也成为第一个出境旅游花费超过千亿美元的国家。我国从1994年开始统计国内旅游收入,当年国际旅游收入占我国旅游总收入的38%,但是这一数据在之后不断下降,2006年后下降速度显著加快。到2012年,国际旅游收入只占到我国旅游总收入的12%,其余收入都是国内旅游创造的。

因此,2012年后国内游客变成旅游需求的主体,是促进创新创业大规模涌现的最主要力量。细数国内增长较快的旅游类创业创新企业(如连锁酒店、旅游景区、旅游电商等),哪一个不是以国内游客为目标市场呢?今后,随着我国社会消费习惯、可支配收入和人口特征的变化,游客将会追求更高品质、更方便、更速度、更新奇、更美的产品和服务,同时希望以合理的价格享受这些产品和服务。为了满足这些需求,更多的创新、创业还会涌现,并有可能在世界范围内产生影响。

从消费层面来看,消费分层趋势凸显。2020年全国居民人均可支配收入32189元,比上年增长4.7%,扣除价格因素,实际增长2.1%。其中,人均服务性消费支出9037元,比2019年下降8.6%,占居民人均消费支出的比重为42.6%。从城乡来看,农村居民人均消费支出13713元,名义增长2.9%,扣除价格因素,实际下降0.1%;城镇居民人均消费支出27007元,名义下降3.8%,扣除价格因素,实际下降6.0%。农村居民消费增长快于城镇居民,名义增速和实际增速分别快于城镇居民6.7和5.9个百分点。从国家统计局的数据可看出,新冠肺炎疫情对我国居民消费影响较大。但随着疫情防控局势转变、经济的复苏、政策推动等,社会消费仍有可观增量空间。疫情加剧了消费分层,国内消费趋势出现新的变化。疫情之后,高净值人群享受到了资产增值的红利,实现财富增长,消费升级成为显著现象;与之相对的中低收入阶层,消费意愿和能力则出现大幅下滑。此外,值得关注的是,随着新消费群体崛起和消费升级,以宠物经济、女性经济、粉丝经济、社交经济、养生经济等为代表的新潮消费正在主导市场。这些新潮消费将会为旅游创新创业提供更多的机会。

二、技术环境

科技已经成为现代旅游业体系构建与发展的重要支撑要素,技术环境对旅游业和旅游企业的创新创业发展有更加深远的影响。

世纪之交,信息与通信技术(ICT),尤其是互联网技术融入人们生活的方方面面。2000年我国网民的数量不过数百万。截至2019年6月,我国网民规模达8.54亿,较2018年底增长2598万,互联网普及率达到61.2%,较2018年底提升了1.6%,见图3-8。

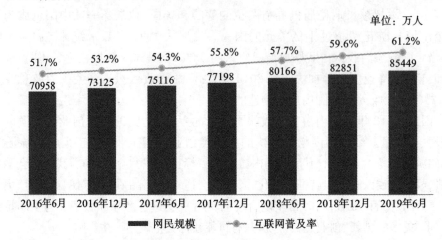

图3-8 我国网民规模和互联普及率(2016—2019年)
(资料来源:CNNIC)

截至2019年6月,我国手机网民规模达到8.47亿,较2018年底增长2984万,我国网民使用手机上网的比例达99.1%,较2018年年底提高0.5%,见图3-9。

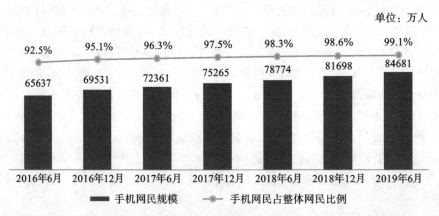

图3-9 我国手机网民规模及手机网民占整体网民比例(2016年6月至2019年6月)
(资料来源:CNNIC)

在旅行预订方面,截至2019年6月,我国在线旅行预订用户规模达4.18亿,较2018年底增长814万,占网民整体的48.9%,见图3-10。

在机票在线预订领域,航空公司之间通过深度合作提升直销能力,OTA平台通过预判出行场景提升辅助产品销售量。一方面,航空公司之间通过互售机票和

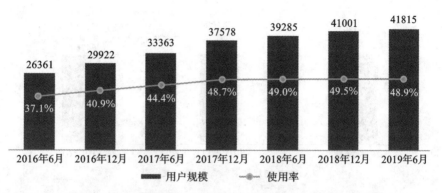

图3-10 旅行预订用户规模及使用率(2016年6月至2019年6月)
(资料来源:CNNIC)

代码共享的方式,整合优质资源,丰富会员选择,提升获得客户的能力。另一方面,OTA平台通过对出行搜索数据进行分析,对客户行为进行预测,针对不同出行需求和应用场景精准营销,从而在办理签证、接送机服务、兑换外币等机票辅助产品等方面提高预订量。

在酒店在线预订领域,OTA平台和酒店集团通过聚合独立酒店提升预订量,国际酒店集团通过渠道下沉拓展市场空间。一方面,OTA平台和酒店集团纷纷吸引独立酒店入驻,开拓长尾市场,发挥规模效应汇聚用户,利用技术手段为供应链提供支撑,从而提升独立酒店线上预订量;另一方面,国际酒店集团通过渠道下沉开拓二三线城市市场,如洲际、希尔顿、万豪等国际酒店集团开放旗下中端品牌,以特许经营的模式拓展市场空间。

在旅游度假产品在线预订领域,OTA平台和旅行社借助产品服务创新和渠道潜力挖掘拓展用户。在产品服务方面,OTA平台和旅行社针对用户细分需求形成不同的产品组合,如推出适合儿童和老年人的家庭游产品以及满足用户个性化需求的定制服务等。在渠道拓展方面,OTA平台通过布局线下门店与在线渠道形成互补,通过大数据技术整合线下需求进行智能营销,挖掘潜在用户市场。

截至2019年6月,我国网络视频用户规模达7.59亿,较2018年底增长3391万,占网民整体的88.8%。其中,短视频用户规模为6.48亿,占网民整体的75.8%,见图3-11。短视频与旅游领域融合探索新的商业模式。通过加强与各大景区或城市合作,对旅游资源进行包装和推广,联合景点、城市推出主题视频挑战活动,打造网红景点、网红城市,在带动地方旅游收入增长的同时,也促进自身内容和商业模式的多元化发展。

图 3-11　短视频用户规模及使用率(2018 年 6 月至 2019 年 6 月)
(资料来源:CNNIC)

技术进步是旅游产品与服务创新、流程创新和管理创新的主要推动力量,正是由于科学技术的进步,旅游企业在上述创新创业领域中的可能性大大提高。近年来,基于互联网的各种技术已经改变了旅游产业中的生产行为和消费行为,创造了大量的创新创业机会,下面列举几个这方面的变化。

第一,旅游业中规模经济的形式发生了重要变化。规模经济是传统旅游企业获得竞争优势的主要手段之一。例如,旅行社通过批量采购获得低价的机票、饭店住宿和景点门票,再通过加价零售的方式销售给旅游者,通过赚取二者之间的差价盈利。在移动互联网技术出现之前,规模经济的形式主要体现为整进整出的"旅游团"。移动互联网技术使得一些创新创业企业能够组织起分割时空的"虚拟旅游团",将不在同一时间到来的旅游者组织到一起获得批量购买的价格。同程网的门票业务和美团网的酒店业务都属于此类。未来,不管终端消费者身在何处、何时消费,只要创新创业企业能够汇聚他们的需求并确保其在单项产品供应商处的消费总额,就能够获得规模经济带来的收益。

第二,旅游交易中的信息不对称被打破。由于信息不对称,旅游者难以正确认识目的地市场中供应商提供的产品价格和质量信息,决策存在较大的不确定性。财大气粗的供应商可以通过树立品牌,降低消费者决策的不确定性,但中小企业就很难通过这种方式获得消费者青睐。在互联网大发展的今天,消费者可以将自己对任何供应商的不满意或满意的评价发布在网上,其他消费者可以免费获得这些信息。来自消费者一方的质量评判信息正以前所未有的数量、深度和易获取性涌现出来,极大地影响着其他消费者的决策,也使得传统条件下难以克服信息不对称问题的中小型供应商极大地改善了在竞争中的地位。

第三,企业内部的界限和层级将被打破。互联网在企业中的应用还打破了企业内部的界限和层级。长期以来,企业经营中由于存在信息传递失真和低效等问题,需要"组织""计划""控制"等职能来管理和协调人的行动;由于存在个人的努力与其收益无法精确衡量带来的失衡问题,需要"领导"等职能起到监督和激励的作用。为了解决上述两类问题,部门、层级、管理者成为必不可少的管理要素。然而,互联网连接一切的巨大潜力使得上述两类问题很有可能从源头上得到解决。目前,很多企业在将企业微信、钉钉等作为管理工具的过程中已经逐渐改变了"组织"和"控制"的方方面面,未来的变革还将更全面、更深刻。

若没有信息技术的帮助,我国在世纪之交涌现出的一批大型创业企业,如春秋航空、7天、如家、众信等,不可能获得如此快的成长,更不用提携程、艺龙这些完全依赖信息技术运营的公司了。笔者预计,随着无线互联基础设施和技术的进一步发展,这一领域中的消费增长会给创新创业带来超乎想象的巨大机会。

三、政治环境

政治环境主要是包括影响企业创新创业的政府治理机制、政策制定与效果等方面的内容。

在政府治理机制方面,中央与地方政府的关系是治理机制研究关注的重点。我国改革开放以来,通过财政体制改革调整财政关系而引发的中央政府与地方政府关系的调整,使得政府在旅游业发展和旅游创新中的角色和作用发生了较大变化。杨春宇(2011)提出,在治理旅游业发展过程中,中央政府与地方政府有两种不同的模式:中央政府通过出台一系列宏观性、规范性和指导性的法律法规、意见和制度性文件等,从总体上整合各方面力量,进行国家整体形象宣传,改善旅游整体环境;地方政府则把"政府主导型"旅游业发展模式发挥到极致,从而演变成地方政府"主导、主财和主干"旅游业的局面。

杨春宇(2011)根据蒋莎(2006)的研究提出,中央政府在旅游业各阶段发展中的作用和角色主要是开拓者、规范者和协调者。开拓者是指在旅游业发展初期,中央政府利用行政体制和政策优势动员所掌握的各类资源,使我国旅游业超前发展,并迅速形成了较大的产业规模和供给能力;规范者是指在我国旅游业逐步发展后,中央政府出台了一系列法律法规和政策,促进了旅游业的健康发展;协调者是指协调社会各方面力量,鼓励市场主体发展,改善旅游外部环境等。地方政府在发展旅游业过程中经历了经营旅游企业和经营旅游资源产权两个发展阶段。其中,地方政府经营旅游企业阶段,是在1984年"五个一起上"(国家、地方、部门、集体、个人)政策的推动下,国家旅游局(现更名为文化和旅游部)简政放权,赋予地方更多权限。这一阶段全国酒店业和旅游业高速发展,但两个行业的平均利润率都出现不同程度的下降趋势。地方政府经营旅游资源产权,发展区域旅游业的导向由经营企业转变为经营景区土地与资源产权。其中,第一阶段是20世纪90年代中期到2001年,地方政府对旅游风景区大规模转让经营权阶段。第二阶段是2003年至今,中央政府对经营权转让进行干预阶段。

然而,该文章只分析到了2009年。到了2012年左右,开始出现移动互联网等新兴科技手段,以及出境自由行等新兴旅游需求,加之国家推出"大众创业、万众创新""创新驱动发展战略"等,使得中央政府的相关部门实质上承担了旅游业发展中的创新驱动者角色,进而通过政策、意见、标准等对各级地方政府实施旅游创业措施来进行影响,由此到2012年则开始了规模更大、范围更广的旅游创新创业活动。

在政策的制定方面,唐晓云(2013)通过对1949—2013年旅游政策工具进行系统梳理分析发现,旅游政策分为供给型政策、需求型政策和环境型政策等。其中:供给型政策分为人才、科技/信息支持、基础设施建设和资金投入,共58项政策;需求型政策分为政府采购、服务外包和对外贸易管制三类,共69项政策;环境型政策分为目标规划、金融政策、税收政策、法律规制、休假制度和签证管制,共152项。加上其他类型104项,共383项。

唐晓云(2013)提出,过去60多年的旅游政策文件较少有连续性的政策设计,更多的是承载不同社会使命时的阶段性制度安排。尽管这些制度安排引导了旅游业的发展,有力地推动了旅游业发展进程,但也体现出了政策偏于保守和复杂的特征。

旅游政策制定体现的特点是,从资源配置的行政化转向行政权力制约下的资源配置市场化过程。改革开放初期,虽然旅游业经济性质开始出现,但仍然属于"事业"范畴,很多方面仍然实行垄断经营政策,到了20世纪90年代后,我国市场经济体系逐渐形成,旅游业的政策环境才逐步宽松,垄断经营的局面才被打破。此时,旅游企业的创新创业大多来自国有性质的体制内的旅游企业家,如锦江体系内出现的"锦江之星"的徐祖荣,或者国有企业、事业单位及科研院所等人员"下海"进行的机会型创业,如开元的陈妙林、东呈的程新华等。他们能够对政策出台的背景、目的和意义有更为深入的理解,也有对几乎是空白的市场中存在的巨大机会有前瞻性的判断。由此,在资源配置行政化背景下的旅游政策"红利"产生了"制度型创业"的旅游企业家,但此时的创业活动与真正的市场经济和商业逻辑下的创业活动还有一定差异。

自2001年左右,市场化和商业化逐渐走入正轨,旅游政策开始对资源配置、市场培育进行原则指导和底线制约,其他均交给市场去完成,让市场成为资源配置的决定性因素。此时,大批来自旅游行业内和旅游行业外(如互联网行业)的企业家开始进入旅游市场,从而使得民营旅游创业企业开始快速成长、壮大,从而体现出旅游政策开始向资源配置市场化方向转变。

四、社会环境

(一)基础设施与交通通达性

在铁路交通方面,"四纵四横"高铁网提前建成,"八纵八横"高铁网加密成型。2020年,全国铁路通车总里程达到14.6万公里,其中高速铁路达到3.8万公里,稳居世界第一。铁路交通的发展,特别是高铁运输网络的逐步构建,对旅游发展的带动效应日益显著。

在航空运输方面,截至2020年,除香港、澳门和台湾地区,我国民用运输机场共有241个,年旅客吞吐量超过1000万人次的机场有27个。

在公路交通方面,2020年末,全国公路总里程超过500万公里,其中高速公路16万公里,2020年全国高速公路里程增长15万公里,稳居世界第一。2020年全国民用汽车保有量28087万辆(包括三轮汽车和低速货车748万辆),比2019年末增加1937万辆,其中私人汽车保有量24393万辆,增加1758万辆。民用轿车保有量15640万辆,增加996万辆,其中私人轿车保有量14674万辆,增加973万辆。

私家车的普及,扩大了居民出游半径,带动了自驾游市场发展,进一步繁荣了文旅市场。

(二)劳动力变化

1. 劳动力数量

根据人口学家的估计,到2028年左右,中国的人口峰值将达到14.5亿,之后进入负增长阶段。但是,劳动力人口的负增长会提前到来。随着今后劳动力人口绝对数量的降低,各行各业中的"招工难"的情况将长期化与常态化,服务业当然也不例外。更为突出的问题在于,除少数部门外,大部分旅游服务业都属于国民经济各部门中收入偏低的部门。由于工资水平处于社会中下水平,这些行业中的员工有很大可能进入到能提供更高工资的行业中就业。在北美、欧洲和日本等发达国家和地区,本国劳动力已经较少从事旅游服务业特别是酒店和餐饮等传统服务业中的劳动力密集工作,很多工作岗位的空缺已分别被来自拉美、南欧和东亚的新移民或长期劳工填充。因此,在各行各业"招工难"常态化的大环境中,旅游企业的用人问题将更加突出。

2. 劳动力价格

受生活成本上升等因素的影响,近十几年来我国劳动力价格也在不断增长。例如,自从1994年实行最低工资标准以来,上海的最低工资从220元上涨到2020元。进入21世纪以来,最低工资的涨幅明显加快。2004—2015年北京和上海最低工资标准变化情况如表3-1所示。

表3-1 2004—2015年北京和上海最低工资标准变化情况

年份	2004	2005	2006	2007	2008	2009	2010	2011	2012	2013	2014	2015
北京最低工资标准/元	545	580	640	730	800	800	960	1160	1260	1400	1560	1720
上海最低工资标准/元	635	690	750	840	960	960	1120	1280	1450	1620	1820	2020

(资料来源:根据相关资料整理)

劳动力总量的减少和劳动力价格的上升,使得流程创新成为企业创新的重要内容。减少劳动力使用、提高效率的新流程和新工艺,会成为各类企业提高竞争力的重要手段。

3. 新世代劳动力的变化

目前,"90后"员工已经成为各类旅游企业员工的主力,这部分员工渴望自由、个性化和自我价值实现,他们更愿意接受各种新思想、新工具和新实践,更敢于创新。但是,这一世代的员工也不再盲目服从权威,不愿意受教条管束。企业的管理模式和人力资源政策需要进行创新,以适应新世代劳动力的职业特性。

总之,笔者认为,未来很长一段时间内,劳动力供给方面的变化会极大地影响旅游企业的流程创新和管理创新,并间接推动产品和服务创新活动的开展。

(三)少子化和人口老龄化

公安部数据显示,2020年新生儿登记数仅1003.5万,较2019年下降约15%。这表明,"全面二孩"政策不仅没有出现生育高峰,反而出现生育下降。2021年5月31日,国家提出进一步优化生育政策,实施一对夫妻可以生育三个子女的政策。

与此同时,国家统计局公布的数据显示,2021年末,我国60岁及以上人口超过2.54亿,占总人口的18.9%,根据联合国的划分标准,可以初步判断我国已经进入老龄化社会。

因此,人口老龄化、少子化除了带来一系列的社会问题外,对我国文旅产业发展也将产生重要影响。例如,康养旅游、银发旅游、候鸟旅游等新业态将迎来发展高潮。为满足退休老年人旅居、康养需求,康养旅游度假区、康养小镇等目的地产品将不断涌现,同时部分目的地在业态体系打造方面融入康养、健身、体育运动等元素。此外,围绕老年群体的定制游、主题游等旅行产品将不断推出。亲子游,特别是针对一个家庭的两个孩子以及三个孩子的亲子游产品、研学产品等,将会是一个有潜力的新兴市场。

五、宏观环境感知的案例分析

为了分析旅游创业公司对环境因素的感知,我们选择了 8 家旅游创业公司进行分析。这 8 家公司分别是 6 人游、九十度、游谱旅行、发现旅行、路书、世界邦、隐居乡里和周末去哪玩,它们均为 2012 年及以后依托互联网成立的公司。笔者发现,8 家创业公司的创始团队及其创业行为均受特定外部环境因素的较大影响。通过对一手访谈资料及二手数据进行分析,本研究发现对互联网旅游企业影响较大的三个外界客观环境因素分别为经济环境、政策环境和技术环境,尤其是互联网技术的广泛推广和应用。正是在这三个环境因素的综合作用下,旅游行业逐渐出现众多的创业机会等待创业者识别与开发。表 3-2 所示的是旅游创业公司机会对外部环境因素的感知,总结了本研究中影响创业企业机会出现的外部环境因素方面的证据。

表 3-2 旅游创业公司机会对外部环境因素的感知

外部环境因素	对外部环境因素感知的举例
经济环境	我们刚准备但还没成立的时候,会有人给我们天使投资。(王振华,2015) 大到政策,下到我们消费者的消费观念的转变,现在流行一个词就是"消费升级"。(张文龙,2015) 当时整个旅游业的投资环境非常好,于是我们俩一拍即合,就一起创业了。(程小雨,2018) 当我愿意开始为服务买单的时候,这时候就出现了一批人,我们叫中产阶层。(贾建强,2015) 因为资本很热,看好这个领域(旅游领域),也看中我们以前的背景和经验。(赵杨,2108) 中产对中产,再加上这个水平,所以我觉得中国人在未来出国旅行上对服务的需求是不可抑制的。(赵新宇,2016) 我们在初创期就受到如此之多的培育和保护:天使投资、VC、众筹。(程小雨,2018)

续表

外部环境因素	对外部环境因素感知的举例
政策环境	供给侧结构性改革,确实非常有意义。(赵新宇,2016) 这是一个大众创业、万众创新的时代,环境也在发生变化,最为明显的变化是签证政策的变化。(程小雨,2018) 民宿这两年很火,它能作为乡村建设和乡村振兴最主要的抓手。(陈长春,2018) 乡村的绿水青山就是"金山银山",它是和美丽乡村建设和乡村扶贫紧紧联系在一起的。(陈长春,2018) 今年两会上,大家在说"互联网+"。(王振华,2015) 八项规定出来之后,输出少了,这些人(提供高端旅游产品和服务的人)生意受影响。(贾建强,2018)
技术环境	我们有这么好的互联网基础。(赵新宇,2016) 其实现在的互联网解决的就是信息不对称的问题。(赵杨,2018) 中国互联网产业的发展水平如果在这,服务业的发展水平在这,我们觉得越是落差的地方越是可以产生新的突破。(高弘,2015) 我们这个赛道本身是一个互联网赛道,不是旅游的赛道。(程小雨,2018) 互联网是一个很好的工具,除能够很便捷地提升效率之外,我觉得一定意义上,更多强调的是链接。(张文龙,2016) 互联网越往后发展,到最后就没有互联网了,就回归传统产业,它对传统产业是一个改造和升级。(陈长春,2016) 这就是互联网产品的思维了,就是应该把非标准的东西标准化。(贾建强,2018)

(资料来源:根据访谈资料整理)

具体内容如下。

第一,经济环境。随着中国经济的逐渐发展以及居民人均收入水平的提高,中国的中产阶层也迅速崛起,这些中产阶层的消费理念与消费需求发生了巨大的改变,中产阶层更加注重消费质量,不再仅仅满足于必需品的消费,而是追求更加自主、更加开放、更加健康的生活方式,因此,中国旅游行业迎来了新的消费拐点。同时,原有的传统旅行社、农家乐所提供的产品和服务已经远远不能满足这批中产阶层的需求,中国旅游行业急需转型升级。由于经济的发展而导致消费者需求的改变使得中国旅游行业出现了严重的供需错位现象,中国旅游行业迎来变革机遇期,而其中蕴含着的众多创业机会等待旅游创业者发现与开发。世界邦创始人赵新宇指出:"(旅游)这个市场压抑用户需求,没有这种产品去给用户,就是满足不了用户的需求。"另外,伴随着风险投资在国内的兴起,各种风险投资机构为旅游创业者的商业概念实践提供了充足的资金支持和保障。总而言之,伴随着经济的稳定发展,中产阶层成为市场消费的主力人群,传统的旅游产品和服务又难以满足该目标群体多样化、个性化的旅游消费需求。因此,在资本市场的助力下,国内的一批新兴旅游创业公司便迅速成长起来。

第二,政策环境。近几年,国家颁布了一系列对旅游行业发展至关重要的政策,这些政策引领中国旅游行业未来的发展方向。首先,中央政府颁布的"大众创业、万众创新""乡村振兴"及"美丽乡村"建设等相关政策推动了旅游创业的兴起。在这些政策的影响下,旅游市场催生了大量创业机会。其次,中央政府近年来一直强调各个行业要针对自身发展现状进行供给侧结构性改革,以推动中国经济更好更快地向前发展。反观中国旅游行业,在几十年的发展过程中逐渐形成了竞争过剩与竞争不足并存的双重局面。竞争过剩是指目前中国旅游市场产品同质化现象严重,传统旅行社市场存量与增量过剩;而竞争不足则是指中国旅游行业某些细分市场竞争不足,满足相应细分市场用户需求的旅游产品较少,缺乏竞争。周末去哪玩创始人张文龙在谈到这些政策时指出:"对于中小创业团队来讲,也是有很多时间窗口、机会窗口,包括一些细分领域去挖掘。"最后,在供给侧结构性改革和旅游行业高质量发展的大政策背景下,旅游行业如何顺应政策形势进行改革是旅游行业从业者需要跨过的一道难关,但与此同时,旅游行业这种供需结构性失衡的状况也为创业者带来了大量的创业机会。

第三,技术环境。伴随着互联网技术的成熟发展,互联网技术已经在很大程度上改变了人类生活的各个方面,也深刻地影响了旅游行业未来的发展。互联网技术的出现带给旅游行业的变化主要包括以下四方面。一是互联网技术的出现使得知识与信息以极快的速度进行传播,信息的透明度得到加强,极大地改善了以往社会中广泛存在的信息不对称现象。由信息不对称带来的与价格、质量有关的交易问题都将得到解决,旅游行业传统的依靠信息不对称这一发展因素来获取巨额利润的局面将一去不复返。二是互联网技术的出现推动传统旅游行业进行变革,提供更好的产品和服务。互联网技术的出现极大地加快了企业变革的进程,传统的旅游行业如何在保证实体产品品质的同时加快企业的发展速度,将是旅游行业发展的下一个契机。隐居乡里创始人陈长春认为:"互联网越往后发展,到最后就没有互联网了,就回归传统产业,它对传统产业是一个改造和升级。"三是互联网技术的出现带来了生产效率的提高和交易成本的降低,改变了传统意义上的交易关系,极大地冲击了人们的传统认知,人们曾经认为不太可能产生交易关系的个体与企业之间都能直接进行交易。周末去哪玩创始人张文龙提到,互联网是一个很好的工具,能够很便捷地提升效率。四是互联网的飞速发展改变了传统旅游行业从业者的思维认知,鼓励从业者从互联网和传统行业相融合的角度思考问题,为消费者提供更加优质的产品和服务。6人游创始人贾建强指出:"这就是互联网产品的思维了,就是应该把非标准的东西标准化。"

第二节　旅游目的地与客源地环境

旅游目的地和旅游客源地是旅游创业者活动发生的重要地理性区域。旅游行业与其他行业最大的区别是,旅游产品是通过旅游者从客源地移动到目的地而产生的体验,因此对该地理区域的环境关注较多。具体到旅游企业创新创业方面,则应聚焦旅游目的地和客源地的治理环境和产业集群环境,这会对旅游企业创新创业行为有较大影响。

一、旅游地治理环境

改革开放以来,我国旅游业实现了突飞猛进的发展,其中一个主要特征就是"政府主导"的旅游发展模式,这种模式被视为中国旅游发展取得成功的关键因素之一(宋瑞,2019)。然而,伴随着外部环境的较大改变,特别是我国社会主义市场经济体制的确立和完善,市场在资源配置中起决定性作用,旅游业发展的治理模式正在发生较大变化,如大量私人投资、外国资本等社会投资开始进入旅游投资领域,特别是风投、创投、私募等大量进入旅游创新领域,民间组织、行业协会、当地社区等在内的社会组织开始参与旅游目的地、旅游业的管理,甚至在一些特殊时期(如新冠肺炎疫情期间)承担了较多社会责任,成为旅游治理体系中较为重要的主体,还有各种类型的媒体、智库等在内的社会公众在旅游决策中的作用逐渐受到重视。特别是在全域旅游、文旅融合、"旅游+"、"互联网+旅游"等理念和实践不断涌现的当下,政府对旅游治理的模式与体系需要新的变化,"多主体联动的旅游综合治理体系"开始受到重视,政府部门之间的协调、政府与企业、行业协会、当地居民和社区、游客等多个利益主体间的治理关系,都是旅游治理体系创新发展需要关注的焦点。

旅游治理研究从20世纪90年代初开始出现,一般认为,Attard和Hall在2004年出版的 *Tourism and Transition:Governance,Transformation and Development* 一书中正式提出了"旅游治理"概念(宋瑞,2019)。Beritelli等(2007)提出,旅游治理是旅游目的地为了适应或配合相关政策、发展战略或具体事务,设置、开发和形成的涉及所有相关机构和个体的各种规则、机制和方法,以及这一设置、开发和形成的过程。旅游治理概念的形成与人们头脑中已有的管理理念向治理理念的转变有关。宋瑞(2019)进一步指出,改革开放40多年来,面对游客活动边界和旅游产业边界的不断变化,我国旅游治理体制从部门管理向初步建立旅游现代治理体系迈进,多维联动的综合治理创新成为旅游治理变革在治理机制层面的重要特征。例如,在治理机构方面,2009年以来,部分省区在旅游发展委员会以外,通过旅游产业协调(领导)小组等形式进一步加强综合协调力度。近几年,旅游管理部门探索建立了"1+3+X"模式,其中,"1"是指旅游发展委员会,"3"是指旅游警察、旅游巡回法庭和工商旅游分局,"X"是指其他创新性的市场监管措施。到2018年,伴随文旅部成立,各省组建了文化和旅游厅(委员会)。总之,我国的旅游治理已经从行业管理、企业管理,拓展到涉及旅游发展的各类主体,从"单抓直管"到形成"国家—省—市—县"的实际旅游在综合监管体系"齐抓共管"。

江陵(2020)以上海文旅新业态为例,结合"多中心公共治理"理论视角,从政府、企业、行业协会、顾客、媒体五个主体维度分析了文旅新业态的治理体系建设。刘红春和李顺彩(2021)指出,在国家治理现代化框架下,社会治理体制的理念得到进一步的规范调整,引入了"协同治理"思想,形成政府、司法、行业、公众、社会等多方共治的新时期治理模式,如本土化建构旅游市场综合监管新模式,以发挥内外部多元化模式协同效能。邵利等(2020)以青海省互助土族故土园为例,对旅游社区治理中多主体的共生行为模式进行了分析。

张毓峰和乐雅(2019)提出,旅游目的地治理问题研究具有理论多源、视角多样、内容复杂等特征,他们在对国内外旅游目的地治理相关研究进行系统梳理和概括提炼的基础上,以推进旅游目的地治理理论前向发展和深入理解中国旅游目的地治理实践为目标,初步构建了一个中国旅游目的地治理理论的整合分析框架。这一整合分析框架包括目的地治理基础、目的地治理结构、目的地发展行为和目的地发展绩效四个基本组成部分。其中,目的地治理基础是指决定目的地治理结构的先在性基础条件,包括目的地特征、资源产权制度、旅游发展政策和地方文化习俗等因素;目的地治理结构是指为处理目的地旅游发展问题而形成的涉及所有利益相关机构和个体行为的各种规则、机制和方法;目的地发展行为主要包括旅游战略规划制定、旅游目的地营销、项目投资与产品建设、产业构建与服务管理、文化保护与开发利用、生态环境保护和更新等方面;目的地发展绩效是指目的地发展的最终结果与状态,反映了其发展目标的实现程度,通常是指经济、社会、文化和环境四个方面的发展状态。

二、旅游市场监管

旅游市场监管是旅游治理体系与治理能力现代化的具体体现。特别是在新时代,面对双循环格局和新冠肺炎疫情影响下旅游市场出现的新变化、新挑战,更需要旅游市场监管体制机制不断优化创新,市场监管手段不断丰富完善,加速旅游市场的复苏与转型升级,实现旅游业高质量发展。

(一)我国旅游市场监管现状及问题

1. 我国旅游市场监管的现状

第一,针对新需求、新业态、新模式等新市场的监管,相关法律法规、行业规范等还较为滞后,例如对共享住宿市场、在线旅游服务平台的监管等。

第二,旅游行政主管部门在审批、监督和执法等方面还缺少刚性、强制性法律法规,如对民宿、星级酒店、等级旅游景区的监督和执法,只能依靠多部门协同联合执法,但联合执法的协调成本、启动效率等尚不能及时满足问题快速解决、有效决策的需求。

第三,旅游市场监管机制还较为传统,与多样化、快速变化的旅游市场需求和市场供给的旅游市场发展现状还不适应,常常出现监督执法"一刀切"和严重滞后的情况。

第四,旅游市场预测与监测方式还较为落后。表现在:一方面,无法全面和及时了解市场中出现的问题,如游客遇到的服务质量问题、旅游企业扰乱市场的行为等;另一方面,无法充分把握线上和线下出现的问题投诉舆情,以及对整个旅游市场秩序和品牌形象造成的消极影响。

特别是,针对新需求、新技术等催生了许多新业态、新企业和新模式,使得这些创新实体往往处在现有监管体系之外,从而成为现有监管体系的空白,可能存在潜在的风险和各种问题。

2. 我国旅游市场监管中存在的问题

第一,安全问题。表现在提供新技术的旅游企业,包括线上平台、区块链企业等对游客个人隐私的数据安全、新业态中如共享住宿、乡村民宿的人身安全、财产安全等没有建立完善的安全保障体系,建筑与消防监管、入住登记要求等还不规范。

第二,信息不对称造成的交易问题。新业态、新模式的营利模式往往较为前沿、有的也不成熟,但在新技术和新需求驱动的新市场中往往利用消费者、政府无法全面掌握信息导致的信息不对称特点,在交易、定价方面与消费者产生纠纷,甚至出现谋取不法利润、欺客宰客等严重扰乱正常市场秩序的问题。

第三,服务标准缺失和服务质量问题。新业态、新模式的出现通常都较为前沿,往往缺少相关的标准和行业规则,随意性比较强,从而会出现服务质量差、游客投诉等问题。

（二）我国旅游市场监管体系变化

近年来，我国旅游市场监管体系经历了几次变革，主要表现在以下方面。一是在监管理念方面，从事后补救监管、事中综合执法转向事前预防、事中实时动态管控和事后及时补救的全过程监管理念转变。二是在监管体系方面，由自上而下、上传下达式的传统行政监管体系向基于平台思维的多主体、多部门协同治理的综合性监管体系转变。三是在监管方式方面，由传统的突击式、"运动式"的监管和执法模式向建立日常性市场监管机制与综合整治行动相结合的模式转变。四是监管手段方面，由传统的、单一的行政监管手段，向基于互联网、大数据等技术创新而进行精准的智能化、数字化监管手段转变。

具体可概括为以下几点。

1. 监管范围不断扩大

一是由于我国旅游发展理念和模式的变化。从"旅游＋"到"全域旅游"、再到文化旅游融合，旅游市场监管范围也随之扩大，产业不断融合产生了新业态、新供给，旅游市场的边界不断扩大，甚至部分出现模糊和不清晰。二是我国旅游行政主管部门的结构调整和权责范围的调整。由旅游局到旅游委再到文旅局（委），行政主管部门在文化和旅游等业务的融合上、旅游目的地的政府部门间协调协作上发生了较大变化，使得旅游市场监管范围也不断出现变化。三是新业态、新模式、新产品不断涌现，如共享经济、线上平台、云旅游、网络直播带货等，使得旅游市场监管范围的边界不断扩大。四是互联网和线上交易出现，旅游线上市场交易、服务质量、信用体系建设等急需建立规范有效的监管体系。

2. 监管手段开始多样化

一是基于"综合治理"和"协同监管"思维，跨部门、跨区域的联合执法、专项整治手段不断出现。二是基于"随机抽查和事中事后"监管思维，推行体验式暗访监督模式，通过全面推行"双随机、一公开"的监督机制，使得监管手段更加规范化。三是基于平台和社会共治的思维，通过建设监管与服务平台、交易监督平台、信用等级评价平台等，充分调动旅游企业、游客、社会大众等各方利益相关者的积极性，建立多中心治理的旅游监管平台、旅游治理生态系统。四是基于信用建设思维，对旅游市场主体和消费者的信用和诚信进行监管，将成为市场监管的一项重要抓手。如2019年，文旅部发布了首个"全国旅游市场黑名单"公告；2021年提出继续完善"文化和旅游市场黑名单"管理办法，进而制定旅游市场信用评价规范，推进信用分级分类监管。

3. 监管手段的智能化、数字化

一是建设数字化监管服务平台，将旅游数据资源统一组织、分级整合，实现旅游监管信息系统的互联互通、开放共享。二是把大数据、人工智能、互联网、区块链等新兴技术融入旅游市场监管的全过程,从而通过新兴科技打通各个部门、优化各项业务流程,促进旅游市场监管效率提升。

(三)旅游市场监管中兼顾效率与灵活性、鼓励市场主体自主创新

对于旅游市场监管与市场发展的关系问题,本质上是如何看待"市场的作用"的问题,十九届五中全会中提出,充分发挥市场在资源配置中的决定性作用,更好发挥政府作用,推动有效市场和有为政府更好结合。2020年1月,文旅部就提出推动市场培育和监管两手抓、两加强。一方面,要充分尊重、包容旅游市场主体的自主创新行为,特别是在当下新冠肺炎疫情对旅游市场的重大影响、旅游市场主体遭遇前所未有的"寒冬"之时,市场的复苏与发展、市场主体的培育与壮大,需要市场监管维护正常的市场秩序,不对新兴旅游市场主体搞"一刀切",提高监督和执法检查的效率,确保市场的有效和健康发展。另一方面,要完善、规范市场监督体系和行为,当一个旅游目的地的旅游市场秩序井然,市场"失范"问题能够得到及时、有效解决时,市场监督才会对市场繁荣发展起到促进作用。

具体内容如下。

1. 市场监管要在宏观上筑牢底线和红线,要在微观上有分类、有指导

宏观层面,做好深入的调查研究,健全相关法律法规和管理规范。微观层面,要进行细化和分类,为监督执法提供可操作性、有针对性的依据,为旅游市场主体提供可执行的、有指导作用的行动参考。

2. 政府职能转变与治理能力的提升

政府应加快职能转变,深入推进"放管服"改革,利用科技手段完善信息公开机制和诚信体系建设,本着与时俱进和因地制宜的原则出台相关法律法规、行业管理规范等,确保市场公平竞争、市场主体运营规范、消费者权益得到最大化的保障。

(四)借助新兴技术旅游市场监管体系如何转型升级

需要有智慧化、数字化监管的新思维、新理念。新时代、特别是数字经济时代,新思维、新理念成为文化旅游治理体系和现代化治理能力建设的关键。要认真学习和充分利用大数据、云计算和人工智能等新兴科技手段,提高市场秩序中的人防、物防和技防,探索传统监管与新兴数字化监管深度融合的新型文旅市场监管机制。

一是探索把大数据、人工智能、互联网、区块链等新兴技术融入市场监管的全过程,提高数字文旅时代下市场监管的智慧化和数字化,如云南、福建等地与科技

公司共同开发建设的旅游目的地、旅游景区的数字化监控治理平台、产业监测平台和应急指挥平台等,切实提升旅游市场监管的效率与效果。

二是依靠平台思维,利用大数据分析等手段,探索建立综合性监管与服务平台,建立政府、平台、旅游企业、游客共同参与、共同治理的多中心治理机制。如建立数字化文旅公共服务平台,借助对旅游企业和游客的交易记录、身份信息、位置信息等大数据分析,提供数字化文旅服务;加快一网共享、一网协同,实现"一网通办",大幅提高服务效率。

三是构建新型监管机制,加快构建以信用为基础的文化和旅游市场新型监管机制,依法依规开展失信惩戒。开展文化和旅游企业公共信用综合评价,推动实施信用分级分类监管;设置旅游消费者诚信排名,建设市场交易云监控平台等;拓展信用应用场景;加强行业诚信文化建设;建设文化和旅游市场经济运行监测体系,实施风险评估和预警;推进"互联网+监管",构建业务全量覆盖、信息全程跟踪、手段动态调整的旅游市场智慧监管平台。

四是深化体制机制改革。建立健全文化和旅游发展的部门协同机制,推进改革举措系统集成、协同高效,打通堵点,激发整体效应;推进"放管服"改革,加快转变政府职能;完善文化和旅游融合发展体制机制;培育文化和旅游行业组织。

五是完善行业协会在自律自治、制定公平有效奖惩机制、量化考核会员企业诚信分数和信用等级方面的作用,促进旅游行业协会主动、自觉地维护旅游市场正常秩序。

三、旅游产业集群环境

(一)旅游产业集群概念

1990年美国战略管理学家迈克尔·波特在其著作《国家竞争优势》一书中首次提出"产业集群"这一概念。波特认为,产业集群是一组地理上靠近的相互联系的公司和关联的机构,它们同处或与一个特定的产业领域相关,由于具有共性和互补性而联系在一起。同时波特(1998)认为,旅游业的集群效应是十分明显的,旅游业是适合集群化发展的行业之一,并建议国家和地区把旅游产业集群作为重点培植对象。

旅游产业集群是旅游目的地发展到一定阶段时呈现的一种空间组织形式(尹贻梅等,2006),旅游产业集群不仅仅是旅游企业在一个地区的简单聚集,而是围绕旅游核心吸引物,旅游企业以及旅游相关企业因内部联系和合作,从而形成产业集群竞争优势的现象和机制(尹贻梅等,2004;庄军,2005;李娜,2007;冯卫红,

2008;王润等,2012)。从组成要素上看,集群的核心是企业,包括了本地与企业相关的几乎所有的实体机构;从空间分布上看,集群一定是有地理集聚含义的,空间属性已成为集群概念的必要条件之一(李鹏飞,2009)。因此,旅游产业集群具有三个显著特征:一是旅游产业集群具有地理空间;二是不同旅游企业因共同的目标而聚集在一起;三是集群内除旅游企业外,还包括辅助性企业与部门,以及部分相关机构。

(二)基于钻石模型的旅游产业集群特征

波特不仅创新性地提出了"产业集群"的概念,还在《国家竞争优势》一书中对国家竞争优势进行了全面研究,提出了产业和国家竞争力理论,即钻石模型。钻石模型主要由生产要素、需求条件、相关产业与支持性产业、企业战略结构与竞争4个基本要素,以及政府、机遇2个辅助要素组成(蒋和平等,2008)。接下来对各个因素进行详细的阐释。

生产要素是指产业发展所需的各种投入,分为基本要素(如自然资源、气候、地理位置等)和高级要素(如人力资源、知识、技术等)。旅游目的地演化升级的基础就是旅游基本要素,如高品位的自然或人文资源、适宜的气候、优越的地理位置等;旅游目的地企业进行创新的发展也离不开高级要素,如专业人才和知识以及先进的技术等。

需求条件主要关注区域内的市场规模、发展趋势等。国内市场的需求会刺激企业进行技术的改进和创新,这是产业发展的动力。旅游业的消费者直接参与了旅游服务的生产和消费过程,旅游业的发展更依赖于需求要素。旅游需求的增长主要表现在消费需求的增长和生产者需求的增长两个方面。其中,消费需求的增长主要表现为一国的旅游收入的增加,生产者需求的增长主要与技术进步和市场体系发达程度决定的分工及专业化的发展有关。科技水平和创新能力越高,市场体系越完善,专业化分工程度就越高,国内需求支持就越多,竞争优势就越明显。

相关产业是与特定产业具有互补性的产业。支持性产业是为某一特定产业提供基本需求的其他若干产业。发达而完善的相关产业不仅关系到主导产业产品成本的降低、产品质量的提高,而且由于它们与主导产业邻近,使得企业间更加容易传递产品信息、交流创新思想,从而促进企业的技术进步,形成良好的既竞争又合作的环境。提高旅游业竞争力,无疑需要相关的制造业和其他服务业的支持。

企业战略结构与竞争,即指企业的战略决策特点、组织结构及竞争程度所赖以存在的环境。由于所处环境不同,企业目标、管理体系和激励机制也往往不同,而其产业优势则来自对它们科学、合理的选择和搭配。波特认为,国内竞争的活跃程度与该产业竞争优势的保持和创造有密切联系。激烈的企业竞争可以促进发明创造,提高质量,降低成本,增强国际竞争力。

此外,政府的行为指的是可以促进企业竞争力的提高,增加企业获得竞争优势的机会。政府通过制定产业发展战略、法律条例、金融税收、投资等政策措施创造一个宽松、公平的竞争环境,影响产业竞争优势的形成。

机遇是指重大技术变革、外汇汇率的重大变化,以及重大政治、文化或经济事件等,这类机遇事件给一国产业的发展带来新的契机。

可见,波特的产业和国家竞争力理论突破了传统竞争力理论的片面性,将一国产业作为一个整体,考查其开拓、占据国际市场并获取利润的能力,并将影响一国产业国际竞争力形成的主要因素组成一个相互联系、相互促进的系统,这对旅游产业具有很大的适用性,其研究范式完全可以用来分析旅游业竞争力。

表 3-3 所示的是 2018 年和 2019 年我国典型的旅游目的地与客源地创新城市排名,可以看出,这些城市在创新方面有较强的优势,在产业集群创新的各类资源、政策等方面具备很好的条件,特别是很多城市既是旅游目的地也是旅游客源地,这样的环境就为旅游企业创新创业提供了良好的产业集群创新环境。

表 3-3 2018 年和 2019 年我国典型的旅游目的地与客源地创新城市排名

排名	2018 年创新城市	排名	2019 年创新城市
1	深圳	1	北京
2	北京	2	深圳
3	苏州	3	上海
4	上海	4	广州
5	广州	5	苏州
6	珠海	6	东莞
7	东莞	7	杭州
8	中山	8	西安
9	杭州	9	南京
10	南京	10	成都

(资料来源:福布斯中文网)

具体来看,基于波特的钻石模型,旅游地产业集群发展的阶段和主要特征如下。

1. 萌芽阶段

旅游目的地产业集群发展在不同阶段会受到不同要素的影响。目前来看,对于产业集群的一般升级演进路径要经历萌芽、成长、成熟等几个阶段。

在旅游目的地产业集群的萌芽阶段,主要受到波特钻石模型中的生产要素的推动。一般情况下,旅游目的地会依托高品位的自然资源或人文资源优势,凭借旅游资源本身不可转移的属性初步形成景区景点,吸引少量游人前来参观游览。例如,莫干山民宿产业从无到有的初始条件是莫干山地区本身的区位、气候、生态等优越的自然条件。但部分旅游目的地在初始阶段可能会由于优越的地理位置或交通条件得到发展。例如,被称为"世界娱乐之都"的美国拉斯维加斯,从自然资源的角度来看,夏季炎热,冬季寒冷且多风沙,既无漂亮的自然风景,也无厚重的人文景观,但其凭借靠近美国的胡佛水坝的优越地理位置,在20世纪30年代,吸引了75%参观胡佛水坝的人在此处驻足停留。

2. 成长阶段

在旅游目的地产业集群的发展阶段,当集群内某一企业的突破性创新获得成功后,便会在该行业中处于领导地位,由此可给企业带来高额的垄断利润。由于集群中大量同类企业彼此接近,容易受到创新成功企业所获利益的引诱,引发模仿和攀比效应而进行创新活动(刘锦英等,2006)。取得突破性创新的企业所起到的带动作用就被称为龙头企业的"楷模效应"。由于处于一定地理范围内的企业间信息流动和传播的速度相对较快,因此在楷模效应的影响下,旅游目的地的同类企业会纷纷效仿,进行类似的旅游创新活动,从而在旅游目的地形成具有相同商业特征和行为规则的集聚区。

随着旅游目的地产业集群收益的递增和地方品牌影响力的发展,集群会向与产业经营业务相关的产业链上下游企业延伸,即与龙头企业相配套的业态将纷纷出现,这些与旅游产业相关的支持性产业相互关联但处于不同行业的企业构成了区域专业化市场。同时,由于区域旅游经济重心发生偏移,政府会不断进行制度创新培育出适应旅游目的地产业集群发展所需的制度环境,以系统的制度网络结构强化区域的旅游目的地产业发展路径。除此之外,政府也会通过基础设施建设、产学研合作活动支持、资金补贴、税收减免、区域品牌营销等形式推动集群软硬环境发展,提高旅游目的地产业集群的竞争力水平。

以莫干山为例,区域内首个洋家乐的旅游业态——裸心谷(2007)和法国山居(2010)对于处于外部城市化和旅游业发展转型的城市群及经济发展困境的本地社区来说是一种新的经济产业形式,并且这类民宿注重建筑设计感、强调原创性和文化体验创新,并且采取高定价、以上海等都市中产阶层为目标市场的策略,是不同于传统农家乐的创新性的旅游产品。由于这类创新性民宿在短期内获得了经济效益,因此吸引了大量新的民宿企业进驻,形成了如大乐之野、西坡、清境原舍、莫干山居等一批精品民宿,民宿数量以每年60~70家的速度增加。裸心谷倡导保护自然生态和古建筑、挖掘地方文化、创新与高端服务,因此当地民宿或是在设计、装饰及企划、服务等方面直接模仿,或是到区域外找团队在模式程序上进行深层次的模仿学习与创新探索。通过对洋家乐的模仿和选择性复制,区域内逐渐形成具有相同商业特征和行为规则的民宿集聚区。从 2013 年开始,随着投资数量增加和产业规模发展,莫干山地区逐渐涌现出与民宿筹建和运营直接相关联的各类企业机构,并逐渐完善形成了民宿产业链。为促进当地民宿产业的进一步发展,2014 年开始,德清县政府进行制度创新,先后出台了全国首个县级民宿地方标准《乡村民宿服务质量等级划分与评定》和《德清县民宿管理办法(试行)》等政策制度推动民宿合法化,规范民宿产业。在硬件等方面,进行了民宿区之间的道路和山体隧道修建;对中心集镇进行景观改造,设置民宿旅游标识;以及开展民宿污水集中整治行动、农村生活垃圾分类行动、美丽庭院和美丽乡村建设、行政村景区化、全域美丽大花园建设。在软环境方面,政府通过设立民宿行业协会深层次对接民宿产业发展。例如,与德清职业中专进行校企合作,引入湖州农民学院农家乐(民宿)教学基地进行民宿从业人员社区培训以解决民宿专业化人力资源问题;牵头开展系列节事活动以缓解集群市场的季节性问题;与上海美术学院合作发起莫干山公共艺术行动计划;提出"接沪融杭"市场战略,在上海设置旅游推广联络站进行区域旅游品牌营销问题,2017 年成功将"德清洋家乐"创建为"国家生态原产地产品保护"品牌,成为全国首个生态原产地保护产品。

3. 成熟阶段

在龙头企业的带动作用下,大量同类企业在旅游目的地集聚。这些企业在地理上邻近,一方面会增强区域产业的规模优势,另一方面会加剧市场竞争。当旅游目的地市场中同类产品短期内供给急剧增加时,会导致市场出现饱和,产品和服务趋同还会带来旅游产品的同质化。同质化一方面会导致行业价格竞争激烈,促使旅游企业只关注产品成本和价格,忽视产品的性能和质量;另一方面,过度的价格竞争也降低了企业利润,影响了旅游企业开发新产品的投入能力,创新的限制又加剧了旅行社行业产品同质化的程度。因此便形成了恶性循环,导致行业长期禁锢在低质量水平的产品同质化僵局中(梅振华,2010;陈天富,2017)。

在大众消费升级的背景下(王克岭等,2020),旅游目的地产品会逐渐满足不了消费者的需求,从而导致消费者满意度下降和旅游目的地吸引力下降。因此,当原有的旅游业态和旅游产品不再具有优势,市场出现恶性竞争时,在生存压力下,部分企业会调整经营战略,展开创新活动,开发满足市场需求的新产品,或通过降低产品成本、提高产品质量来占领市场,增强企业的竞争能力(刘锦英等,2006)。同时,在集群的品牌效应、核心企业的扩张以及消费者的需求推动下,会催生一系列与旅游目的地产业互补的旅游新业态,如与体育赛事、工业遗址、民族文化等相融合的旅游业态,从而形成更加完善的旅游产业链网络,进一步提高旅游目的地的竞争力水平,推动产业价值增值(钟玉姣等,2021;徐有威等,2020;向琨,2020)。

同样以莫干山为例,由于在自由市场状态下形成,民宿集群内部呈现出非均衡的"核心-边缘"企业空间结构，伴随着边缘企业继续增加，锁定效应导致了集群的消极路径依赖问题，原料和劳动力成本上升与市场供给急速增加带来的产业竞争导致规模不经济，"柠檬市场"（次品市场）在边缘企业中初见端倪：服务质量和顾客体验下降，入住率和价格下降，低等级社区民宿恶性竞争，商业民宿停业、转手或倒闭。

随着边缘和外部空间民宿的快速发展，为获取持续的竞争优势和生长力，群内核心的民宿企业基于民宿相关的旅游业或其他行业进行最大视野的新奇搜寻，进行旅游产品和业态的创新。原有的社区农家乐通过自身升级改造、品牌加盟或对外整体租赁向精品民宿升级；资本与网络有限的精品民宿则持续开发本民宿特色衍生的旅游产品，通过网络和关系营销专注特殊兴趣和定制化的市场利基；资本网络强大的洋家乐或精品民宿则在集群内兼并扩张民宿单体或是创建度假区或旅游综合体，并通过公司注册的形式脱离副业民宿的"后院资本主义"。民宿产业自身的综合多元、异业融合的属性和区域旅游设施与市场共享、活跃的制度环境、创业氛围、有效的竞争，以及对互补的旅游产品需求共同形成民宿集群的外部性，吸引相关联的体育户外、节事会展、休闲农业、文化创意、旅游综合体等多元旅游产业的空间集聚形成民宿旅游产业的多元路径，克服单一民宿产业的路径依赖无法解决的旅游者体验价值链短、旅游经济漏损的问题。例如，精品民宿提供的自行车户外运动、裸心谷的马术运动、路虎探险活动逐渐在集群内衍生出专业化的体育运动企业和运动赛事，久祺国际骑行营、胡润山浩户外拓展基地等体育企业入驻逐渐推动莫干山体育运动产业集聚发展等。

第三节　旅游产业环境

旅游产业环境是直接影响旅游企业创新创业活动的环境因素，因为旅游企业构成了整个旅游产业。因此，旅游产业的市场化和竞争程度势必会对旅游企业的创新创业有较大影响。本研究主要分析旅游产业中的自由竞争程度对旅游企业创新创业活动的影响。

从旅游产业发展历史来看，旅游业为我国较早对外开放的行业。例如，我国最早的一批中外合资企业、中外合作企业中，就不乏建国饭店、长城饭店、白天鹅宾馆等旅游企业的名字。受到对外开放程度高的影响，旅游产业的市场化水平也比较高。2002年，我国加入了世界贸易组织，推动经济运行的市场化程度迈上了更高的水平。2001年前后，我国星级饭店中，国有饭店的比重还在60%左右，但到了2012年，国有饭店在星级饭店中的比重只占25%。在旅行社企业中，除国旅、中旅、青旅等少数企业外，国有控股旅行社比例已非常小。新兴的创新创业旅游企业中,民营企业已经成为主导力量。

近年来,国家陆续出台了鼓励市场化竞争的旅游促进政策。国务院办公厅印发的《贯彻落实国务院关于加快发展旅游业意见重点工作分工方案》中提出:鼓励社会资本公平参与旅游业发展,拓宽旅游企业融资渠道,积极鼓励符合条件的旅游企业在中小企业板和创业板上市融资。《中国人民银行、发展改革委、旅游局等关于金融支持旅游业加快发展的若干意见》中提出:放宽旅游市场准入,打破行业、地区壁垒,简化审批手续,为社会资本参与旅游业发展营造公平竞争市场环境。2012年颁布的《关于鼓励和引导民间资本投资旅游业的实施意见》鼓励民间资本依法采取多种形式合理开发、可持续利用各种物质和非物质资源。旅游业中自由化竞争的趋势与世界经济中的全球化与管制解除的大潮流暗合,为未来我国创新创业的旅游企业走出国门、在更大的舞台上竞争创造了良好的条件。

旅游企业创新创业的长期发展,与旅游业中的竞争状况,特别是市场结构状况紧密相关。在计划经济时代,一些国有旅游企业之所以缺少创新产品和服务,市场中也少有创业企业,是因为缺乏竞争。时过境迁,目前大多数旅游服务市场已经转变为以市场经济为主要运行机制的、自由竞争的市场。在这样的市场中,竞争对创新创业的影响将主要通过市场中企业主体总量和结构的变化体现出来。

从结构上看,竞争形势将会在以下两个方面深刻地影响企业的创新创业行为。

第一,新兴生产技术的出现可能会使得沿着传统生产技术演化的工艺和流程失去意义。例如,酒店预订过程逐渐从线下转到线上,原来的生产工艺中强调的预订员的礼貌、知识和技能等关键服务要素将逐渐失去意义,取而代之的是预订界面是否友好易用、是否稳定、是否安全等。再如,传统中餐厅的服务要素中强调厨师的技艺和服务员的周到细致,但是快餐店中大量自动化设备的使用和对自助服务的提倡,使得上述两个要素的重要性大大降低。

第二,服务业中的市场结构正在发生重要的转变,集团化、连锁化经营的大型企业将促进创新水平的整体提高。近年来,在餐饮业、饭店业、航空运输业和旅行社业中,都出现了一批集团化、连锁化的大型企业,旅游业中,由于生产零散化导致的"小、弱、差"的市场结构正在发生改变。大型企业有更雄厚的财力、物力推动投资巨大的流程创新和管理创新以不断降低生产成本,其结果是中小企业将会面临更大竞争的不利局面。但是,在产品创新领域,笔者预计旅游市场仍将保持"百花齐放"的局面,若能精准把握某类细分市场中消费者的需求,并能针对这些需求提供相应的产品和服务,中小企业仍然有很大的发展空间。

第四章 旅游创业者与创业动机

第一节 旅游创业者与旅游企业家

一、创业者与企业家精神

（一）创业者

创业者是创业活动的主体，早期对创业活动的研究也聚焦在"谁是创业者"这个核心问题上。围绕"谁是创业者"的研究，也同样出现了不同的流派。

第一，在20世纪80年代之前，围绕创业者的先天禀赋，特别是相对稳定的内在特质，学者们进行了大量研究，如性格、人格、年龄等，但并没有取得一致性的结论，无法从某些特质上来区分创业者和非创业者。

第二，开始关注后天获得型的禀赋，如观念、知识、技能、先前经验和社会网络等，学者们引入学习理论、资源理论、人力资本理论、社会网络理论等多个理论，对上述要素进行了分析，虽然在一定程度上发现了拥有这些特征的创业者与非创业者的区别，但关于这些因素是否能够提高创业绩效，目前研究还没有形成一致性结论。

第三，从关注创业者特征转向关注创业者"如何做""做了什么"，也就是关注创业者的创业过程和行为。在这一大类研究中，Gartner(1985)的研究为开创性研究，对创业者在创业过程中的行为和作用机制进行分析。后续研究者试图进一步将创业过程抽象和概括为存在逻辑联系的阶段性行为，然而这类研究也没有达成较多共识，无法从本质上进一步认识创业者特征，也无法准确地和深入地解释和预测创业现象。

第四，有关创业者的研究开始关注创业者行为背后的认知基础和决策机制。由于创业者面对的是高度不确定性、复杂性、时间压力和资源束缚较大的环境，由此创业者与管理者在思维方式和认知风格上会有较大差异。其中，这方面研究又可以分为两个方面:一是分析创业者的理性认知和决策;二是非理性的、基于启发式的认知与决策模式。其中,后者目前被认为是创业者认知和决策的主要方面,或者说占的比重更大。由此,正如前面在第一章所提出的,这些非理性创业决策模式的前沿话题,主要涉及创业警觉、创业激情、乐观、创业直觉、过度自信、自我效能感、情感、情绪等新兴话题。

在旅游创业研究领域,一些非理性决策因素可能更加突出,如 Hallak 等(2012)发现,旅游创业者的地方认同、社区归属感程度会影响创业者的经营能力、信息与业绩、地方认同、归属感这些因素,都是心理上或情感上的特征,这是旅游创业者与一般创业者在特征上的差异。

(二) 企业家精神

经济学家普遍认为,企业家是将各种生产要素结合起来推行生产的人。萨伊(1803)和穆勒(1848)最早认识到,企业家是在经济和企业中起到重要作用的经济学者。诺贝尔经济学奖获得者阿罗曾说过,市场经济培养了企业家,企业家发展了市场经济,市场经济是企业家的经济。

现有研究主要有五种观点来认识企业家。一是企业家与资本家基本等同,认为企业家是一定资本的所有者。其中,国内经济学家张维迎的观点最具有代表性。张维迎认为,应将财富作为衡量企业家的必要条件,他从能力和财产占有两个维度论述了企业家的特征。二是把企业家作为一种人力资本,如把企业家作为继土地、劳动、资本之后的新的生产要素,认为企业家是拥有异质型人力资本的群体。这一观点是早期特质论视角下创业及创业者研究的重要理论基础。三是把企业家视为创新的破坏者。如熊彼特认为,企业家的核心活动就是创新,创新就是一种创造性的破坏,产生了经济活动的动态性,当然在这一过程中,企业家获取了利润。四是认为企业家是决策者,特别是在高度不确定的环境中进行决策并完全承担个人风险的人,敢于冒险和承担责任是企业家精神的重要方面。较为普遍的观点是第五种,即企业家并不是个体的特征,而是一个职能的概念,企业家是企业经营智能的人格化,企业有很多管理者管理具体事务,但只有企业家经营着整个企业。

由以上分析可知,创业者和企业家,两者并不等同。企业家属于创业者,但创业者并不都是企业家。因为企业家要有企业家精神、创新精神、冒险精神和承担风险的能力。创业者则有一类是带有生存型创业动机的群体,他们只是采用跟随和模仿的方式进行创业,如一些路边摊、小微企业等,尽管这些群体中也会有企业家产生,但比例和概率相对较低。

我国企业家的成长是随着我国经济的发展而紧密相关的。吴晓波等(2011)

对中国企业家成长阶段进行了划分(表 4-1),根据我国改革开放以来经济发展的三个重要阶段,来划分我国企业家成长的阶段和主要特征。其中,第一阶段企业家主要是生存型创业,更多依靠关系、独家或垄断性资源等方面的能力,第二和第三阶段企业家虽然都是以机会型创业为主要动机,但第二阶段大多是以市场和产业中出现的机会为主的创业,第三阶段则是以互联网和其他高新技术为主的机会型创业。

根据上述分析思路,可以进一步对旅游企业家的成长及其特征进行分析。

表 4-1 中国企业家成长阶段与特征

阶段	标志	创业环境	创业动机	企业家能力
第一阶段 (1981—1991 年)	1981 年中国第一家个体工商企业批准注册成立	创业环境艰难;创业者年龄偏大,学历层次偏低;低壁垒产业中寻找创业机会	生存型创业	关系能力
第二阶段 (1992—2001 年)	1992 年邓小平南方谈话,我国进入全面改革开放时期,中国第二代民营企业家诞生	创业环境有了较大改善;获得进入大产业机会;许多创业者来自政府机关、国有企业、高校等	机会型创业	机会能力
第三阶段 (2001 年至今)	2001 年我国加入WTO,进入新一轮创业高潮,第三民营企业家群体形成	全球化、网络化背景;高技术创业机会;创业者学历层次较高	机会型创业	概念能力

(资料来源:吴晓波,《创业管理》,机械工业出版社)

二、旅游创业者与旅游企业家

旅游企业家精神同样也是旅游业发展的重要驱动力。张灵丹和罗芬(2021)对旅游企业家精神进行了文献回顾,提出了旅游企业家精神的核心内涵和能力,并构建了旅游企业家精神的内核系统。张灵丹和罗芬提出,旅游企业家精神的核心内涵为创业、地方认同、开拓、创新、写作和担当精神,旅游企业家能力是企业家精神的外显,客户服务、人力资源管理、成本控制、战略规划和评估、市场营销与社会网络资本 6 种能力尤为重要。然而,张灵丹和罗芬的研究仍然是静态层面的研究,没有进一步概括和分析我国旅游企业家在我国旅游业发展的不同阶段所具有的不同特征。

旅游企业家是一个地区旅游业能够可持续发展的宝贵的资源之一,应当与该地区的旅游资源并列。长期以来,政府主导的旅游目的地开发模式,尽管在早期大大加快了旅游业发展的进程,但在对旅游企业和旅游企业家的制度化引入和培育方面还有欠缺。中国旅游研究院院长戴斌(2016;2019)提出,没有强大的旅游市场主体,就没有强大的旅游产业,各级党委和政府要更加重视市场主体的作用,需要以开放的心态引进区域外的市场主体,更需要下大力气培育本土的市场主体。营造良好的营商环境,鼓励旅游市场主体创新发展,培育多元化旅游市场主体,是激发旅游市场主体活力、实现旅游产业不断发展壮大、增强产业竞争力的重要路径。因此,旅游目的地以及旅游客源地的政府相关部门都要关注旅游企业家资源,重视旅游市场主体的发育、成长与成熟。

概括来看,我国旅游企业家及其企业家精神与一般企业家相比,有很多共同的特征,比如受外部环境影响较大、拥有较强的创新与开拓能力等,但也有自身独特的差异性,表4-2总结的我国旅游企业家成长阶段及其特征。

表 4-2 我国旅游企业家成长阶段及其特征

阶段	代表性旅游企业家	企业家经历	特征
改革开放至1999年	杨卫民	锦江集团培训部副经理兼校长、锦江酒楼经理,新锦江大酒店总经理,锦江(集团)有限公司副总裁,锦江国际(集团)有限公司副总裁,锦江国际(集团)有限公司党委书记、首席执行官	制度驱动型企业家
	张润钢	现任中国旅游协会副会长兼秘书长,曾任北京首都旅游集团有限责任公司副总裁、首旅建国酒店管理有限公司董事长,2000—2004年任国家旅游局质量规范与管理司司长,1985—2000年曾任北京昆仑饭店副总经理、深圳新世纪酒店总经理、海口国际金融大酒店董事长、珠海银都酒店董事长、深圳新都酒店董事长、汕头金海湾大酒店董事长、北京港澳中心有限公司副董事长、东方酒店管理公司总经理、中国银行投资管理部副总经理等职务	
	王正华	春秋航空董事长,曾担任上海长宁区遵义街道党委副书记,20世纪80年代王正华怀揣1000多元"下海"经商,1981年创办上海春秋旅行社,1986年担任上海春秋国际旅行社有限公司董事长、总经理	

续表

阶段	代表性旅游企业家	企业家经历	特征
改革开放至1999年	陈妙林	陈妙林的父辈是商人,他8岁开始尝试做第一笔生意,1980年,28岁的陈妙林担任萧山物资局金属公司经理,5年后,陈妙林受命改造萧山招待所,萧山宾馆开始营业。1999年萧山宾馆改制,成立开元旅业集团	制度创业驱动型企业家
	刘平春	1990年进入深圳华侨城集团,1997年深圳华侨城控股股份有限公司成立并上市,刘平春受聘为董事、总经理,其后兼任过深圳欢乐谷董事长、北京华侨城副董事长、上海华侨城董事长、锦绣中华董事长、深圳世界之窗副董事长、华侨城酒店集团董事长、党委书记、云南华侨城董事长等职务;2006—2010年任华侨城集团公司副总裁,深圳华侨城股份有限公司董事长;2008年起,任华侨城集团公司党委常委;2010年至2013年8月任深圳华侨城股份有限公司董事、总裁;2013年8月14日,任深圳华侨城股份有限公司董事长	
	冯滨	众信旅游创始人兼董事长,曾任北京福康旅行社(北辰旅游)部门经理、北京国际商旅公司部门经理、中信旅游总公司部门经理、中商国际旅行社部门经理,2005—2006年任北京众信国际旅行社总经理,2006—2008年任北京众信国际旅行社董事长,2008年至今任中信旅游集团董事长	
1999—2010年	梁建章	21岁获得乔治亚理工学院电脑系硕士学位,之后在美国硅谷从事技术工作多年,曾任美国Oracle公司中国咨询总监,1999年回国创建携程旅行网,2000—2006年、2013—2016年任CEO,并从2013年起兼任董事会主席。2011年,梁建章获得斯坦福大学经济学博士学位,研究领域包括创新创业和劳动力市场	以商业逻辑为引领的市场与技术双重驱动型旅游企业家

续表

阶段	代表性旅游企业家	企业家经历	特征
1999—2010年	季琦	1992—1994年任上海长江计算机技术服务公司市场部经理,1994—1995年旅居美国,1995—1997年任北京英华公司华东区总经理,1997—1999年任协成科技股份有限公司总经理,1999—2002年创办携程,历任首席执行官、总裁,2002—2005年创办如家快捷酒店,任首席执行官,2005年创办华住酒店集团	以商业逻辑为引领的市场与技术双重驱动型旅游企业家
	郑南雁	1991年进入广东省经贸委计算中心,1993年创办劳业电脑软件公司,开发千里马酒店管理系统,2000年加盟携程,2005年创办7天酒店集团,2013年创办铂涛酒店集团,2016年收购法国尼斯足球俱乐部,2018年收购美国凤凰鸣扬足球俱乐部,2018年任魔方生活服务集团董事长,2021年任开元旅业董事长	
	徐曙光	1990年获美国南加州大学应用数学硕士和电脑工程硕士,1990—1997年任美国多家房地产公司财务总监、首席运营官,1997年出任美国太平洋之家APH董事长,2004年创办格林豪泰,任董事长兼总裁,2017年创办格美集团	
	徐祖荣	先后任上海龙柏饭店、上海国际饭店、锦江集团美国加州公司总经理,从事酒店管理近30年,1996年筹建我国第一家真正意义上的经济型酒店——锦江之星	
	庄辰超	本科毕业于北京大学电子工程系。1999年,庄辰超曾参与创立著名的中文体育门户网站鲨威,担任首席技术官。此后,庄辰超曾在美国华盛顿工作过4年,为世界银行系统架构的核心成员,设计并开发世界银行内部网系统,2005年创办去哪儿	
	洪清华	景域国际旅游运营集团董事长、驴妈妈创始人和董事长,曾创立北京达沃斯巅峰旅游景观设计中心、上海奇创旅游景观设计有限公司,2007年筹办驴妈妈,2008年驴妈妈正式成立	

续表

阶段	代表性旅游企业家	企业家经历	特征
1999—2010年	陈罡	曾是国内最早的"自助驴友",2002年先后在搜狐、新浪任职长达9年。出于对旅游的狂热爱好,2006年与搜狐前同事吕刚共同创建马蜂窝旅游社区,2010年从新浪离职并投入马蜂窝运作	以商业逻辑为引领的市场与技术双重驱动型旅游企业家
	朱晖	2000年在学校附近开办小旅馆(27间客房),后加盟速8酒店,2007年创立住友酒店集团并担任CEO	
	程新华	1992年在湖北咸宁做中学生物课教师;1996年创办公司,主营业务是寻呼机制造销售、商业物业转租;2006年创办城市便捷	
	黄德满	1977年考上大学但因故未上,1993年在深圳承办小宾馆及做土石方工程	
	胡升阳	现任上海盈蝶企业管理咨询有限公司CEO,2005年开始从事酒店行业分析、咨询和培训工作	
	马英尧	"80后"连续创业者,ONEZONE品牌创始人,2010年创立尚客优集团(后改名为尚美生活集团)。2016年,马英尧在北京发布"尚美A计划",宣布B轮成功融资1.4亿	
2010年至今	王海军	亚朵集团创始人兼CEO,旅游管理专业背景,曾任汉庭酒店集团联合创始人及常务副总裁,如家酒店集团创始团队成员	以旅游生活方式为引领的市场与技术双重驱动型旅游企业家
	曾松	百程旅游网CEO,北京市旅游行业协会旅行社分会副会长。曾创建中国出境游前三大批发商之一的华远国旅,创立北京时代环球出入境服务有限公司。2002年任康辉旅行社总监,2003—2004年北京海洋旅行社副总经理,2004—2014年任华远国旅董事长、总经理,2012年任百程董事长兼总经理	
	罗军	2007年创立房地产互联网媒体新浪乐居,任总经理,2009年联合易居成立中国房产信息集团,担任集团联席执行总裁。后长期服务于Cisco、Oracle、Avaya等公司,并创立途家网,进军共享住宿	

续表

阶段	代表性旅游企业家	企业家经历	特征
2010年至今	贾建强	最早从事互联网行业,在奇虎360大概工作了5年,经历了一个互联网公司从零到上市的过程。之后加入酷讯旅游,主要负责度假业务,后来又延伸做自助游社区	以旅游生活方式为引领的市场与技术双重驱动型旅游企业家
	张海峰	中华户外网创始人兼CEO,江苏悦动旅游文化传播公司董事长,户外运动专家,资深旅游营销策划师	
	张强	2006年入职阿里巴巴;2011年入职美团网,担任美团网大区经理;2014年加入去哪儿,出任目的地服务事业部总经理;2015年升任去哪儿集团执行副总裁及目的地服务事业群CEO;2016年晋升为去哪儿集团首席运营官兼大住宿事业部CEO;2016年5月创立旅悦集团	
	林绍青	任我游科技发展有限公司董事长,中国智慧旅游产业联盟副理事长	
	贾超	有戏电影酒店创始人兼董事长,1993年开始做酒店,大学毕业后开了自己第一家店,后投资经营百余家酒店	
	张帆	妙计旅行创始人。曾担任腾讯创新产品中心语音语义搜索方向技术负责人、搜狗公司搜狗语音助手技术负责人和搜狗搜索查询意图理解技术负责人。曾先后在法国国家科研中心和洛林计算机理论研究中心研究学习;巴黎第十一大学计算机硕士,梅斯大学计算机硕士	
	王振华	曾任赶集网副总裁兼移动事业部总经理,在互联网领域具有从研发到产品、运营以及市场的超过10年的完整经验	

(资料来源:《中国旅游电商简史(1999—2019)》,互联网公开资料)

第一阶段是改革开放至1999年,制度驱动型旅游企业家开始出现。旅游业是我国较早对外开放的行业,呈现了政府主导、超常发展的特征。由此导致了旅游行业早期的企业家是制度驱动型企业家,这批企业家多数都有政府从业经历,有的在政府从事的工作就和酒店、旅游接待等业务相关，之后执掌国企或"下海"经商创办企业，在各自业务领域具有开创性贡献，很多企业都成为该行业的标杆，引领了行业的发展。

第二阶段是 1999—2010 年，以商业逻辑为引领的市场与技术双重驱动型旅游企业家开始出现。伴随我国经济高速发展，加入 WTO 后市场化程度不断加深，国内旅游的相关政策释放大量国内旅游需求，加之互联网的广泛应用，使得此时期的旅游创业是真正市场经济下符合正常商业逻辑的创业活动。由此，以商业逻辑为引领，市场与技术双重驱动成为旅游企业家的重要推动因素。市场驱动体现为政策"闸门"打开后的国内商旅需求释放，技术驱动体现为互联网技术和连锁管理技术的普遍应用。此时的旅游创业家，其中一批是拥有互联网从业背景（如梁建章、庄辰超等）或者与技术相关的教育背景（如季琦、郑南雁），还有一批是从事其他行业但对旅游市场中存在的机会识别敏锐的创业者（如徐祖荣、黄德满、朱晖等）。

第三阶段是 2010 年至今，以旅游生活方式为引领的市场与技术双重驱动型旅游企业家开始出现。伴随我国成为世界第二大经济体，消费升级趋势明显，大众旅游、出境旅游及各类细分市场旅游形态不断变化，与此同时，移动互联网的不断完善，之后人工智能、大数据、云计算等新兴技术也不断出现。此阶段虽然大量旅游企业家没有旅游业从业背景，但大部分对旅游活动有较好的认识，旅游是他们生活中的一部分，甚至部分企业家是资深"驴友"和"旅游达人"，旅游已经成为他们的生活方式，他们从旅游者角度对旅游、酒店等认识更加深入，因此，在生活方式的引领下，很多旅游创业者都是从其他行业公司辞职而进行旅游创业。在旅游生活方式引领下，这一阶段仍然是市场和技术双重驱动的旅游创业类型。但和上一阶段相比，市场和技术的驱动作用更强，方式也有较大变化。一批大型旅游企业的高管离职创立针对细分市场的创业公司，一批掌握了移动互联网、人工智能、大数据、云计算等新兴科技的创业者进入旅游行业，旨在解决旅游行业中的痛点问题，甚至颠覆旅游行业中的一些惯例，或者改变旅游者的消费、出游行为等。其中，市场驱动体现为旅游企业家选择进入的旅游市场更加细分，细分市场变得更加垂直和深入，特别是围绕旅游目的地市场的食、住、行、游、购、娱六个要素的进一步微细分，事实上，很多旅游企业家本人就是该细分市场的资深人士，对这一市场机会的识别和开发有较强的优势，同时在这一领域的资源和能力也更加独特。技术驱动则体现为人工智能、大数据、云计算等前沿新兴技术开始在旅游业务中使用，如将大数据和人工智能应用到行程规划的张帆、应用到酒店网络点评领域的林小俊等，他们本人都是大数据分析技术方面的专家。

综上所述，伴随我国旅游发展的三个阶段，我国旅游企业家成长也大致经历了三个阶段。由于每个阶段的环境特征有较大差异，使得每个阶段的旅游企业家特征也有差异,尽管这样划分仍然存在着部分偏差,但仍可以较为清晰地勾勒出我国旅游企业家的成长特征和路径特征。

第二节 旅游创业者特征与创业动机分析

一、传统旅游创业者特征

长期以来,中小型旅游企业是旅游创业企业的主要群体。因此,大量中小微型的旅游创业公司基本上是生存型创业者,它们一般是小旅馆或客栈民宿、小餐馆、地接旅行社、小购物店等,将企业选在旅游目的地中的各个景区周围,大多定位在中低端的品质或档次,这些旅游创业者在创新和承担较大风险方面的能力还不足,特别是在探索旅游行业中。

Fu等(2019)对这一类型的创业者进行了回顾和梳理。他们发现:在旅游创业的前因变量中,个体因素、性格特质和人口统计变量对创业绩效有影响,在性格特质方面,包括实现的需要(Camillo等,2008)、创新(Burgess,2013)、风险承担(Altinay等,2012)等。他们中的一些学者将旅游与酒店创业者描述为能够战胜困难、有较高的内部控制能力、独立的性格和强大的自我依赖心理的人(Lerner和Haber,2001)。人口统计方面,他们发现,旅游与酒店创业者多为中年人或更年长者(45岁以上);Chen和Elston(2013)发现旅游与酒店创业者平均年龄为39.7岁,大部分都是已婚人士(Getz和Carlsen,2000),且60.6%的创业者和管理者是男性,这是由于大部分研究集中在发展中国家,特别是郊区、乡村等目的地,在当地的传统文化中,男性在创业决策和家庭决策方面更有优势。然而,也有学者对此结论进行了批判,如Figueroa-Domecq等(2020)对性别和旅游创业进行了批判性分析,从女性理论三个维度(后结构主义、政治经济和后殖民主义)对原有旅游创业理论进行了反思。

关于创业者的教育水平的研究结论也不尽一致。在国外和国内的相关研究中都发现了创业者的教育水平相对较低(如Koutsou等,2009),这和研究者选择的研究对象多为以生存型创业为主要动机的小微旅游企业创业者相关,如Fu等(2019)给出了一些例子,在澳大利亚,旅游与酒店创业者中只有34%是大学本科教育水平。Chen和Elston(2013)通过统计调查发现,40.4%的受访创业者为初中毕业,31.9%为高中或专科水平。

Mcgehee等(2007)发现,欧洲的旅游创业者一般在30～45岁时开始创业,他们已婚且有孩子。澳大利亚乡村旅游创业者创业时的平均年龄在41岁,具有中等教育水平,美国乡村旅游创业者创业时的平均年龄为47岁。Jaafar等(2011)发现,马来西亚创业者多为中老年群体,受教育程度相对较高,但知识背景与旅游不太相关。

二、新兴旅游创业者特征

以上是传统旅游创业过程中旅游创业者的特征。伴随着信息科技在旅游业中的渗透,旅游业向高品质、多元化方向发展,以创新驱动为主要特征,以具有变革、冒险为特征的企业家精神特质的旅游创业者开始出现。本研究所关注的与新兴科技和业态相关的、以创新驱动创业为特征的创业者,其基本的个人特征则与上述研究的差异较大,如表4-3、表4-4所示。

表4-3 新兴旅游企业创始人特征

序号	调研企业	创始人	教育程度	教育背景/先前经验(创业经验和管理经验)	是否具有旅游行业经验
1	舌尖旅行	熊浩(创始人)	博士研究生	武汉大学计算机专业出身,在中科院拿到硕士、博士学位。2011年,跟当时的科学院与中科院计算所成立了一家科技公司,负责语音翻译业务	否
2	周末去哪玩	张文龙(创始人)	大学本科	2008年创立太阳旅游网,3年时间成为北京地区较大的短途旅游运营商之一,2011年联合创办周边游旅行网,专注城市周边短途旅游电子商务运营。2013年3月,加盟满座网;11月,联合创办周末去哪玩平台	是
3	6人游	贾建强(创始人兼总经理)	不详	最早从事互联网行业,在奇虎360大概工作了5年,经历了一个互联网公司从零到上市的过程。之后加入酷讯旅游,主要负责度假业务,后来又延伸做自助游社区	是
4	发现旅行	王振华(创始人)	不详	曾任赶集网副总裁兼移动事业部总经理,在互联网领域具有从研发到产品、运营以及市场的超过10年的完整经验	否

续表

序号	调研企业	创始人	教育程度	教育背景/先前经验（创业经验和管理经验）	是否具有旅游行业经验
5	穷游网	肖异（创始人）	不详	曾任职于雅虎德国，留学德国期间创办穷游	否
6	妙计旅行	张帆（创始人）	硕士研究生	曾担任腾讯创新产品中心语音语义搜索方向技术负责人、搜狗公司搜狗语音助手技术负责人和搜狗搜索查询意图理解技术负责人。曾先后在法国国家科研中心和洛林计算机理论研究中心研究学习；巴黎第十一大学计算机硕士，梅斯大学计算机硕士	否
7	慧评网（众荟）	林小俊（创始人兼CEO）	博士研究生	领导研发了国内首个多媒体智能搜索引擎；曾参与 Qunar 早期技术平台建设。2008—2009 年作为首席架构师领导设计了 Geesoo 垂直搜索引擎	否
8	口碑旅行	周青松（创始人）	不详	曾在酷讯任核心搜索研发工程师，作为主力开发酷讯房产搜索。全面转型旅行搜索之后，从酷讯离职，开始了创业之旅。第一次创业是户外旅行，第二、第三次创业都是关于旅游内容	否
9	客路旅行	王志豪（创始人兼总经理）	不详	王志豪精通 7 种语言，专注亚太消费品与旅游业	是
10	麦兜旅行	周翔（创始人兼CEO）	大学本科	资深互联网人士，曾创办了主打机票+五星酒店自由行的在线旅游企业五星汇，2014 年 9 月进行二次创业，在上海打造"麦兜旅行"品牌	是
11	意时网	夏宁峰（联合创始人）	大学本科	在保险行业和互联网行业各待了 8 年，和意时网另一位创始人是中央财经大学保险专业的师兄弟	否

续表

序号	调研企业	创始人	教育程度	教育背景/先前经验（创业经验和管理经验）	是否具有旅游行业经验
12	丸子地球	宋海波（创始人兼CEO）	大学本科	背景是IT行业，之前在阿里巴巴任职，后在游戏行业做策划师	否
13	泡泡海	李蓉（创始人兼总经理）	硕士研究生	专业媒体出身，研究生毕业后进入一家出版社做编辑，后来曾担任《旅游天地》杂志副社长，是携程网旗下杂志《携程自由行》的执行出版人	是
14	泰久信息系统	陈龙军（总裁）	不详	曾留学美国，在美国思科公司硅谷总部工作多年，于2005年回国创业，致力于推进中国移动互联网事业的发展。在移动互联网领域，特别是O2O领域有着深厚的功底	否
15	悠悠海岛之家	陈睿（创始人）	大学	8年旅游行业经验，2009年运营深圳口岸中旅华联营业部，2013年联合其他合伙人创办热气球旅游网，以特价尾单销售为切入点，主打东南亚自由行市场，负责产品资源	是
16	九十度	高弘（创始人）	硕士研究生	清华大学毕业后前往美国南加州大学攻读硕士学位，回国后进入跨国企业工作，于2003年正式开启自己的旅行生涯。曾独自骑自行车从北京到威尼斯，重走"丝绸之路"，也曾经去印度、尼泊尔；在欧洲一个人背包旅行，自驾穿越美国的东海岸、西海岸。2013年成立北京九十度旅行社有限公司，倡导主题体验式旅行	否
17	驿捷度假（燕海九州）	师怀礼（创始人兼总经理）	大学本科	曾在北京铁路职工培训中心、茗汤温泉度假村、华御温泉度假村、东杉坝上草原假日酒店、张北中都原始草原管理处等就职	是

续表

序号	调研企业	创始人	教育程度	教育背景/先前经验（创业经验和管理经验）	是否具有旅游行业经验
18	我趣	黄志文	不详	曾任芒果网总裁，2013年10月创办我趣旅行网	是
19	提谱	张文威（创始人）	大学本科	大学时期便开始创业，主持创建了新生校园杂志，杂志内容主要涉及校园环境和日常生活。加入中清网，之后与人合作创建了观众网	否
20	海玩	孙润华（创始人）龚届乐（联合创始人）	不详	曾是12580商旅公司的总经理，负责旅游、机票、酒店预订	是
21	马上游	陈勇良（创始人）	不详	先后任职于中国核工业集团有限公司、美国心脏协会、北京讯鸟软件。有过三次创业经历，分别是基于互联网思维、基于社交的互联网猎头平台和O2O服务行业	否
22	远方网（隐居乡里）	陈长春（创始人）	大学本科	军人出身，远方网创始人，专门做旅游专业攻略。有着8年乡村旅游度假产品研发运营经验	是
23	世纪中润	龚德海（创始人兼总经理）	大学本科	毕业最初被分配到宜昌市住建委，从事与旅游相关的工作，包括旅游度假村、码头的一些项目。2000年开始创业，正式进入旅游行业，2006年正式成立世纪中润公司	是
24	童子军	冯钰（创始人）	大学本科	曾担任千夜旅游（北京乐投信息）联合创始人及CTO，资深产品经理出身，有多年技术研发和项目管理经验，在联想集团担任高级管理职位长达10年	是

续表

序号	调研企业	创始人	教育程度	教育背景/先前经验（创业经验和管理经验）	是否具有旅游行业经验
25	漫宜度假	李崇昌（创始人）	硕士研究生	建筑学出身，2006年就读北京大学光华管理学院MBA	否
26	游啊游	周旭东（创始人）	大学本科	1997年，受到经济大潮的影响，在广西与同学共同创办了北海天马旅行社，而后将公司转手，进入山水旅行社担任副总经理。两年内进行再次创业，成立了美嘉环球国际旅行社，瞄准东南亚的出境游市场	是
27	世界邦	张平合（创始人）	不详	曾是雅虎中国第一任总裁、鼎晖投资运营合伙人，有过通信和互联网行业多个领域领导公司的成功经验。喜欢旅游，尤其是出境游，积累了大量的旅游经验，是"朋友圈"有名的攻略达人	否
28	游心旅行	蒋松涛（创始人兼CEO）	硕士研究生	拥有清华大学五道口金融学院EMBA学位，是一位投资界的精英，后摇身一变成为跨界"创客"	否
29	金属标	张进强（CEO）	大学本科	1999年毕业于西安外国语大学，拥有5年入境游从业经验、8年互联网平台从业经验、8年创业经验。先后任职于首旅集团方舟国际旅行社、实华开电子商务公司（B2B平台）、亚商在线（B2B平台）、狼烟网络（阿里巴巴收购）。2008年创建了针对入境游的B2C网站	是
30	路书	程小雨（创始人兼CEO）	硕士研究生	伦敦政治经济学院(LSE)校友，曾先后求学于对外经济贸易大学、法国兰斯高等商学院、美国西北大学凯洛格商学院，毕业后就职于BDA投行，后离职创立路书，2017入选福布斯中国30位30岁以下精英榜	否

续表

序号	调研企业	创始人	教育程度	教育背景/先前经验（创业经验和管理经验）	是否具有旅游行业经验
31	本该旅行	赵杨（创始人兼CEO）	大学本科	曾任 Tripadvisor 旗下酷讯旅游 VP，快乐 e 行商旅网 VP，负责互联网端的运营与技术支持	是
32	旅悦集团	张强（创始人兼CEO）	不详	2006 年入职阿里巴巴；2011 年入职美团网，担任美团网大区经理；2014 年加入去哪儿，出任目的地服务事业部总经理；2015 年升任去哪儿集团执行副总裁及目的地服务事业群 CEO；2016 年晋升为去哪儿集团首席运营官兼大住宿事业部 CEO；2016 年 5 月创立旅悦集团	是

（资料来源：根据访谈和互联网公开资料整理）

表 4-4　连锁酒店集团创始人特征

序号	调研企业	创始人	教育程度	创业前经历/工作背景	创业前经历是否与旅游有关
1	如家	季琦（CEO、总裁）	硕士研究生	1992—1994 年任上海长江计算机技术服务公司市场部经理，1995 年入职北京英华公司任华东区总经理，1997 年加入协成科技股份有限公司任总经理，1999 年创办携程	否
2	7天	郑南雁（创始人兼CEO）	硕士研究生（EMBA）	1991 年进入广东省经贸委计算中心，1993 年创办劳业电脑软件公司，开发千里马酒店管理系统，2000 年加盟携程，2005 年创办 7 天	是（酒店管理系统）
3	城市便捷（东呈）	程新华（创始人/董事长）	大学本科	1992 年在湖北咸宁做中学生物课教师；1996 年创办公司，主营业务是寻呼机制造销售、商业物业转租；2006 年创办城市便捷	否

续表

序号	调研企业	创始人	教育程度	创业前经历/工作背景	创业前经历是否与旅游有关
7	维也纳	黄德满	大学（考取但未上）	1977年考上大学但因故未上，1993年在深圳承办小宾馆及做土石方工程	是
10	住友酒店（布丁）	朱晖	大学本科	在大学附近开便利店，2000年开办小旅馆（27间客房），后加盟速8酒店，2007年创立住友	是
13	君亭酒店	吴启元（创始人/董事长）	大学本科	医学专业背景，入职酒店行业，后开办全国首家基因工程技术公司，后又进入酒店行业	否
14	亚朵酒店	王海军（创始人兼CEO）	大学本科、EMBA	旅游管理专业背景，曾在一家三星级酒店工作，后去如家、华住工作	是
15	时光漫步酒店集团	杨静峰（创始人兼CEO）	大学本科	1996年从事酒店管理工作，2007年开始进入连锁酒店管理行业	是
16	有戏电影酒店	贾超（创始人）	MBA	1993年开始做酒店，大学毕业后开了自己第一家店，后投资经营百余家酒店	是

（资料来源：根据访谈和互联网公开资料整理）

可以看出，在这些创始人中，近三分之二的是大学本科及以上学历，其中获硕士、博士学位者也有若干，表明这一类旅游创业者的教育程度较高，基本素质较高，能力较强；从教育背景（专业）和创业前经历来看，教育背景较为多元，但与计算机、大数据相关的专业居多，创业前大多有几次创业经历，且近一半的创业者的创业经历与旅游相关。这与张灵丹和罗芬（2021）提出的"当今一类更加年轻、受教育程度高，以自主创业为主，具有更加明显开拓精神的旅游创业者开始出现"这一结论更为一致。

通过表4-3、表4-4可知，教育背景和先前经验是创业者特征的关键。Macmillan（1986）提出创业者的先前经验是创业者在先前经历中获得各种知识、技能以及感性和理性观念的总和，是创业者亲自参与某个事件或者直接对其进行观察的经历,从而获得相应的知识、技能和观念。创业者所拥有的先前经验涵盖了为创业活动提供最初始的认知资源以及驱动创业行为的各种能力,如对行业相关情况的认知、管理决策能力、机会识别能力和资源获取能力等。较为经典的是 Politis(2005)提出的创业经验、管理经验和行业经验三个类型。

那么,先前经验是否能够促进创业的阶段性成功呢？窦军生等(2019)提出,从总体上理论来看,创业者先前经验对于创业成功具有促进作用,但实证研究的结果并不一致。其中,行业经验对于创业成功的促进作用这一结论较为一致,但创业经验和管理经验对创业成功的影响作用并不一致,有正向影响、倒"U"形影响,也有无影响等。这说明需要进一步加入一些情境变量、中介变量等进一步分析。例如,在本书所研究的新兴旅游业态中,近一半的创业者没有旅游行业工作经验,这就与上述的"一致"结论并不吻合。尽管这样的反例可能不具有代表性,且抽样性也不符合统计学要求,但基于理论抽样原则,我们发现了这一业态存在这样的特征,那么有理由可以进一步归纳提出,进入新兴旅游业态中的创业者并不一定拥有旅游行业的相关经验。

在笔者长期进行的一项跟踪调查中,对旅游创业者群体的特征进行了描述性分析。2017—2021年连续5年推出的《中国文旅创新创业信心指数报告》邀请来自文旅领域的头部企业和创新创业公司、投资机构等50名专家参与问卷调查,其中调查的第3部分就包括受访者(如创业者)的信息。通过分析,可以得到如下结论。

第一,受教育程度。

受访者的文化程度集中在本科以上,尤其是研究生及以上学历占49%,本科学历占46%(图4-1)。

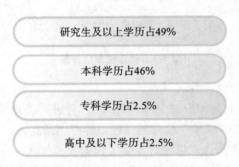

图4-1　创业者受教育程度

第二,海外受教育经历。

受访者中有66%无海外学习或工作的经历,占一半以上,有海外学习或工作经历的占34%(图4-2)。

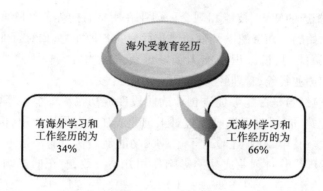

图 4-2 创业者海外学习或工作经历情况

第三,专业背景。

创新创业企业的创始人学科背景分布较集中,其中经管类(非旅游)背景较多,占 34.2%,旅游类、理工类、文史哲类人数相同,均占 19.5%(图 4-3)。

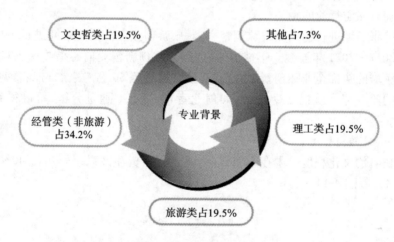

图 4-3 创业者专业背景

第四,创业者的创业次数。

32%的创业者在此之前有过一次创业经历,有过两次创业经历的和有过三次及以上创业经历的均占 17%。没有创业经历的占比最高,为 34%(图 4-4)。

第五,创业者创业前具有与旅游相关工作的经验年数。

创业者在创业之前具有与旅游或目前工作相似经验的年数为 6 年以上的最多,占到 46%,其次是 1~2 年的经验占到 12%,工作经验为 3~5 年的占 7%,之前没有创业经验的占比相对较高,为 17%(图 4-5)。

第六,创业者创业前的职业(仅限创业者及高管回答)。

在创业前普遍任职于公司或者企业的占到 46.34%,创业前是教师或科研人

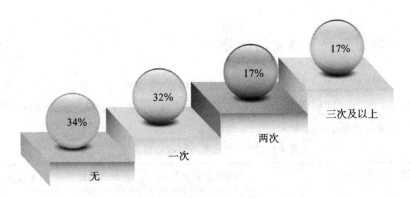

图 4-4 创业者创业次数

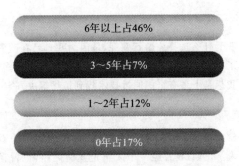

图 4-5 创业者创业前与旅游相关工作的经验年数

注:部分受访的创业者由于不便填写及其他原因,没有填写此题项。

员、公务员或事业单位职员的比例一样,均为 4.88%,军人占到了 2.44%,学生、工人的比例一样,都分别占 2.40%(图 4-6)。

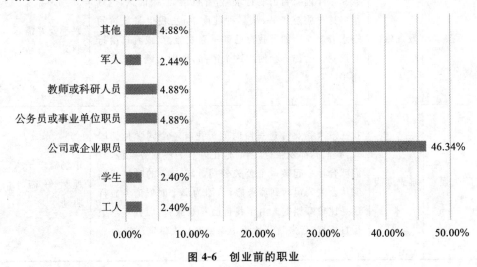

图 4-6 创业前的职业

三、旅游创业者创业动机分析

在旅游与酒店创业者动机研究中,除了传统的市场需求驱动、技术需求驱动和生活方式型创业动机之外,我们也发现了新的旅游创业动机——兴趣爱好需求驱动型的创业动机,见表 4-5。

表 4-5 旅游创业者与创业动机类型

创业者	创业公司	创业动机的证据	创业动机类型
肖异	穷游网	将自己的业余兴趣发展成这样一项事业	兴趣爱好需求驱动
张帆	妙计旅行	我为什么选择旅游行业呢,是因为我自己在欧洲生活了很多年,在那边经常出去玩,深刻感到有很多痛点,我想是不是有可能通过技术找到最优解决方案	兴趣爱好需求驱动
高弘	九十度	旅行是我个人最大的爱好,旅行对我个人的影响极大。比如,我曾经一个人重走丝绸之路,也曾搭顺风车去拉萨、去印度和尼泊尔,我觉得这种爱好极大地改变了我,所以我后来才会有热情把兴趣做成工作	兴趣爱好需求驱动
王振华	发现旅行	我从十年前就自己制订攻略,查机票、酒店信息,也订很多这种旅游产品,从某种程度上说,我也是旅游的需求者之一。如果我自己都不喜欢旅游,或者自由行时连我自己都不会使用这个产品,那别人就更不会使用了	兴趣爱好需求驱动
张强	唯恩度假	我在澳大利亚待过一段时间。我有一个同学是德国人,我们俩都爱旅行,当时他正好有一些商务资源,我们就合计一起做一个公关公司。2010 年的时候我们就从公关公司转到商务旅行,因为那个时候商务旅行还是比较赚钱的。由于我自己喜欢旅行,而且基本上是自由行,后来就开始集中帮助客户去做定制旅游	市场需求+兴趣爱好需求驱动

续表

创业者	创业公司	创业动机的证据	创业动机类型
陈长春	隐居乡里	很多人到了周末会去周边或者国内其他省市旅行,还有一部分人有想出去的冲动,但是没有真正的信息支撑。我们一直在探索营利模式,发觉很多景区以及很多客栈需要营销,我们就把它们纳入进来,专注周边游的乡村度假服务这一个细微的分支。后来进一步在这一个细分市场上深度挖掘。今年我们做了山楂小院这么一个乡村度假的范本	市场需求驱动
宋海波	丸子地球	当时大家(顾客)一起报名参加一些唱歌跳舞的体验课,在这个过程中我觉得这个市场比较小,就想把"体验课"的"课"去掉,只做"体验"。进一步思考发现体验有两类:一是同城的体验,也就是我们本城市人的体验;二是外地人的体验,那就是旅游,而旅游市场的规模足够大,是普遍性的需求,所以我就选择了这个市场	市场需求驱动
林小俊	众荟	当时我们想去做互联网文本挖掘项目,但那时的技术还做不到。但是我们还是深入做了下去,最后在互联网上做了某个垂直领域相关的、可以深入的文本挖掘项目。选领域的时候,也确实挑了好多的方向,最终选择酒店这个方向主要原因是酒店的互联网文本信息,尤其是在点评信息这个方面,规范性比较强。特别是数据量随着OTA的成长也在增多,而且增长很快	技术需求驱动
贾建强	6人游	我从奇虎出来之后就思考,未来互联网的人要创业,进入大平台的机会已经没有了,能做的事情就是去跟垂直行业融合,而在所有垂直行业里面,旅游其实是一个渗透率非常高的行业	技术需求驱动

在之前旅游创业动机的研究中,生活方式型创业动机被认为是旅游领域最具特色的研究焦点。生活方式型创业也是旅游与酒店创业者的主要动机(Ateljevic 和 Doorne,2000;Morrison 等,2001;Shaw 和 Williams,2004;Lashley 和 Rowson,2010;Skokic 和 Morrison,2011)。这些研究提出了生活方式型创业者的主要特征为很少制定管理战略和较少制定投资回报战略(Morrison 等,2001)、缺乏正式组织(Mottiar,2007)、教育和培训较少(Lashley 和 Rowson,2010),缺乏创新战略(Ioannides 和 Petersen,2003)。Morrison(2006)、Skokic 和 Morrison(2011)认为,生活方式创业者是嵌入在文化、产业和组织情境中的,因此,要关注情境的不同。

上述研究均是西方发达经济体情境下进行的研究和得出的结论,在转型经济体情境下这个结论是否适用还需要考量,由此,学者们在克罗地亚这一转型经济体中进行了类似研究,结果发现结论不一致:在转型经济体中,创业者在经济与商业利益动机驱动下进入旅游与酒店行业,也雇用了较多受教育良好和素质尚可的员工,总之很多结论与西方经济体情境下的结论存在不一致。一方面该项研究只是对少量样本进行了初步的探索性研究,并没有进行大样本的定量研究来验证结论;另一方面,克罗地亚尽管是转型经济体国家,但其文化仍然与西方发达国家的文化较为接近,如果放在东方国家,特别是转型经济体国家的代表——中国情境下,可能该结论会有更大的不同。Wang 等(2019)结合社会认知理论,对小微旅游住宿企业所在的外部社会和经济环境对创业动机的影响进行分析,发现个体因素包括认知观念、内在需求和人口统计因素,而环境促进因素包括旅游市场变化、产业变化和地理位置的变化。

可见,生活方式型创业动机的内涵是旅游创业者喜欢或追求风景优美的环境和旅行生活,从事旅游相关的创业活动,更加自主、自由的创业动机类型。这类创业者更多的是旅游目的地中的民宿客栈、提供旅游相关服务的中小旅游企业的创业者,他们在旅游目的地不仅经营着中小旅游企业,还将其经营方式与个人的兴趣爱好、生活方式等相结合。

然而,在案例分析中,在以技术应用创新为特征的新兴旅游公司的创业者尽管大多来自 IT、科技公司等,但旅游是他们热爱和喜欢的生活方式,有的甚至是旅行达人、自由行行家,因此,他们个人对旅游的兴趣爱好驱使他们去发现旅游业中的创业机会,加之他们的技术背景和互联网思维等,就自然地驱动他们进入旅游业进行创业。

当然,市场需求驱动和技术需求驱动两类创业动机,仍然是旅游创业动机中的主要类型,这与前述旅游企业家成长过程中的企业家类型有共通之处,都是来自旅游创业企业外部环境中的因素而产生的动机驱动作用。

总之,我们可以从两个方面来进一步总结旅游创业动机类型,即分为外部因素驱动和内部因素驱动。外部因素驱动主要包括市场需求驱动和技术需求驱动两大类,内部因素驱动包括兴趣爱好需求驱动和生活方式驱动两大类。当然,这些类型只是初步探索的结果,并没有穷尽所有的旅游创业动机类型,同时这些类型之间也可能产生交叉和重叠,需要今后通过大样本实证等对这些类型进一步分析。

第五章 旅游企业创业机会识别及影响因素

第一节 旅游企业机会识别

创业机会是创业活动的核心、也是创业研究的核心。斯晓夫等人编著的《创业管理：理论与实践》完全是围绕"创业机会"这个核心来组织完成的，以此强调创业机会的重要性。

创业机会研究首先需要解决的是创业机会的来源问题，关于创业机会的来源，学术界提出了机会发现视角、机会构建视角（唐鹏程和朱方明，2009）和机会发现＋机会构建视角（斯晓夫等，2016）。机会发现视角强调创业机会产生于现有市场中各外部因素的状态变化，这些机会客观、独立地存在于创业者的搜寻活动中（Shane，2012）。创业者审时度势，敏锐觉察并积极开发这些机会。机会构建视角认为创业机会不是外部市场中的客观存在，而是创业者主动搜寻机会过程中的内生产物。创业机会不能脱离创业者的创造行为而独立存在，是被创业者构建出来的（Ardichyili等，2003）。成功的机会构建需要创业者充分调动自身及其周边资源和能力，深入发掘顾客的潜在需求并解除市场环境中的束缚性条件。随着创业者与外部环境之间交互的改变，创业机会本身也在不断变化。机会发现＋机会构建视角则认为创业机会是在客观环境和创业者主观能动性的综合作用下形成的。

Kallmuenzer等（2019）运用QCA方法（定性比较分析方法）对旅游企业创业绩效的影响因素进行了分析，发现5种不同的构型对财务绩效有影响，这5种不同的构型包括主动性、创新性、风险承担、社会网络和财务资源。

第二节 旅游企业创业机会识别的影响因素

现阶段，关于创业机会识别的研究主要包括三个方面，即机会识别影响因素、机会识别结果和机会识别过程。由于本研究主要聚焦于创业机会识别影响因素，下面主要对这一方面的文献进行回顾（表5-1）。

表 5-1　国内外创业研究领域机会识别影响因素研究维度和内容

影响因素维度划分	具体影响因素	研究列举	具体内容
创业者	性别	DeTienne(2007)	性别差异对于创业机会识别的影响
	性格	田毕飞和吴小康(2013)	创业者性格特质对于机会识别的影响：基于PSEDⅡ的实证研究
	社会网络与性别	Haddad 和 Loarne(2015)	社会网络与性别对机会识别的影响
	共情心理	Khalid 和 Sekiguchi(2018)	共情心理对于创业机会识别的影响
	先前知识/经验	Mueller 和 Shepherd(2016)	失败经验与特定类型的机会识别关系
		祁伟宏，张秀娥，李泽卉(2017)	创业者经验对创业机会识别影响模型构建
	社会网络	Ramos 等(2010)	社交网络对于增强识别新商机的能力的影响
		苗莉和何良兴(2015)	草根创业者社会网络对创业机会识别的影响及机理
		陈文沛(2016)	关系网络与创业机会识别：创业学习的多重中介效应
	创业警觉性	Schmitt 等(2018)	企业家对环境不确定性的感知水平对于识别商机的影响
		王沛和陆琴(2015)	创业警觉性、既有知识、创业经历对大学生创业机会识别的影响
	创业团队	García-Cabrera 和 García-Soto(2009)	创业团队如何影响创业机会识别和外部资源的动员
	创业团队异质性	杨隽萍等(2019)	创业团队异质性对机会识别的影响——社会网络的中介作用
环境因素	文化背景	Peter 等(2016)	跨文化经验对于创业机会识别的影响
	社会资本	Bhagavatula(2010)	社会资本如何影响机会识别
	政治关系与制度环境	张建琦等(2015)	政治关系与制度环境对创业机会识别的影响
	互联网技术	俞函斐(2014)	互联网嵌入对创业机会识别的影响

（资料来源：根据文献进行整理）

关于创业机会识别影响因素的研究,国内外创业研究领域的大部分学者将创业机会识别影响因素划分为创业者因素和环境因素两个维度(Scott等,2000;张红和葛宝山,2014);少数人认为机会属性也属于影响创业机会识别的重要维度(林嵩等,2005),但有不同意见认为机会属性属于创业机会评估阶段的问题(姜彦福和白洁,2005)。因此,本研究采用大部分学者的分类,从环境因素和创业者因素两方面讨论机会识别的影响因素。其中,创业者因素研究发现了创业者的性别、性格、社会网络与性别、共情心理、先前知识/经验、社会网络、创业警觉性、创业团队、创业团队异质性等因素对创业机会识别的影响(张玉利等,2012);环境因素研究发现了文化背景、社会资本、政治关系与制度环境、互联网技术等对创业机会识别的影响。

关于旅游企业创业机会识别的影响因素,有研究发现旅游目的地小微企业的创业机会来源始于创业者对区域环境的整体把握,包括区域自然、人文、生活及市场环境等,创业者主要以个体经营和夫妻或情侣经营为主(李星群,2008;徐红罡和马少吟,2012;徐红罡和陈芳芳,2008)。该类企业的创业机会识别受宏观环境影响较小,受旅游目的地微观环境和创业者本人特征(如人口统计特征、心理资本、先前知识和经验、社会网络、个人能力和社会资本等)的影响较大(徐红罡和马少吟,2012;徐红罡和陈芳芳,2008)。其中,旅游创业者人口统计特征方面的研究主要集中在性别因素对创业活动的影响,尤其是以农村地区女性创业为主(林宗贤等,2013)。例如,林宗贤等人以我国台湾地区为例,比较研究了性别差异下中小型乡村旅游经营者的创业动机。徐虹等人则探讨了乡村女性旅游创业的现状,发现许多农村妇女主要以家庭商业形式进行旅游创业,并参与到旅游服务以及经营活动中(徐虹和王彩彩,2017)。关于创业者心理资本方面,国内外学者主要对创业者的人格特质进行探究,发现创业激情、自我效能感、责任心(可靠、勤奋和毅力)、外向性(健谈、外向和善于社交)、敏而好学、勤于思考、勇于创新等人格品质是创业成功的重要影响因素(Katognloe和Kawere,2013)。田喜洲和谢晋宇(2011)进一步开发出旅游行业创业者胜任模型,该模型从心理资本、社会资本、人力资本与经济资本四个维度对创业机会进行评估,发现社会资本和心理资本对创业成功与否的影响作用最大。

除了创业者的人口统计特征、心理资本等因素外,创业者先前的知识与经验、社会网络、个人能力、社会资本等因素对机会识别也有重要影响。徐红罡和马少吟(2012)通过对阳朔西街36家旅游小企业创业者进行调研,发现先前知识经验和社会网络对机会识别影响较为突出。徐红罡和唐周媛(2014)通过对白族企业家创业过程研究,发现个人技艺水平、荣誉、品牌效应、社交能力共同构成创业者的核心资源,政府在品牌建设和营销宣传方面提供的扶持,也是白族企业家创业成功的重要支撑。在已有研究成果的基础上,杨学儒和杨萍(2017)则进一步探讨社会网络、先前经验、创业警觉性与创业机会识别之间的关系,发现乡村旅游创业社会资本的网络规模和网络资源、先前经验中的创业经验、行业经验和职能经验等要素对创业机会识别有显著的正向影响,创业警觉性起部分中介作用。

最后,伴随着20世纪末和21世纪初互联网技术的传播与推广,国内诞生了一批互联网旅游创业公司,如携程、去哪儿、途牛等。这批公司现在已经发展较为成熟,对它们的研究主要集中在商业模式、并购发展、业务创新领域,并未涉及创业机会识别问题。虽然也有少数研究开始从创业角度分析移动互联网背景下诞生的一批旅游新创企业,但是数量相对较少,视角也较为宏观。例如,白长虹和温婧(2015)主要从商业模式角度分析了互联网旅游创业的类型,白凯和于江波主要从制度创新的角度分析了中小互联网旅游企业的创立问题。很少有针对互联网旅游企业的创业机会来源和影响因素等问题的研究。

综上,一般创业领域中对机会来源和机会识别影响因素的研究已经较成熟,国内学者针对旅游目的地小微企业的创业机会来源和识别研究也取得了较多较好的成果,上述两个方面的文献有助于我们分析目前还未得到研究的互联网旅游企业的创业机会问题。对互联网旅游企业的创业机会来源和创业机会识别影响因素的探索,将有助于整合旅游目的地小微企业与互联网旅游企业在机会来源和影响因素方面的研究成果,为旅游创业机会来源和识别问题研究提供一个更为完整的理论图景。

第三节 旅游企业创业机会识别的案例分析

旅游企业创业机会识别及其影响因素的研究可采用多案例研究方法,研究有意识地从旅游创业企业中选取了与前人的研究对象有很大不同的8家旅游创业企业作为样本企业。目前,互联网旅游公司的主体是包括携程、去哪儿等在内的主要从事出游组织业务的企业,主要因素是组织出游的价值链条长、涉及的信息环节多(特别是旅游组织和招徕),互联网能够发挥出更大的作用。因此,本研究选择在客源地组织出游的互联网企业作为研究对象。根据研究主题,我们为备选企业设定了以下两个标准:一是推出了某种新产品、新服务或新生产流程;二是主要业务为在客源地组织旅游者出游而非在目的地接待旅游者。可以看出,这两个标准与已有研究中传统旅游创业企业的标准有明显差异。我们选择的这8家企业是6人游、九十度、游谱旅行、发现旅行、路书、世界邦、隐居乡里和周末去哪玩,它们均为2012年及以后依托互联网成立的。

团队对8家企业的创始人进行了半结构访谈,除路书和游谱旅行2家企业外,对其他6家企业的创始人进行访谈的次数均在两次以上(表5-2)。

表 5-2　案例对象企业及访谈信息一览表

公司名称	公司定位	创立时间/年	访谈对象职位	公司总部所在地	融资轮次	调研时间/年	访谈用时	访谈文本/万字
6人游	中高端定制旅行服务的在线旅游服务商	2013	创始人兼CEO	北京	F轮	2015	57分钟	1.9
						2016	1小时22分钟	2.5
						2018	1小时22分钟	2.4
九十度	体验式旅游服务平台	2013	创始人	北京	天使轮	2015	55分钟	1.3
						2016	1小时28分钟	2.4
						2018	52分钟	1.2
游谱旅行	出境自由行旅游行程规划专家	2014	联合创始人	北京		2018	1小时14分钟	2.1
发现旅行	年轻人喜爱的互联网旅游严选平台	2013	联合创始人兼COO，创始人兼CEO	北京	B轮	2015	52分钟	1.6
						2015	58分钟	1.6
						2016	1小时40分钟	2.2
						2018	1小时23分钟	1.8
路书	定制游企业一站式解决方案供应商	2014	创始人兼CEO	北京	A轮	2018	1小时32分钟	2.5
世界邦	出国自由行定制专家	2012	联合创始人	北京	B+轮	2016	2小时20分钟	3.4
						2018	1小时22分钟	3.7
隐居乡里	中高端消费者的高品质乡村度假服务平台	2015	创始人	北京	无	2016	1小时4分钟	1.4
						2018	1小时34分钟	1.5

续表

公司名称	公司定位	创立时间/年	访谈对象职位	公司总部所在地	融资轮次	调研时间/年	访谈用时	访谈文本/万字
周末去哪玩	周边游市场的创新型移动在线旅游服务提供商	2015	创始人兼CEO	北京	B轮	2015	51分钟	1.3
						2016	1小时39分钟	1.6
总计							23小时25分钟	36.4

一、旅游企业创业机会的来源及其构建

(一)旅游企业创业机会的来源

在前面的文献回顾部分我们已经指出,2010年以来成立的互联网旅游企业与之前旅游创业研究文献中讨论的旅游创业企业有很大不同。两类旅游创业企业差异的源头在于创业机会识别的主体,即创始人。本书案例的创始人中包括了具有高学历的资深职业经理人和技术开发人员,这些人对创业活动和创业机会的认识与传统旅游创业者有着本质的差异。这种差异决定了两种类型的旅游企业的创业机会来源完全不同。

本书的旅游创业企业在创业机会来源方面具有以下特征。

(1)创业机会分析结果随创业与环境之间互动认识的变化而改变。为了在机会识别过程中更好地适应环境的动态变化,互联网旅游企业的创业者通过将微观环境与技术、经济等宏观环境结合起来进行分析,在与外部环境的不断交互中确定创业机会。正如九十度创始人高弘指出:"出境一直没有作为我们的重点,因为我们一直是企业客户,特别是'国八条'这些之后,企业的各种审批还是比较谨慎。但出境旅游对散客是很大的热点。"

(2)创业机会产生自企业对消费者潜在需求及实现这些需求的路径的深入发掘。例如,6人游创始人兼CEO贾建强指出:"大众富裕阶层在旅游消费里面到底需要的是一种什么样的旅游消费?其实我们讲就是真正的顾问式的服务,就是能按照消费者的需求,按照消费者家庭的情况,根据消费者父母的年龄、消费者孩子

的年龄,以及消费者对目的地的需求,安排一个真正适合消费者的行程出来,这是6人游定位的初衷。"

(3)创业机会产生自这些创始人利用新技术特别是互联网技术改造传统行业的实践。这些企业利用互联网技术重新组合了生产要素,开发出新产品和新服务,更好或更低成本地满足了消费者需求。如果没有上述创造活动,创业机会不可能产生。隐居乡里创始人陈长春在谈及公司转型时指出:"移动互联网促使旅游业发生变革,让大家在产生旅游冲动和决定旅游过程中的时间大大缩短,我们要顺应这一形势,就要考虑到公司的转型。"

上述三个方面表明,互联网旅游创业企业通过对宏观环境和微观环境的动态分析,及时捕捉外部环境中存在的未被满足需求,借助互联网技术和思维方式,充分发挥自身主观能动性与创造性,研发出新产品和新服务来弥合市场需求。这一系列创业机会来源的特征与前面文献综述中描述的"机会构建"基本一致。因此,互联网旅游企业的创业机会是被"构建"的。

(二)互联网旅游企业创业机会构建模式和过程

数据分析的结果表明,8家企业构建创业机会的模式可分为两类:服务驱动型和技术驱动型(表5-3)。

表5-3 旅游创业企业机会构建的两种模式比较

企业类型	代表企业	改造传统旅游行业程度	互联网主要介入阶段	构建出的旅游创业机会	主要证据列举
服务驱动型	隐居乡里、九十度、周末去哪玩、发现旅行	低	生产和营销阶段	根据旅游细分市场中存在的优质服务产品需求缺口,创业者通过生产出一系列差异化优质服务产品来构建机会	当地村民盖的房子,或者建的度假村,像农家乐这种,这些人在接待理念、硬件设施,尤其在服务能力上,都远远达不到现在市场强劲的需求。(张文龙,2015) 从现状来看,提供的产品和服务还是差强人意。(王振华,2015) 我们开始做一些尝试,和周边的一些比较有特色的乡村度假服务区和一些特色目的地进行合作,然后我们通过互联网直接营销。(陈长春,2016) 我们植入的灵魂是新的,手法也是新的,今后大家在这个城市游玩,就利用移动互联的形式在这个城市游玩。(高弘,2015)

续表

企业类型	代表企业	改造传统旅游行业程度	互联网主要介入阶段	构建出的旅游创业机会	主要证据列举
技术驱动型	世界邦、游谱旅行、路书、6人游	高	研发、采购和生产阶段	根据旅游市场生产方式落后、效率低下的痛点，创业者通过研发打造出一系列技术系统和方案来构建机会	把传统的服务搬到互联网上形成一个新的体系，把它标准化，提高它的效率，使整个价值之间的供需关系发生变化，所以就出现新兴的互联网公司。（贾建强，2015） 这里面我们投入了很多，我们的钱都放哪了，钱都投到研发中去了，所以我们拥有现在业界创业公司里面最庞大最一流的研发产品团队。（赵新宇，2016） 这其实是一个技术加业务的方案，我们不会只做一个技术层的东西给别人。（赵杨，2018） 我们的竞争力不是单一的产品和单一的技术，很可能是我们解决方案中的一种，这是我们解决这个行业痛点的能力。（程小雨，2018）

下面我们分别对这两种模式进行分析。

1. 服务驱动型机会构建

以隐居乡里、九十度、周末去哪玩和发现旅行为代表的服务驱动型互联网旅游企业，在机会构建的过程中，创业者主要识别出旅游细分市场中存在的服务需求缺口，如周边游和国内游等旅游细分市场，通过打造出一系列差异化旅游服务产品来解决现有细分市场条件下优质服务产品供给不足的问题。如隐居乡里创始人陈长春在识别创业机会过程中指出："大量城市中产阶级想要到乡村去度假，想要到开车一两个小时就能到达的地方放松一下，但是有些农家乐品质太差了。"另外，这些创业者打造的一系列服务化产品在市场上也具备很强的主题性和特色，如九十度为高端团建用户设计的一款旅游产品——城市微旅行，即"就是3~5个小时，带有强烈的主题性，打穿这个城市，比如说某一个主题的类型的线路。"在具体运营管理过程中，一方面，服务驱动型互联网旅游企业创业者比较擅长使用互联网新媒体对服务化产品进行营销宣传，以便新开发的旅游服务化产品能够顺利传递给消费者，如周末去哪玩创始人兼CEO张文龙曾提及："我们新版的App

有一个类似朋友圈这样的功能，就是你进入到这个圈子里面就能看到当下四周有哪些好玩的，一目了然，让用户更加有黏性。"另一方面，这类互联网旅游企业也极其重视消费者的服务体验，并且根据消费者的反馈信息，不断地对产品服务进行优化升级，以便更好地提升消费者的满意度。发现旅行创始人兼 CEO 王振华曾说过："我们建有铁杆粉丝群，我们跟用户的接触方式很多。我们 CEO 也有一个自己的小号，专门跟用户沟通，用户有时候给我们一些抱怨或开心的反馈，或者与我们交流招聘、合作信息。"

2. 技术驱动型机会构建

以世界邦、游谱旅行、路书和 6 人游为代表的技术驱动型互联网旅游企业，在机会构建的过程中，创业者主要感知到了互联技术在改造传统旅游企业生产方式方面的机会，通过研发出一系列技术系统或解决方案来更好地提升生产效率，将产品和服务更快、以更低的成本传递给消费者。近年来，伴随着消费趋势的个性化、多样化发展，传统依靠规模效应赚取利润的旅游企业正面临着个性化需求与标准化生产这一难以调和的矛盾。但是，创业者敏锐地觉察到互联网技术对于传统旅游行业的变革与颠覆，并从研发、生产、采购等角度切入，成功解决了传统旅游企业乃至旅游行业运营效率低下的问题。6 人游创始人贾建强兼 CEO 说过："选择小包团市场，并用互联网技术解决效率低下的问题，提高人效。"在具体的运营过程中，这类互联网旅游企业在本质上更偏重于科技型企业，而非旅游企业。如世界邦联合创始人赵新宇曾在访谈中称："我们有时候开玩笑说我们是技术型公司。"游谱旅行的联合创始人赵杨也在访谈过程中称："我们定义自己是一个提供技术和业务解决方案的公司。"同时，这些企业在技术系统研发方面更是不惜重金迭代自身系统，不仅仅充分利用自身技术优势解决企业痛点问题，而且颠覆了旅游从业者的思想观念，为整个旅游行业赋能，正如路书创始人兼 CEO 程小雨所说："我们的竞争力不是单一的产品和单一的技术，很可能是我们解决方案中的一种，这是我们解决这个行业痛点的能力。"

表 5-3 所示，本书从互联网旅游企业改造传统旅游行业程度、互联网主要介入阶段等方面出发，系统总结了服务驱动型和技术驱动型互联网旅游企业在构建出的旅游创业机会模式特征方面的差异。虽然服务驱动型和技术驱动型互联网旅游企业均借助互联网技术去识别开发差异化机会，但是两者在介入供应链的环节和改造传统旅游行业的程度存在差别，与服务驱动型企业相比，技术驱动型互联网旅游企业更加靠近供应链前端的研发生产环节，对行业的改造程度也相对较深。

3. 机会构建过程分析

机会发现和机会构建的本质区别是创业机会是否能够脱离创业者的创造行为独立存在。通过上面的分析可以看出，尽管服务驱动型企业的机会来源是市场中的需求缺口,但是如果没有王振华、高弘等创业者将环境分析、互联网技术与需求结合并将这些需求转化为新的市场商机,继而创造性地研发出新产品或新服务来满足需求,这些机会不可能得到开发。换句话说,未被满足的潜在需求确实是独立于创业者的创造行为存在的,但满足这一需求的创业机会并非如此。因此,不仅技术驱动型企业的创业机会是被"构建"出来的,服务驱动型企业的创业机会也是被"构建"出来的。下面我们对机会建构过程进行简要分析。

本研究发现 8 家互联网旅游企业的创业机会构建过程涉及市场、技术、创业者和消费者等多种因素。在这些因素的综合作用下,创业者凭借着敏锐的创业警觉性,借助自身的资源和能力,将构建出来的创业机会由商业概念转化为商业模式。具体而言,随着国民收入和生活水平的不断提高,在消费升级的背景下,旅游领域消费者的需求日益多样化和个性化,但是现有旅游企业的产品和服务又难以满足消费者的需求,因此旅游市场出现严重的供需错位现象。这时,来自互联网领域或者旅游领域的创业者敏锐地觉察到旅游市场供给错位的现象,充分发挥其主观能动性构建出新的商业概念,利用互联网对传统行业研发、生产、采购、宣传营销等环节进行改造,形成"旅游+互联网"的商业模式,为消费者提供新的产品和服务。正如发现旅行创始人王振华所言:"一个更大的机会就是互联网与传统产业进行融合升级。很显然,旅游业是这里面最具潜力的。从现状来看,提供的产品和服务还是差强人意的。"

通常情况下,在机会构建的过程中,创业者虽然能够敏锐地洞察到某类细分消费者市场存在未满足或者大量新生的消费需求,但是由于自身资源和能力的局限性,可能导致创业者不能很好地进行创业机会开发。如周末去哪玩创始人张文龙所言:"经过试验后,手上的资源并不足以支撑,这样的模式并不符合。最后只能放弃,寻找另一条出路。"如果创业者判断出企业内部支持要素无法对该细分市场进行有效开发,也有可能转而选择更加匹配自身资源和能力的市场重新构建创业机会。如九十度创始人高弘所言:"我们团队一开始互联网基因不够强,打造出一款完全能锁定散客群的产品在当时是有困难的,所以我们想先做好机构客户。"从以上分析可知,机会构建是一个动态复杂的变化过程。由于篇幅的限制不再详细描述,我们将在今后的研究中对机会构建的过程和机制进行分析。

二、影响旅游企业创业机会识别的环境因素

(一)影响旅游企业创业机会识别的外部环境因素

关于机会识别的外部影响因素,本研究与现有旅游创业研究文献既有相同之

处,也有一些差异。例如,本研究发现影响创业机会识别的环境因素包括经济、政治与技术,缺少社会因素,并未完全符合很多研究中用于描述环境影响的 PEST 分析模型。

实际上,尽管个别访谈者也在访谈中提及社会结构的变化,例如中产阶级的产生和壮大进一步刺激了新消费需求的产生和升级。但此类影响仍是从经济角度解读的,而且在其他受访者中很少被提及。我们认为可能的原因在于,与其他三个因素(政治因素、经济因素、技术因素)相比,社会因素的变化更为隐蔽,难以被察觉。当然,这并不表明社会因素不会影响创业机会识别。只是由于该因素的特殊性,并未被受访者表述出来而被我们从文本中挖掘出来。然而,本研究发现,"大众创业,万众创新""美丽乡村建设""促进国内旅游发展"等政策推动了旅游创业活动的开展并起到的重要作用。此类政策因素对旅游创业研究的影响已经在其他国家情境下的研究中得到证明。但是,现有文献强调较多的区域环境,特别是创业企业所在地的自然、人文和市场环境,较少在本研究中被受访者提及。相反,国内中产阶级带来的消费升级、个性化和多样化的旅游需求、签证政策的放松、互联网技术的发展、风险投资活动的兴起等与宏观经济、技术、制度环境有关的因素在互联网旅游创业活动中对机会识别影响很大。主要原因在于,互联网旅游创业活动的目的是创造全新的产品或新的生产方式,技术含量高,在产品、服务和流程方面的创新多,投资规模和风险也较大,更容易受宏观环境变化的影响。旅游目的地小微企业技术含量较低、投资小,产品和服务创新较小,因此受其所在旅游目的微观市场环境、基础设施和制度环境影响较大。

(二)关于影响旅游企业创业机会识别的内部环境因素

笔者发现,与以往研究中出现较多的大学生和农村居民为主的个体创业形式相比,新兴旅游创业企业多以团队形式进行创业,创始团队的人口统计特征、心理资本、先前知识和经验多元化、社交网络多元化和个人能力多元化对机会识别有重要影响。这些影响创业机会识别的内部环境因素中多元化团队带来差异化的先前知识与经验、社交网络和个人能力,可以使企业从不同的角度看待同一市场问题,弥补个体认知的缺陷,提高企业的集体认知能力,有助于提高创业机会识别开发的成功率。此外,人口统计特征虽然不能直接作用于创业者的机会识别,但是能够间接影响创业者的创业警觉性,提高对创业机会的感知能力。积极的心理资本也能够提高创业者的创业警觉性,促使他们比其他人更容易发现潜藏在市场信息之下的创业机会,并坚持不懈地去挖掘开发。另外,风险融资活动的兴起在为互联网旅游企业提供充足资金支持的同时,也为创业团队提供了很好的外界指导。互联网旅游创业的风险融资活动不仅仅是筹钱,更是一个筹人、筹智的过程。

从而,在内部环境因素方面,本研究一方面印证了徐红罡等(2015)在旅游目的地创业领域发现的研究结论,即心理资本、先前知识与经验和社会网络等因素在机会识别中的重要影响。另一方面验证了创业团队多元化和异质性对于机会识别开发的重要作用,尤其是团队先前知识与经验的多样性和创业团队异质性对于企业融资、创新和成长的推动作用。

综上,表5-4对比分析了互联网旅游企业和旅游目的地小微企业在机会识别的来源及识别影响因素方面的异同,希望能够较为全面地展现内外部因素对不同类型旅游创业企业机会识别的影响。

表 5-4 旅游企业创业机会来源及识别影响因素

项目	互联网旅游企业	旅游目的地小微企业
机会认识	偏主观 8家互联网旅游企业的创业机会识别均是通多对宏观经济和行业发展进行严谨分析后,充分发挥主观能动性对资源和能力进行优化配置,针对不同细分市场开发差异化产品和服务	偏客观 环境因素是旅游目的地小微企业创业机会识别的动力源泉。旅游目的地小微企业机会识别始于环境感知
创业环境	偏复杂、动态 8家互联网旅游企业处于快速、动态变化的复杂环境之中,环境中的利益相关者之间的关系日益错综复杂,技术对企业乃至行业的颠覆性也越来越大,同时消费者的需求也日益表现出个性化和多样化	偏简单、稳定 旅游目的地小微企业的机会感知始于创业者对整体环境的把握,包括自然、人文、生活及市场环境等
分析层次	偏宏观环境 8家互联网旅游企业创始人在访谈过程中均提及宏观经济、政策和技术因素的变化以及旅游行业的现状与发展趋势	偏微观环境 旅游目的地小微企业主创业时关注的目的地环境因素主要有人居环境、生活氛围、行业发展、自然环境、支持条件、社会网络
创业主体	偏社会精英 8家互联网旅游企业创业人90%以上为本科及以上学历,且部分创业者有海外留学经历	偏普通大众 旅游目的地小微企业创业者主要是专科及以下学历
创业形式	偏团体创业 8家互联网旅游企业均为团队创业形式,创业团队人数维持在2~4人	偏个体创业 旅游目的地小企业创业者主要以个体经营和夫妻/情侣经营为主

续表

项目	互联网旅游企业	旅游目的地小微企业
影响创业机会识别的外部因素	宏观经济环境； 政治/制度环境； 技术环境	区域的自然、人文、生活环境； 旅游行业特性及环境； 区域旅游市场环境
影响创业机会识别的内部创业者因素	创始团队的人口统计特征； 创始团队的心理资本； 创始团队先前知识与经验多元化； 创始团队社会网络多元化； 创始团队个人能力多元化	性别； 人格特征； 先前经验； 创业警觉性； 社会网络

第六章 旅游企业创业资源管理与成长管理

第一节 旅游企业创业资源开发与利用

一、资源学派与创业研究

资源基础观(resource-based view)是战略管理理论中的重要学派,是战略管理领域的三大基石之一,另外两个是产业定位学派和制度理论学派。在资源基础观中,Wernerfet(1984)发表的《企业资源基础论》,提出了企业的内部资源和环境对企业获利、拥有竞争优势具有重要作用,被认为是该学派的奠基性著作。之后Winter、Barney、Peteraf、Collins、Montgomery等一大批学者进行了全面和深入的推进,使得资源基础观成为一个重要的理论基础。

资源学派的基本观点是,每个组织都拥有独特的资源和能力,是资源和能力的集合体,其中具有VRIN特征的资源是企业获取可持续竞争优势的基础,分别是价值性、稀缺性、难以模仿性和不可替代性。此时企业战略管理主要是要培育和发展企业独特的资源,以及优化配置这些资源的能力。资源学派打破了经济利润来自垄断的传统经济学思想,认为企业资源与能力是其经济利润和租金的来源(胡望斌,2018)。

Mosakowski(1988)是较早将资源基础观引入创业研究的学者,他提出了创业资源这一概念,认为创造力、远见、直觉和警觉是创业者拥有的独特资源,能够为组织赢得竞争优势,但仍然停留在对创业者的某种特质作为资源进行分析。Alvarez和Barney(2000)认为创业战略和创业能力都是不可模仿的资源,如果随着时间的推移,创业者仍然能够保持这些能力,那么就有可能获得持续竞争优势。

Alvarez和busenitz(2001)发表的《基于资源基础观的创业》是战略管理和创业研究相结合的经典理论性文章。他们将机会识别能力与资源组合能力定义为资源,资源成为创业理论和资源基础观理论共同的分析对象,探讨了资源基础观与创业之间的内在联系,从而将资源基础理论和创业理论融合。在此基础上,他们分析了创业者资源的异质性和持续性。尽管资源基础观中,缺乏对创业活动的研究,但创业活动过程却蕴含着资源基础观的基本观点,即创业活动是对有限资源(如手边资源)的创造性配置和组合,能够形成新的异质性资源,异质性是资源基础理论和创业理论的共同特征。

二、旅游企业创业资源

根据 Greene 等(1999)以及 Barney(1991)和 Hall(1992)对资源的分类,我们将创业资源划分为人力资源、社会资源、财务资源、物质资源、技术资源、组织资源和声誉资源等。

(1) 人力资源,这是旅游初创企业中最关键的资源,主要包括创始人和创业团队、高管团队和员工。其中,创业团队的知识结构、工作经验、领导力、战略思维等,以及创业者及企业家精神是新创企业中最重要的人力资源,因为拥有这些资源,可以从环境中识别出机会,进而带领团队开发资源抓住这个机会。从我国旅游业发展历程来看,所积累的具有企业家精神的创业者是最为宝贵的资源,特别是以季琦、梁建章、郑南雁、洪清华、庄辰超等为代表的旅游创业者,是旅游创业中重要的人力资源。

(2) 社会资源,主要是指创业者或创业团队的社会关系网络,也称为社会资本。社会资源可以是创业者个体的社会网络或资本,此时社会资源属于人力资源的一种特殊类型,也可以是创始团队或整个创业企业层面的社会网络或社会资本。社会资源能使创业者有机会接触到大量的外部信息和资源,特别是利用弱连接、结构洞等关系网络手段,可以搜寻到新的市场机会,加强与其他企业的合作。

(3) 财务与金融资源,包括资金、资产、股票等,财务资源可能来自个人的财富积累、家庭成员和联合创始人的财富积累,也可能来自风投、创投、基金等,需要进行融资活动。同时,将一些财务资源进行投资,包括财务性投资和战略性投资。对于广大中小旅游企业来说,财务与金融资源的接入是最为关键也是最为困难的(Wiklund 和 Shepherd,2005)。在高度动荡和不确定性的环境中,顾客偏好的变化或者竞争者的动作会快速消除物质资源的价值(Atuahene-Gimaet 等,2005),特别是一些连锁企业,继续通过风投、基金等融资手段,使得财务和金融资源成为旅游初创企业较重要的资源之一(Eisenmann,2006)。

(4) 物质资源,主要是指创业活动所需的有形资产,如厂房、建筑物和空间、土地、设备设施等,有时也包括一些自然资源,如矿山、森林等。

(5) 技术资源,包括关键技术、制造流程、专用性设备等。一般来说,技术资源与物质资源相结合,可以通过法律手段予以保护,形成组织的无形资产。

（6）组织资源，包括组织结构、服务流程、工作规范、质量系统、组织文化等，是组织内部的正式管理系统。

（7）声誉资源，包括品牌声誉、消费者对产品或服务的质量、耐久性和可靠性的认知等。

创业者或创业企业成长的各个阶段都要努力用最少的资源来获取最大的竞争优势，推进企业的发展，实现创业企业的可持续成长。然而，在创业初期，资源缺乏或者资源条件极度有限是创业企业的常态。因此，创业者要尽可能地创造条件以积极获取资源，特别是充分利用好已有的资源、身边的资源、别人不予重视的资源，充分发挥资源的杠杆撬动作用。

（一）资源拼凑

"拼凑"（bricolage）一词是由人类学家列维施特劳斯（Levi-Strauss）在1967年提出，原意是指早期人类对现实世界的理解是一个递进的过程，借用结构元素重组来实现目的。拼凑集中关注解决现有价值低估、闲置或遗弃的资源，这些资源一般是廉价或免费的，但可以通过有效的重新组合来实现这些资源的潜在价值，或者共同创造出新的价值。Baker等（2003）将这一概念引入创业研究，并提出"创业拼凑"，即将手头资源进行组合并采取即刻行动，解决新的问题和发现新的机会。于晓宇等（2017）认为，创业拼凑是创业研究领域的一项重要基础性理论突破，不仅解释了创业活动如何在资源约束与环境不确定性下成功开展，也为机会发现、机会创造等提供新的解释。

Baker和Nelson（2005）通过对40家中小企业进行质性研究，探索这些创业企业如何在资源约束的情境下重新组合手头资源来实现新目标。他们认为，创业拼凑的三个步骤包括利用手边资源、有新目标的重组和将就使用。一是利用手边已有资源。善于进行资源拼凑的创业者往往拥有一些"手边零碎"的资源，如物质资源、技术资源、社会资本等，这些资源常常是免费的、廉价的甚至暂时没有的，创业者尽管并不知道这些资源的价值，但往往会基于一种"说不定以后会用得上"的理念，或者一种善于积累、归类资源的习惯，暂时将这些资源进行收集、积累和整理。这类资源与通过认真调查研究获取的资源，以及自身拥有的或者有目的获取的战略性资源，有本质的区别。二是整合资源用于新的目标。为了其他目的重新整合已有资源，由于"乌卡"（VUCA）环境的特征，机会稍纵即逝，企业很可能无法马上找到合适的资源。因此，需要快速整合手边已有资源，应对新情况，发掘新机会。"摸着石头过河""快速科学试错"等都是这个思路。三是将就使用。由于利用的是手边的资源，而且是在高度不确定、情况"紧急"时做出的即兴行为，因此拼凑出的方案并不是最优的，只能将就使用，但这种将就尽管有瑕疵、不完美、不全面，但已经比竞争对手往前走了一小步,后续还可以进一步改进,这种方式也称为迭代。

Baker 和 Nelson(2005)进一步提出,拼凑通常应用于物质资源、人力资源、技术资源、客户或市场资源、制度环境资源五类资源中,并进一步提出拼凑的类型,一类是全面(并行)拼凑,指在同时进行的多个项目或多种资源中实施拼凑,另一类是选择性拼凑,指有选择性地在上述五类资源中实施拼凑。基于上述研究,后续学者又提出了网络拼凑(Baker,2007),即将网络交往视为一种手头资源,通过从已有的、杂乱无章的网络中重新组合出可供新项目使用的资源。还有学者提出了社会拼凑(Domenico 等,2010),认为社会价值创造、利益相关者参与和劝说是社会拼凑的独特特征。目前,研究不仅关注这些创业拼凑类型,更加关注创业拼凑的影响因素和组织结果。

(二)资源编排

资源编排理论(resource orchestration theory)是基于资源基础观优化发展而来的资源管理理论,探讨的是资源管理与价值创造的关系。该理论认为,资源只是获得卓越绩效的必要条件,对资源进行有效的管理,可以促使"资源—能力—价值创造"之间进行转化。该理论继承了动态能力理论中关于动态管理能力的观点,提出了资源管理和资产编排模型,用以解释企业如何有效管理资源以获得竞争优势。

Sirmon 等(2007)构建了资源编排的理论框架,其中资源管理模型中提出了三个维度:①资源结构化,指通过搜集、获取、选择有价值资源从而构建资源组合的过程;②资源能力化(捆绑),是指将获取的资源整合并利用其创造新能力或扩大原有能力范围的过程;③资源杠杆化,指资源组合与能力相连接释放价值资源从而实现价值传递的过程。资产编排模型有搜索与选择、配置与部署两个维度:前者指的是管理者识别资产并进行投资,为企业设计组织和治理结构,以及设计商业模式;后者指的是需要协调特定资产,为这些资产提供愿景并培育创新。可见,资源编排不只限于补足和设置缺少的资源,还涉及对原有资源的拆解、调整和利用,以及对新资源的获取、捆绑与利用(郭淳凡等,2021)。资源编排理论提出,为了实现快速成长,企业应进行资源动员和资源协调。资源动员强调资源定位与战略目标相匹配,资源协调强调将有价值的资源进行合理有效的利用(邓渝,2021)。

资源拼凑和资源编排两个理论视角,尽管都是关注资源的利用和管理,体现出了管理者的重要作用,但侧重点不一样:资源拼凑更多的是关注初创企业在无法获得足够资源不得已而为之的资源利用行为,是一种过渡手段;资源编排则关注的是企业通过对资源的管理、协调而获得可持续竞争优势,侧重企业的长久发展。

三、旅游企业创业资源开发与利用案例分析

下面以一家典型的"互联网＋旅游"的旅游企业——发现旅行为例,分析其资源开发与利用模式,从而深入理解资源编排理论。

(一)企业发展历程

1. 初创期——找准方向标,布局自由行领域

2013年创立以来,发现旅行在出境游领域一直坚持不飞廉航、不住快捷、不搜攻略、不去拼命的四项原则,始终致力于为每位游客提供美好的旅行体验。不仅在多个目的地设立管家团队,更拥有数百万粉丝以及全行业交口称赞的满意度和口碑,成为同期创立的旅游电商翘楚。

在公司初创期,创始团队便在2014年获得雷军旗下顺为资本A轮融资,又于2016年获得以江南春为LP的众为资本B轮融资,投资方的支持为发现旅行探索自由行市场提供了充足的资本和人才资源保障。伴随着涌来的互联网创业大潮,发现旅行利用三年的时间在旅游行业中摸爬滚打,最终创始人王振华及其团队成员在综合考虑旅游市场的发展现状和趋势以及自身资源的基础上,选择布局自由行市场。

2. 发展期——携手唯品会,深耕二三线市场

2016年,发现旅行宣布与唯品会达成战略合作,唯品会旅行频道成为发现旅行首个全新的外部渠道合作伙伴,此次战略合作在一定程度上推动发现旅行进一步深耕年轻女性旅游消费市场,拓展二三线城市人群对发现旅行产品的购买需求。之所以与唯品会进行战略合作,是因为发现旅行的粉丝中年轻女性的比例高达七成,而唯品会在年轻女性用户中又拥有较高的知名度,注册用户中女性占比超过80%,双方的客群市场具有较高的重合度。

创始人王振华希望能从互联网垂直细分领域的平台级公司中筛选更多跨界合作伙伴,并依托二三线城市的优质渠道向年轻人旅行市场强势进军,为二三线城市的年轻人提供更多的优质旅游产品。同时,发现旅行在2016年发行了首张"发小卡"。"发小卡"被发现旅行定义为自由行领域含金量最高的一张粉丝专属卡,发现旅行会为持卡人提供极致的产品和服务体验,以此来进一步提升用户的满意度和品牌黏性。

从2016年开始,发现旅行试图通过覆盖全产业链,从而实现旅游产品体验流程可控,同时以互联网思维来提升用户的旅行体验,借此来设置竞争壁垒,挖深"经济护城河"。

3. 成熟期——苦练基本功，探索新市场

伴随着资本寒冬的到来，仅仅依靠"烧钱"吸引流量的模式很难实现可持续发展，发现旅行也在整个 2016 财年亏损上千万人民币，但是经过一年苦练基本功，公司在 2017 年底基本达到盈亏平衡的状态。2016 年初到现在，很多依赖外部融资的互联网创业公司在资本寒冬的冲击下，由于"输血"不足，又缺乏"造血"功能，纷纷倒下。创始人王振华曾表示：发现旅行 2017 年的最低目标是让自己活下来，最高目标是让自己活得好，即在不依赖外部资本支持的情况下，完全独立自主地运营。在企业的运营过程中，资本只是锦上添花。如果经营业绩惨淡，资本就会离企业越来越远；如果经营业绩突出，资本就会离企业越来越近。总之，发现旅行那一两年时间的主要目标是调整自己，苦练基本功。按照发现旅行创始人王振华的说法，发现旅行已经于 2017 年第一季度开始实现盈利，并且利用 2016 年修炼内功，优化产品线。2018 年，发现旅行收拾行囊重新出发，开始探索多元化发展之路，准备进军国内游和周边游市场，在坚持"品质严选，省心不贵"的基础上，努力成为国内精品游、高端酒店等的严选平台。

（二）资源编排模式

首先，从资源编排的资源结构化维度来看，发现旅行主要是通过选择和设计了"爆款＋粉丝"的模式快速切入年轻人旅行市场，剔除传统旅游生产链条的中间环节，最终实现旅游产品从上游资源端到下游消费终端的直连。这种资源编排模式与传统旅游行业中的资源编排模式有非常大的区别。通过借鉴"小米模式"，发现旅行将自身定位为旅游领域的"严选"产品，主要体现在：发现旅行所选的目的地虽然很少，但是每一条线路都是精挑细选的，因此发现旅行将其概括为"品质严选，省心不贵"的口号。发现旅行深度挖掘境外目的地，提供"机票＋酒店＋系列目的地"服务的一站式打包定制产品，致力于为用户提供最佳出境自由行体验，主张"单品＋爆款""超高性价比"的运营思路，使得每个目的地均在国内市场占据相当高的份额，并在海外目的地设置分公司。以柬埔寨为例，发现旅行为了更好地弥合不同细分市场的个性化需求，特意打造了三款产品，分别为爆款系列、省心系列和尊享系列。爆款系列主要针对年轻消费群体，入门配置是五星级酒店；省心系列主要针对家庭游消费群体，为父母和子女提供个性化的贴心服务；尊享系列则主要针对消费能力偏高的客群市场，基本配置就是奢华酒店。2018 年以来，发现旅行开始进军国内游和周边游市场，凭借着出境自由行积累的宝贵经验，发现旅行希望能够为国内游和周边游游客提供高品质的出行体验。另外，发现旅行为游客推荐的吃喝玩乐产品也是结合后台数据库严选出来的爆品。如果游客在发现旅行下了一个周边游订单，发现旅行会快速整合数据库资源，为游客形成一个定制的小册子,封面上可以写上用户的名字,还可以把用户头像编辑在上面,形成一个专属的定制旅行指南手册,以此来增加旅行的仪式感。

可见,这一资源编排模式突破了传统的旅行社资源利用的模式,资源的结构化出现了较大差异,也为其之后新能力的形成和资源的再配置起到了重要作用。

其次,从资源的能力化与杠杆化维度来看,资源编排模式是在资源的新结构化基础上,充分利用自身的资源优势形成新能力,并与能力相连接释放价值资源从而实现价值传递的过程。这些能力包括以下方面。

一是核心技术能力——实时库存系统和攻略数据引擎。凭借这两大能力,发现旅行可以将自身产品和服务快速复制到几十个国家。关于企业的经营效益,王振华曾表示,发现旅行并非想要改变谁,只是希望做出一个真正为用户提供最佳旅行体验的产品。发现旅行在追求这一目标的过程中没有止境,发现旅行要做的并不单单是一家能赚钱的公司,更是一家有价值的公司。王振华认为,如果公司的价值越来越大,公司盈利能力自然也会越来越强。如果一家公司提供的产品和服务足够好的时候,良好的口碑和销售额都是自然而然的结果。

二是顾客关系管理能力——打造极致产品与社群活动,激活粉丝经济。发现旅行会定期或不定期组织开展一系列线上线下爆款活动,用极致的产品和服务来捕获用户"芳心",通过"裂变式营销"来获取新用户,同时增强用户社区的活跃度和用户黏性。2016 年,发现旅行发行的首张"发小卡",被公司定义为自由行领域含金量最高的一张粉丝专属卡。发现旅行相关负责人表示,持卡者不仅能够及时获享发现旅行各种线上福利,而且持此卡还能够获得发现旅行当地管家的倾力帮助。另外,发现旅行市场部独立运营的订阅号也是发现旅行和粉丝以及热爱旅行的年轻人互动的另一个重要场所。为了进一步活跃社区氛围,王振华会定期和发现旅行的铁杆粉丝在线进行专门沟通,以便更好地获取用户的信息反馈。王振华一直认为微信是一个很好的社交生态圈,发现旅行好的产品和服务可以充分利用这个生态圈加速传播,而加速传播过程本身就是在做口碑营销,扩大发现旅行的知名度和行业影响力。好的口碑离不开好的产品和服务,发现旅行的用户说好,比发现旅行自己说 100 遍自己好更有信服力。发现旅行利用互联网方式深耕自由行领域,通过重服务的方式来形成自己的竞争壁垒。

三是组织重构能力——敢于授权和文化包容,重构组织形态。发现旅行作为一家互联网公司,具备互联网公司典型的扁平化组织架构和自由开放的工作氛围。王振华认为,一家互联网公司的层级越简单越好,在岗位设置方面,王振华也一直坚持自己的原则——如果员工没有特殊的理由说明岗位存在的必要性,这个岗位就可以不用设置。根据先前的互联网从业经验,王振华将互联网思维与企业内部的管理、组织建构相结合,希望打造一家重视客户体验、充分给予年轻人发展机会的公司。在传统的大型企业结构中,由于各个重要岗位已经被长期占据,年轻人很难靠自己的努力和天赋获得应有的回报和成就感。但是在发现旅行工作的年轻人,可以在公司中担当重要角色,可以真正依靠自己的努力和天赋获得快速成功。在员工管理方面,发现旅行敢于向一线员工授权,让"听见炮火声"的人去"指挥战斗",以此来提高服务的响应度。比如退款、赔偿等问题,绝大多数公司会有一个非常复杂的审批赔偿流程,而在发现旅行,单笔5000元的订单不需要向上级请示,一线员工自己就可以进行决策。在公司绩效考核方面,发现旅行坚持以"非常满意"为导向。王振华认为,"满意"不足以让用户进行口碑传播,只有"非常满意"才能让用户进行口碑传播,但是,获得"非常满意"又是很难的一件事情。因此,如果公司在前端市场上,比如通过公众号等渠道获得较好的市场认可,那就说明这家公司的确提供了消费者认可的产品和服务。

第二节 旅游企业创业成长管理

一、企业成长理论

企业或组织如同人或其他生物一样,也都有生命周期的规律,经历着出生期、成长期、成熟期和衰退期等几个阶段。对于那些寻找到了创业机会并成功抓住机会而顺利度过了初创阶段的企业,后面的成长、成熟阶段才是需要更加重视的阶段。一般来看,新创企业都还比较小和弱,如何实现做大做强,并提高存活的寿命,是企业成长管理的重要目标。

Churchill和Lewis(1983)提出了小企业成长的五阶段模型,分别为出现、生存、成功、起飞、资源成熟,进而从组织结构、管理体系、战略目标、创业者卷入程度等方面描述这五个阶段的特征。Quinn和Cameron(1983)将企业生命周期分为创业、集体、正式化和控制四个阶段。吴晓波等(2010)根据对中国企业的调研,结合前人研究提出了一个五阶段模型,这个模型包括创业摸索期、原始积累期、主业成长期、专业化/多元化期、国际化期。该模型的一个重要发现是每个阶段之间一般存在着明显的转换期,转换期是企业成长的关键时期,在阶段转换发生之前,企业往往碰到了成长的天花板,需要寻找新的机会和突破点。因为存在较大的不确定性,这种尝试可能成功,也可能失败,因此,转换期是企业成长中的关键阶段,成功闯过则进入一个新的阶段。

表6-1总结了我国主要旅游企业创业成长各阶段的做法和特征。一些阶段（时期）的划分界线并不十分清晰，且阶段时间存在着重合的特征，这些重合特征恰恰是转换期最重要的特征。

表6-1 主要旅游企业创业成长阶段特征

企业	创业摸索期	原始积累期	主业成长期	专业化/多元化期	国际化期
携程	1999年启动业务和开通网站。2000年并购北京现代运通订房中心，成为中国领先的酒店分销商	2002年并购北京海岸航空服务，启动中央机票预订系统。2003年在美国纳斯达克成功上市	2003—2013年，围绕机票在线预订、度假旅游、商旅管理、酒店等业务进行布局，但在线旅游市场竞争加剧，竞争压力加大	2013年梁建章重回携程二次创业，整合业务，聚焦移动互联网，同时通过收购战略解决竞争问题	2019年定目标为"未来五年携程要成为全球化的国际旅游企业"，进入国际化加速发展阶段，通过品牌标志的国际化改变、投资收购战略等实现国际化。但由于受到新冠肺炎疫情的影响，之前的国际化发展思路还需要进一步考虑
如家	2001年成立。2002年开通电话预订。2003年第1家特许店签约。2004年成立如家酒店管理学院。2005年季琦离任	2004—2006年高速扩张。2005年开通网上支付。2006年在纳斯达克上市，成为中国酒店业海外上市第一股	2006年形成质量考核体系、特许经营部。2007年收购七斗星。2011年收购莫泰，酒店达到1000家，举办十周年发布会	2013年发布全新品牌形象和战略，更新愿景，走多品牌战略，2.3亿元收购云上四季。2015年完成私有化交易，与首旅合并，继续探索多品牌战略	与凯悦成立合资公司，并推出新品牌"逸扉酒店"
华住	2005年在昆山开第一家店。2007年开放特许加盟并完成第一轮融资	2008年品牌重新梳理，完成第二轮融资。2010年在美国纳斯达克上市	2011—2013年，汉庭、全季等高速扩张，星程、禧玥、怡莱、漫心等品牌出现，更名为华住集团，走多品牌扩张道路，制订万店计划		2014年与雅高酒店集团合作，收购德意志酒店集团，投资OYO，收购桔子酒店集团等

续表

企业	创业摸索期	原始积累期	主业成长期	专业化/多元化期	国际化期
去哪儿	2005年成立，是我国第一个旅游搜索引擎。2006—2010年完成多轮融资，打造了中文酒店点评系统	2011年获得百度战略投资3.06亿美元，百度成为去哪儿第一大机构股东。2013年建立机票、酒店、无线三大事业部和新业务部、特殊项目部	2013年在美国纳斯达克上市。2014—2015年进行战略拓展，成立目的地事业部、度假事业部、无线事业群、机票事业群	2015年携程与百度进行股权置换，成为去哪儿最大机构股东。2016年高管层和董事会成员调整，去哪儿将高星酒店业务移交携程	2017年完成私有化交易，从美国退市
同程	2003年正式推出同程B2B平台。2006年在央视"赢在中国"创业大赛得到资本青睐	2006—2009年获得两轮风投，公司进入新的产业园区，形成新的商业模式	2014年全面聚焦休闲旅游新十年战略。2015年获得超过60亿元的风投，启动区域落地战略和"大数据+人"战略	2016年实现同程旅行社和同程网络两大板块分拆。2017年与艺龙合并，打造全新的旅游服务平台	2018年在港交所挂牌上市，进入一个新的发展阶段

(资料来源：钟栎娜，《中国旅游电商简史》，2020年；各企业官方网站)

二、旅游企业创业团队管理与投融资管理

旅游企业创业成长是旅游创业活动能否实现可持续发展的关键环节，是检验成长初期创业是否有效、创业是否可以接着做下去的重要步骤，当然也是旅游企业能否继续发展下去的"生死考验"。在这一过程中，旅游企业的初创期或草创期已基本结束，企业已经解决基本的从0到1的问题，即创业的机会识别和基本商业模式、管理模式等已基本形成。但在之后企业的成长过程中，由于创业活动进入了转换期，会出现高管团队的目标利益冲突、企业投融资困境、人员的流动频繁、头脑发热的多元化、管理效率降低等问题，如果这些问题不能很好地解决，将会使得创业成果付之东流。由此，旅游企业创业要考虑成长管理问题。

(一）创业团队管理

这里的创业团队是指创始团队，即一群有着共同目标、同享创业收益、共担经营风险的创建新组织的人，这个团队在创业初期就开始参与到创业的过程中，是初创企业成长的关键性资源。

对于创业团队的研究，通常会首先关注团队成员的素质特征，如年龄、受教育程度、前期创业经历、相关产业经验和社会网络关系等（如本书第五章的研究发现），并且一般会认为，年龄适中、受教育程度高、创业经历和相关产业经验丰富、社会网络关系较强的人更适合进入创业团队，创业团队更可能取得成功。但更应该关注团队成员之间的相似性与互补性、成员之间的认知冲突和情感冲突、成员之间的利益分配机制、团队的文化建设等，实际上这也是创始人或一把手对团队中的冲突、矛盾进行管理，找到适当的平衡点，让创业团队能够伴随企业的成长而不断优化和健康成长。

旅游企业创业团队构建的一个典型例子就是携程旅行网的"四君子"。1999年，季琦、梁建章、沈南鹏和范敏成立创业团队，四个人共投入200万元创立了携程。四人的分工是，季琦任总裁，负责销售、市场开拓等，因为他之前有3次创业经历，对于如何在中国市场环境下建立起一家新公司较为熟悉；梁建章任CEO，负责技术研发，因为梁建章之前在甲骨文股份有限公司任职高管，对互联网技术和IT系统等有较多接触；沈南鹏任CFO，因为他之前有较多资本运营和投融资的经历；范敏任执行副总裁，负责运营管理，因为他是四个人中唯一有旅游和酒店管理的相关经验的人。

这一创业团队组合，在教育程度、创业经历和产业经验、社会网络关系等方面体现出较高的素质，但这样的团队构成、成员背景大多与旅游和酒店行业无关，与当时大多旅游公司的高管团队的构成有较大差异，以至于在较长时间内这一创始团队并不被旅游企业同行认为是"搞旅游的"。因此，可以得出这样一个命题：当一家旅游企业相对于传统旅游企业是"新物种"时，创业团队的"基因"（如教育背景和程度、创业经历和产业经验等）不一定要与旅游行业相关。这一命题，在后续的旅游公司创业团队中得到了印证。例如，艺龙、去哪儿、途牛、同程，以及7天（铂涛）、旅悦等团队都是类似情况。同时，这一创业团队也保持了较好的相似性与互补性的平衡，如梁建章和季琦在技术、互联网方面的背景相似性但又对中外互联网技术之间差异的理解存在互补性；又如，团队每个人的背景和特长分工，既充分发挥专长，又实现了良好的互补性，没有出现"一山不容二虎"的情况。同样，笔者又选择了所调研的16家旅游企业创业团队成员进行分析，如表6-2所示，结果也进一步说明了上述命题。

表 6-2　新兴旅游企业创业团队构成特征

序号	旅游企业	创业团队成员	构成	互补程度
1	发现旅行	王振华，创始人兼 CEO，曾任赶集网副总裁兼移动事业部总经理。先后任职于微软、中国航信、中国移动 12580 以及优视科技（UC），具有在互联网领域从研发到产品、运营以及市场的超过 10 年的完整经验。 阮红政，联合创始人兼 COO，曾任职于凯撒旅游、中青旅，并与 Lonely Planet、美国 PBS 等多家电视台合作拍摄旅游探索节目，有着从领队、产品设计至市场运营超过 10 年的完整从业经历	互联网＋旅游运营	较高
2	慧评网	林小俊，创始人兼 CEO，2010 年获北京大学自然语言处理专业博士学位，在自然语言处理及数据挖掘领域拥有多年研究经验，曾参与 Qunar 早期技术平台建设，2008—2009 年作为首席架构师领导设计了 Qeesoo 垂直搜索引擎。 焦宇，联合创始人、高级副总裁，2011 年参与创建慧评网，负责公司产品及运营相关工作。于 2005 年获北京大学信号与信息处理硕士学位，2008 年获英国萨里大学博士学位。曾就职于英国国际声学公司，负责公司在华业务拓展。2010 作为联合创始人及产品总监，参与建立北京大鼎天成科技股份有限公司。 孙轶平，联合创始人、执行董事，2011 年参与创建慧评网，负责公司发展策略、投资关系、兼并收购、海外市场拓展等工作，曾就读于上海交通大学，后赴墨尔本留学，毕业后留在澳大利亚工作。20 世纪 90 年代回国工作，拥有多年上市公司的从业经验，先后任英国 Euromoney 旗下 OPI 品牌中国地区总经理、瑞典 Newwave 中国地区 CEO	互联网＋大数据	一般

续表

序号	旅游企业	创业团队成员	构成	互补程度
3	口碑旅行	周青松,创始人,曾在酷讯任核心搜索研发工程师,作为主力开发酷讯房产搜索。全面转型旅行搜索之后,从酷讯离职,开始了创业之旅。口碑旅行的核心团队出自酷讯,具有丰富的垂直搜索和数据挖掘经验。 严峻,CTO,清华大学硕士,7年互联网经验,原酷讯御用工程师,技术多面手、快刀手,精通搜索引擎、服务架构、移动端开发,百度黑客马拉松大赛第一名	互联网+旅游（在线旅游）	较高
4	客路旅行	投资银行家王志豪及林照围,联同资深科技工程师熊小康创办,并有多位来自知名网站、科技公司、国际饭店集团等业内人士加盟。 王志豪为毛里求斯的华裔,精通7种语言,过去在摩根士丹利专注亚太消费品与旅游业;林照围过去服务于花旗及渣打投资银行部门负责酒店收购与上市,热爱背包旅行;熊小康曾是已被收购的移动手机付款科技创业公司MPayMe的核心开发人员,且拥有多个技术专利	金融+旅游+互联网	较高
5	6人游	6人游的创业团队主要分为两块:一块是互联网团队,互联网团队是以产品、技术、营销为导向的,另一块是业务团队。其中,6人游的一半团队人员都出自酷讯,未来一年,6人游旅行网的体验活动也会继续携手酷讯旅游体验师,开展招募合作,通过酷讯旅游网的平台,招募领袖级旅游体验师,旅游体验师设计行程、体验行程、分享行程的全过程	互联网+旅游	较高

续表

序号	旅游企业	创业团队成员	构成	互补程度
6	美辰旅行	杜翊铭,创始人兼总经理,IT出身,是团队的技术核心,负责网络和技术,这也使从线下做起的团队在信息化方面远超传统旅行社,其效率比传统旅行社要高很多。 负责美辰旅行销售的是杜翊铭的妻子,一名旅游专业出身的专业人士,在销售方面有很高的敏感性和专业性。 团队中加入相对较晚的是负责整个公司运营、管理及质量监控的副总,一名出身久游网的质量总监,对呼叫中心业务较为熟悉	互联网+旅游	较高
7	麦兜旅行	周翔,创始人兼CEO,资深互联网人士,旅业新贵。曾创办了主打机票+五星酒店自由行的在线旅游企业五星汇,于2014年初离开,经过半年的市场摸索,于2014年9月进行二次创业,在上海打造"麦兜旅行"品牌,负责战略方向、资源整合以及企业文化。合伙人蒋武辉(原淘宝旅行度假机票板块负责人)出任COO,负责业务规划以及资源运营	互联网+旅游	较高
8	妙计旅行	妙计旅行是一个技术驱动和用户体验驱动的多元化团队,目前有近60名成员,大多来自搜狗、百度、腾讯、360等互联网公司。公司有很强的技术基因,研发团队占比超过85%。其人员构成可分为技术搜索开发、潜能开发、客户端开发、基础信息平台架构的开发、内部系统的开发、框架的开发以及市场调查人员。其中搜索技术为核心,占70%	互联网	低
9	丸子地球	丸子地球初创团队共有6人。创始人宋海波的背景是IT行业,之前在阿里巴巴,后在游戏行业做策划师。CTO是一名计算机极客,主要负责公司产品研发与技术。CEO现在澳大利亚留学,并有在酒店行业工作的经验。运营团队几乎都具有海外留学背景。目前整个公司创业团队大约有30多人	互联网+旅游	一般

续表

序号	旅游企业	创业团队成员	构成	互补程度
10	意时网	意时网的两位创始人中,Tony 在保险行业中有 14 年的从业经验,联合创始人 Fisher 则在保险行业和互联网行业各待了 8 年,同时两人又都是中央财经大学保险专业的师兄弟	互联网＋金融	一般
11	悠悠海岛之家	陈睿,创始人兼 CEO,8 年旅游行业经验,2009 年运营的深圳口岸中旅华联营业部,连续被评为口岸中旅优秀营业部。2013 年度当选口岸中旅营业部销售第一名。 王志豪,联合创始人兼总经理,资深传统媒体人,2007 年 9 月至 2011 年 11 月任北京品特视觉文化传媒有限公司董事长,2011 年 12 月至 2013 年 6 月任阿丁秀国际文化传媒(北京)有限公司项目总监,2013 年 8 月任北京中尚亿合商务有限公司副总经理。 翟南亚,市场营销总监,拥有 10 年互联网和 5 年旅游电商经验,2009—2012 年任芒果网电子商务主管,2012—2013 年任走四方旅游网运营总监,年度销售额 1500 万美金,毛利 15% 以上,2014 年任我趣旅行电子商务主管	旅游＋传媒＋互联网	较高
12	海玩网	海玩网 CEO 孙润华原来是 12580 商旅公司的总经理,负责旅游、机票、酒店预订。合伙人 COO 龚届乐之前是拉手网的副总裁,专门负责旅游	互联网＋旅游	较高
13	隐居乡里	陈长春,山楂小院创始人,军人出身,乡村旅游策划师,远乡网创始人,有着 8 年乡村旅游度假产品研发运营经验。 金雷,空间进化(北京)建筑设计有限公司创始人之一,2015 年加入隐居乡里乡村度假服务平台下的山楂小院项目,目前隐居乡里的所有产品都是由空间进化团队打造。 目前整个创业团队核心人员由陈长春、两位设计师金雷、麦子,以及重庆驻京办前任餐饮总监老蒋 4 个人组成	互联网＋民宿	较高

续表

序号	旅游企业	创业团队成员	构成	互补程度
14	旅悦	张强,CEO、创始人。从2007年的唯恩商旅开始,张强一直致力探索什么是私人定制、怎样做才能让私人定制更加规模化。目前公司的核心领导团队共有4人。除张强外,还有3位联合创始人。张强现在主要负责公司的内部运营,其中一位联合创始人有过在旅游行业工作的丰富经验且在医药领域扎根颇深,因此主要负责公司的商务旅游板块以及一些渠道扩展的内容。另外两位异业联合创始人则负责公司的资本、财务、营销、对外合作、资源挖掘等工作	互联网+旅游	较高
15	我趣旅行	黄志文,CEO。曾任芒果网总裁,2013年10月创办了我趣旅行。 联合创始人金祥宇,曾先后任职于雅虎、阿里巴巴,具有在互联网领域从技术研发到产品、运营以及市场的超过10年的完整经验。 副总裁王立勇,海外留学背景,从事旅游行业十余载,深谙旅游产品设计之术,拥有丰富的海外人脉关系。	互联网+旅游	较高
16	燕海九州	创始团队的核心人员以师怀礼和孟凡森为代表。师怀礼曾在北京铁路职工培训中心、茗汤温泉度假村、华御温泉度假村、东杉坝上草原假日酒店、张北中都原始草原管理处等就职。创团成员大多曾就职于温泉度假酒店,有酒店各个岗位工作的经验,深入接触过酒店的运营管理和市场销售,并且在温泉酒店工作期间学习到一些新型管理经验	旅游	一般

另外,在利益分配上也实现了较好的平衡。例如2002年以后,季琦离开携程,创立了如家酒店集团,之后又创立了华住酒店集团。这一过程中,不管出于何种原因导致了季琦的离开,但从客观上看,季琦的职位变化和离开,并没有引发携程和如家发展的大的波动和消极影响,"四君子"以契约精神为核心,以股份保证每个人的利益,为彼此安排好发展空间,同时在大局面前做了妥协。这种团队利益格局和文化建设,为后续携程发展打下了良好基础,尽管后续发展中"四君子"

中的人员有变化,但一直没有对携程的发展产生较大影响,由此,"四君子"也成为中国互联网企业创始团队结构复杂、变动较多但过渡平稳、有较好代表性的创业团队。

(二) 投融资管理

投融资是旅游企业创业成长活动中的重要环节,必要的投融资活动是旅游企业成长获取动力的重要方式。旅游企业对投融资的管理要首先关注宏观的旅游投融资环境。

从旅游业投融资情况来看,根据第二章的旅游投融资分析,2018—2020年旅游投融资事件分别为 295 件、431 件和 387 件,投融资金额大约为 13741 亿元、17879 亿元和 16162 亿元。由此可见,旅游投融资尽管受到新冠肺炎疫情的影响,但仍然表现出较为乐观的态势。

然而,宏观的旅游投融资发展态势只是整体反映了包括大型国有、民营旅游企业集团及其他大型企业集团的投融资状况,针对旅游创新创业企业的投融资情况则可能不那么乐观。这是因为旅游创新创业企业一般为新兴的、中小创业公司,其投融资模式一般表现为来自风险投资、天使投资等创业投资。2014年以来的"大众创业,万众创新"确实带来了大量的创投,但也催生了大量同质化的旅游创业项目(如在线旅游、出国自由行等)而产生了一定的"泡沫"。2018年左右,一些旅游创业公司陆续解散和破产,资本逐渐对这一领域开始"挑剔"。根据新媒体环球旅讯的一则新闻报道,截止到 2018 年 8 月,旅游领域新成立的公司有 14 家,旅游行业投融资数量 71 起,而 2017 年两项数据分别为 115 家、151 起,在 2015 年分别为 497 家、319 起,2014 年分别为 440 家、171 起。

另外,也可以从投资人对旅游创业企业的"信心"方面来进一步分析。本书作者团队编写并出版了《中国旅游企业创新创业发展报告》,以及每年推出《中国文旅创新创业信心指数报告》。2021 年的报告中指出,"资本"维度在六个信心指数的子维度中跌幅最大,从 2017 年的 4.2 分(2017 年各个维度最高分)跌至 2021 年的 3.36 分,由此可以看出,投资者对旅游创新创业投资的信心在降低,预测的趋势在减弱,表明旅游创新创业的"资本"寒冬已经到来且依然持续,特别是新冠肺炎疫情的影响,使寒冬更寒。此外,与投资相关的"并购"维度也有类似情况,"并购"维度的趋势与整体信心指数趋势高度一致,2017 年、2018 年得分较高,2018 年出现峰值后,2019 年骤然下降,近 3 年也一直呈现下降趋势。这表明自 2018 年后,文旅业并购与整合浪潮逐渐减弱,旅游创新创业的活跃度在减弱。

总之,在这样的旅游投融资现状下,无论是已进入成长期的旅游企业,还是刚刚拿到投融资的初创旅游企业,都要考虑"顺势而为"和"逆势而动"的问题,要根据自身企业的资源和能力,把握投融资的机会和节奏,管控投融资带来的危机"生存"的风险,从而在多轮投融资活动中吸取经验教训,让企业得以持续成长。

下面我们以大型旅游企业案例来分析旅游企业成长过程中的投融资情况。我们选择携程作为分析对象,是因为作为旅游业排名第一的旅游企业集团,其成长时间跨度较大,且在成长过程中,通过投融资、并购等方式实现了快速成长,部分投资并购活动影响了在线旅游业态的格局,可见投资、融资等活动是旅游企业实现健康成长的重要手段。

从携程的投资并购情况(表6-3)可以看出以下几点。第一,携程早期成长是依靠并购几家典型企业而在旅游业取得了先动优势,包括收购现代运通商务旅游服务有限公司在酒店住宿服务板块取得了优势地位,收购航空服务公司、与首旅集团组建如家酒店等,进一步扩大市场份额,为上市打好基础。第二,携程在第二阶段对旅游产业链上下游进行了布局,但投资有些分散,多元化布局重点不突出。与此同时,竞争对手的强势出现,以及移动互联网的迅速发展导致的消费者需求和产品服务的变化,给携程日后的变革转型埋下了伏笔。第三,携程通过几笔收购和投资,如对去哪儿、艺龙、同程等进行收购和投资,从而取得了行业领导者的地位。可见投资和收购是一家旅游企业在成长过程中的战略性举措。这之后,携程进一步通过收购和投资,向国际化、数字科技、创业投资等领域拓展,对旅游行业有引领作用。

表6-3 携程成长过程中的投资并购情况分析

阶段	时间	事件
第一阶段:初创和探索阶段	2000年10月	并购现代运通商务旅游服务有限公司
	2002年3月	并购北京海岸航空服务公司
	2002年6月	与首旅集团投资组建如家酒店
	2004年10月	与上海翠明国旅战略合作
第二阶段:上市与平稳发展阶段	2008年4月	收购中软好泰
	2009年4月	收购台湾第一大在线旅游企业易游网
	2009年5月	如家向携程定向增发751.45万股,携程持有18.25%股份
	2010年2月	收购首旅建国酒店管理公司15%股权,拓宽市场范围
	2010年3月	收购汉庭连锁酒店近9%股份
	2010年3月	收购中国古镇网100%股权
	2011年1月	战略投资上海订餐小秘书

续表

阶段	时间	事件
第二阶段：上市与平稳发展阶段	2011 年 4 月	投资驴评网
	2012 年 2 月	投资松果网
	2012 年 6 月	投资飞常准
	2013 年 10 月	3500 万元收购蝉游记
	2013 年 11 月	2200 万元投资慧评网，占股 35%
第三阶段：变革转型阶段	2014 年 4 月	2 亿美元现金投资同程，占股份 30% 同月，战略投资途牛
	2014 年 6 月	投资世纪明德，占股 30%
	2014 年 9 月	斥资 5 亿元联合中信产业基金投资华远国旅，成为华远国旅的最大股东
	2014 年 9 月	5250 万美元收购天海邮轮 70% 股份，35% 出让给皇家加勒比
	2015 年 5 月	携程战略性收购艺龙 37.6% 股份，总价约 4 亿美元
	2015 年 10 月	携程并购去哪儿
	2016 年 1 月	投资印度 OTA 公司 MakeMyTrip（购入 1.8 亿美元可转债）
	2016 年 4 月	30 亿元认购东航 3.22% 股权
	2016 年 7 月	天使轮投资旅悦集团
	2016 年 10 月	完全控股旅游百事通
	2016 年 11 月	以 17.4 亿美元收购全球最大的旅游搜索平台天巡网
	2017 年 10 月	E 轮投资民宿平台途家网
	2017 年 11 月	收购旅行发现应用 Trip
	2018 年 4 月	战略投资 Boom Supersonic
	2018 年 6 月	天使轮投资精品民宿品牌服务商有家美宿
	2019 年 1—2 月	战略投资云迹科技，布局酒店智能化服务
	2020 年 6 月	全资控股携程创业投资公司

（资料来源：钟栎娜，《中国旅游电商简史》，2019，有改动）

融资能够反映一家旅游企业成长的能力，通过"输血造血"，使得旅游企业得以实现其战略目标和行动。从表 6-4 可以看出，携程在早期，依靠风险投资进行融资，这是我国大多数初创企业经历过的阶段、采用过的手段。携程的早期融资和创始团队中沈南鹏的较强融资能力有关,并通过正式运作,成功在纳斯达克上市,使得携程的融资方式发生了重大变化。之后基本上通过增发、配股、发行可转债等手段,采用了更加灵活、多样化的融资策略。

表 6-4 携程成长过程中的融资情况分析

阶段	手段	背景	步骤
第一阶段（1999—2003年）：孕育与探索阶段	风险投资进行融资	互联网市场刚刚起步,国内资本市场发展程度有限,考虑国际资本市场,利用国际风险投资资本和工具	第一,创建携程,吸引IDG第一笔投资50万美元; 第二,吸引软银等风险投资450万美元,携程集团架构完成; 第三,吸引凯雷集团等机构的第三笔投资; 第四,吸引老虎基金
第二阶段（2003—2011年）：探索到变革阶段	上市,进行股权融资与债权融资	互联网高速发展,旅游市场快速发展,携程业务增长快,注册会员超过700万人	第一,在美国纳斯达克上市,公开募集资金; 第二,采取灵活融资策略,如进一步增发和配股
第三阶段（2011年至今）：变革转型阶段	仍以上市的股权融资和债权融资为主	在线旅游发展迅速,特别是2012年后移动互联网发展迅速,旅游者依托手机进行在线预订。携程收购加快	第一,发行8亿美元可转债; 第二,接受Priceline 5亿美元融资,扩大产业链,完成OTA向MTA转型; 第三,接受Priceline 5亿美元增持

（资料来源：钟栎娜,《中国旅游电商简史》,2019,有改动）

从携程的融资情况分析可以看出,携程的融资演化模式是大多数在各行业取得领导地位的企业采用的模式,特别是那些早年初创的互联网公司均采用类似的模式。但这种模式的每个阶段事实上都可能存在较大的风险和不确定性,且受到很多复杂因素的影响,如创始人离开、创业团队"散伙",行业发生较大变化,外部环境发生较大冲击(如新冠肺炎疫情等的影响)。也就是说,即使按照这几个阶段的特征进行融资,仍然可能会出问题。因此,需要借鉴和参考携程的融资模式,而不是模仿或照搬,特别是需要分析携程每个阶段融资的背景、目标、方式和路径等,从而真正把握旅游企业融资模式的关键步骤。

事实上,旅游企业创业融资难一直是较为普遍的问题。在我国,整体创业商业环境还不理想,尤其是在获得金融和非金融服务方面则更不理想。另外,由于创业环境、相关产业的不成熟,没有能够培育出成熟的投资者群体,这些投资者对相关产业及投资活动的认识、直觉、经验、判断都有待进一步的提高。

按照张玉利等的分析,目前创业者融资的途径主要是私人资本融资、机构融资和政府背景融资。其中,私人资本融资是指创业者向个人融资,包括创业者自我融资(自筹资金)和向亲朋好友融资,还有天使资金。机构融资是指创业企业向相关机构融资,包括银行贷款(如抵押贷款、担保贷款和信用贷款)、创业投资资金、中小企业间的互助机构贷款,以及通过发行股票公开上市融资、企业间的信用贷款等。政府背景融资是指政府推出的针对创业企业的各种扶持资金及政策,主要包括政府专项基金、税收优惠、财政补贴、贷款援助等融资渠道。De Bettignies 和 Brander(2007)通过对初创企业融资的近十年研究发现,初创企业对于正式融资途径、股权融资与债券融资之间的利弊权衡已经得以检验,然而对于正式与非正式融资途径对创业者融资的利弊权衡研究少有涉及。Webb 等(2013)认为正式融资途径包括银行、信用社、政府以及非政府组织的资本来源,非正式融资途径则包括亲朋好友融资、个人积蓄、客户提前支付等。

总之,在借鉴学习携程融资模式的基础上,旅游企业只有灵活运用融资渠道和手段,提高投融资的能力,才能在持续成长中取得较好的竞争优势。

第三节 旅游企业创业失败及影响因素

一、旅游企业创业失败

由于存在"反失败偏见"(anti-failure bias),现有的研究更多关注创业成功的企业及个人,致力于总结企业的成功之道,但对创业失败的关注还较少(于晓宇,2011)。事实上,创业案例教育和研究在建筑、交通、航空等领域较为常见。1999年,McGrath 发表在《美国管理学会评论》的文章开创了创业失败研究的新篇章,文章强调了创业失败的理论和现实意义,呼吁学者关注创业失败这一话题。自此,创业失败逐渐成为创业研究领域的热点问题。

创业失败的定义可大致概括为以下几种观点:第一,结果观,即从企业最终的状态出发,将创业失败简单地概括为企业关闭,通常以企业破产和倒闭作为判断的依据(McGrath,1999;Zacharakis,1999);第二,目标观,这部分学者从创业的目标出发,认为如果创业活动偏离了创业者的预期或期望的结果,那么创业便是失败的(Cannon 和 Edmondson,2001;Politis 和 Gabrielsson,2009);第三,原因观,从企业失败的原因出发,区分了"企业关闭"和"创业失败"的概念(Headd,2003),后者强调了企业因各种原因而关闭或终止业务,原因可能是法律问题、创业团队问题或创业者的兴趣发生了改变(Bruno,1992),再或者因资金问题导致企业无法继续经营等(Shepherd,2009)。

笔者将旅游企业创业失败定义为新旅游企业由于各方面原因而无法继续运营,最终关闭或被收购的情形。

赵文红等(2014)对1992—2013年发表的创业失败相关的文献进行了综述,发现创业失败的研究大致围绕两条主线展开:①早期的研究致力于回答"新企业为什么失败"的问题,着重研究了创业失败的原因(Bruno,1987;Bruno,1988;Lane 和 Martha,1991;Gaskill 等,1993;Beaver 和 Jennings,1996;Zacharakis 等,1999;Franco 和 Haase,2010)、创业失败的影响(Meyer 和 Zucker,1989;Sitkin,1992;Shepherd 等,2009),以及如何避免失败(Shepherd,2000;Aspelund 等,2005;张玉利,2011)等;②随着研究的深入,越来越多的学者认识到创业失败的积极意义,重点研究了"从创业失败中学习"的问题,包括创业失败学习的内容(Cope,2005;Schutjens 和 Stam,2007;Politis 和 Gabrielsson,2009)、模式(Politis,2005;Shepherd 等,2009;Cope,2011;倪宁,2011)、过程(Corbett,2005;Cannon 和 Edmondsom,2005;Politis,2007;Cope,2011)及其对后续创业意向的影响(Ucbasaran 等,2010;Cope,2010;于晓宇等,2013)等。

二、旅游企业创业失败的影响因素

近年来,创业失败研究成为创业领域研究的焦点之一。与成熟企业相比,新创企业通常要面临更多的约束和不确定因素,导致其失败的可能性较高。创业是一个复杂的过程,其中任何一个环节或细节出现问题,都可能导致失败,因而创业失败的原因也是多种多样的。根据以往的研究成果,创业失败的原因大致可概括为内部因素和外部因素两大类。

(一)创业失败的内部原因

综合现有文献资料,创业失败的内部原因可以从企业层面和创业者个人层面展开。

1. 企业层面

第一,企业内部。Stanford(1982)认为,企业创业失败的原因包括财会制度不完善、地理位置不佳、市场营销能力差、管理能力欠缺、预算不足、员工缺乏积极性、发展遇到的问题得不到妥善处理等。随后,Beaver 和 Jennings(1996)回应了

Stanford 提出的观点,他们指出,所谓财会制度不完善、市场营销能力差、管理能力欠缺等只是企业创业失败的外在表现,而创业失败的根本原因在于企业内部无效的管理(ineffective management)。Gaskill(1993)通过实证研究发现,管理不当是导致企业创业失败最重要的原因。

第二,管理团队。Bruno 等(1987)以硅谷 250 家技术型创业企业作为样本,对其中创业失败的 10 家企业进行了调查,结果显示,90%的受访者认为低效率的管理团队是导致企业创业失败的原因之一。Grieve 和 Fleck(1987)也强调了团队的重要性,他们提出,创业企业必须具备一支综合能力强大的创始团队,市场营销能力、财务管理能力、专业技术,三者缺一不可,如果创始人缺乏战略管理的意识,那么企业很有可能以失败告终。

第三,企业战略。创业企业的战略选择至关重要,产品的设计、推广方式、分销渠道、商业模式、进入时机都是影响企业成败的因素,其中进入时机尤为关键(Bruno 等,1987)。有学者提出,创业企业往往因为缺乏详细的、长期的、有计划的战略而最终失败(Van Gelder 等,2007)。文亮(2011)通过长期跟踪研究创业企业发现,商业模式的选择是企业创业成败的重要原因。

第四,财务问题。财务问题往往是困扰创业企业的一大障碍,资本不足、负债过早以及与投资方关系不佳都是导致企业失败的原因(Bruno,1987)。此外,资金管理不善以及投资风险把控不当都将导致企业创业失败(Zacharakis 等,1999;Bruno 等,1988;Cardon 等,2011)。

2. 创业者个人层面

第一,创业者先前经验。赵文红(2013)将创业者先前的经验分为两类:一是行业经验;二是创业经验。将创业失败归咎于创业者先前经验的学者指出,创业者普遍比较年轻,其管理经验和行业经验相对欠缺,因而其创业失败的概率较高(Fredland and Morris,1976;Michael 和 Combs,2008)。另外,创业者缺乏创业经验也是导致失败的原因之一(Shepherd,2009)。现有研究大多肯定了创业者先前经验对其创业产生的正面作用,然而随着研究的深入,有学者提出创业者的先前经验可能会产生适得其反的作用。比如,Starr 和 Bygrave(1991)的研究发现,创业者先前积累的经验是一把"双刃剑",经验超过一定的限度后将会限制创业者的行为。对于创业者先前经验对创业影响的研究尚未得出统一的结论。

第二,创业者过度自信。过度自信在创业者的创业过程中至关重要,可以说是有利有弊(高维和,2011)。支持"有弊"一说的学者指出,自视过高的创业者往往会产生不切实际的想法,并忽略他人的建议,未能正确认识自己导致了企业最终的失败(Bruno,1987)。Hayward(2010)提出了"创业者自大理论",认为自大的创业者所做出的资源分配决策增加了创业失败的概率。而支持"有利"一说的学者认为,过度自信的群体为一些创新项目的成功创造了机会,这是那些保守的创业者不可能去尝试的(Bernardo 和 Welch,2001)。综上,创业者的过度自信与创业失败的关系不能片面地来看,二者可能是一种曲线关系(Hmieleski 和 Baron,2009)。

第三,创业者错误决策。Hogarth 和 Karelaia(2012)对上述"创业者自大理论"进行了质疑,并提出了"过度进入"(excess entry)的概念,他们认为创业者的自大不一定会导致企业错误的市场进入决策,而创业者的错误决策才是企业失败的根本原因。Busenitz 和 Barney(1997)的研究指出,与成熟企业的管理者相比,创业者更倾向于采取简化的直观推断方式来进行决策,往往存有个人偏见,这是由于商业机会稍纵即逝,创业者必须要在信息不完全的情况下快速决策,无奈只得根据个人经验和偏见迅速做出判断(McGrath 等,1992)。

第四,创业者个人能力。从动态的角度来看,在企业由创业期向职业化管理转化的过程中,企业的成长往往要快于创始人的成长,故创始人的能力不能满足企业发展的需要,即所谓的"管理能力瓶颈"(executive limit),这里所说的能力主要指创始人进行企业管控和协调的能力,此时如不引入职业管理人,企业很可能失败(Meyer 和 Dean,1990;Hambrick 和 Crozier,1985;Kazanjian,1988)。

(二) 创业失败的外部原因

初创企业面临的外部环境往往是复杂多变的,这加剧了企业创业失败的可能性。综合以往的研究来看,企业创业失败的外部原因主要源于以下几个方面。

1. 市场方面

激烈的市场竞争是企业创业失败的一大原因(Cardon,2011)。Stinchcombe 早在 1965 年就提出了"新进入者缺陷"(the Liability of Newness)的概念,各行各业的初创企业都将面临新进入者缺陷这一挑战。一方面,创业企业会受到资源和市场占有率方面的限制;另一方面,新创企业很难快速获得外部环境的支持。企业必须尽快克服新进入者缺陷,才能避免或延迟失败(Shepherd、Douglas 和 Shanley,2000)。Zacharakis 等(1999)的研究指出,风险投资人倾向于将创业失败归咎于市场竞争过于激烈、市场增长缓慢、市场规模小等企业不可控的问题。

2. 经济和政策及社会文化方面

特定环境下的宏观经济问题可能导致创业企业的失败(Cluter 和 Garman,1980)。Carter 和 Wilton(2011)也强调了政策和经济环境对于企业创业失败的影响,他们认为企业创业失败的原因在于政府未推出有利于企业成长的支持政策,未能创造出适合企业发展的经济环境。

再者,社会文化方面。研究得出,创业者认为创业失败是不幸(外部因素)还是失误(内部因素),这主要取决于当地的文化。杨洪涛(2010)对华人社会特有的"关系"文化进行了研究,结果表明,忽视创业成员间的"关系"治理是导致创业失败的重要原因。

3. 外部支持方面

创业企业,特别是新创立的小企业,需要依赖其他组织来建立稳固的社会关系,确保其在外部环境中的地位,以减少失败的可能(Shane 和 Venkataraman, 1990)。Dorsey(1979)的研究从侧面反映了上述观点,他指出,无风险投资支持的企业失败率要高于有风险投资支持的企业。

第四节 旅游企业创业失败的案例分析

一、研究方法

笔者选择了三家企业(Q 公司、L 公司和 H 公司)作为研究样本,来分析在线旅游企业创业失败的原因及过程。首先,对三家旅游企业创业失败的原因进行系统的分析;其次,对其中一家企业(Q 公司)创业失败的整个过程进行梳理和分析。将 Q 公司作为样本,研究其创业失败过程的原因在于:首先,出于研究的可操作性,有关 Q 公司的公开资料以及通过访谈获取的一手资料相对丰富,能够较大程度地还原创业失败这一过程;其次,出于研究样本的典型性,Q 公司从创立到关闭这一过程持续的时间较长,经历了多次战略调整,具有典型性。

上述三家企业的基本信息如表 6-5 所示。

表 6-5 受访企业基本信息表

受访企业	创立时间	关闭时间	规模	主营业务
Q 公司	2012 年 5 月	2014 年 9 月	30 人左右	提供全球范围内定制旅行及自由行的旅游服务商
H 公司	2012 年 3 月	2013 年 3 月	12 人左右	为户外"驴友"和"背包客"提供旅行社交服务的移动应用平台
L 公司	2010 年 2 月	2012 年 11 月	10 人左右	户外自助游线路分享应用,基于移动互联网的位置服务,完整记录出游行程

(注:L 公司于 2012 年 11 月被收购)

每一次访谈有 2~3 位采访者和 1 位受访者参与,其中 1~2 位采访者主要负责提问,另外1位采访者负责记录。访谈结束后,记录人员对照录音整理笔记,并将访谈录音和整理后的文字资料录入电脑以 Word 文档格式保持。在整个调研阶段,一共进行了7次访谈,访谈录音约11小时,整理录音文字约8万字。访谈信息详见第三章表3-2。

本研究通过对14个范畴,包括5个主范畴的继续考察,并结合原始访谈资料与二手资料进行比较、提问,发现可以用管理团队不成熟、市场环境复杂(AA)这一核心范畴来分析其他所有范畴。正是因为管理团队不够成熟,使得其在创业机会的把握、资源配置以及企业经营管理方面的表现有所欠缺,因此,管理团队不成熟是导致创业失败的内部主要原因。

二、原因分析

围绕核心范畴的故事线可以概括为内部管理团队不成熟以及外部市场环境高度复杂,导致了在线旅游企业创业的失败。以该故事线为基础,在线旅游企业创业失败的原因模型如图6-1所示。

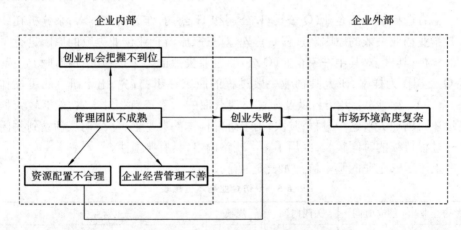

图 6-1 在线旅游企业创业失败的原因模型

(一)管理团队不成熟

1. 管理团队缺乏经验

以 Q 公司为例,其创始团队包括后期加入的两位合伙人均缺乏经验。第一,从创业经验来看,Q 公司的两位核心创始人 A 和 Y 均为第一次创业,后期加入的合伙人 W 虽然有创业经历,但是其创业的项目是饮品店,与旅游行业不相关。第二,在管理方面,A 和 Y 在创业前均为大型企业的高管,不具备"小而微"项目的管理经验。第三,对于行业经验,Q公司管理团队的几位成员均不具备旅游行业的从业经历,因此他们对行业运作方式、市场竞争格局和发展趋势等问题的理解不够深入,导致其提出的产品模式、业务流程不合理,影响了公司的发展。

2. 创业者过度自信

Q公司的几位创始人均为互联网背景出身,技术实力较强。考虑到旅游行业的运作方式比较传统、信息化程度不高,创始团队从一开始便提出了"用技术手段改变行业"的理念。比如创始人X,曾担任过谷歌大中华区的技术总监,可以说他是带着天然的优越感进行创业的。正如Q公司运营总监C所说,"他是带着对这个行业的质疑,带着高高在上的心态创业的,或者说他看不起这个行业。"

3. 创业团队不稳定

由于创业过程中充满了不确定因素,创业团队的稳定性对于新企业的生存和发展至关重要。H公司就是一个很典型的例子,在2.0产品计划上线时,技术合伙人提出离开团队,这对H公司的发展造成了致命的一击。H公司创始人F在接受访谈时说:"这个时候我们的技术合伙人打退堂鼓了,首先他是抱着尝试的心态,我主动给他让了10%的股份,但他一直推脱。他找了另一个技术团队的人,是他的同学,在山东,衔接起来非常被动。所以我们2.0版本的上线计划不断在拖,后来他就是要退出。"

4. 领导风格的局限

所谓领导风格,是指习惯化的领导方式,是在其个人经历和领导实践中逐步形成的,并在领导实践中发挥作用,具有较强的个人色彩。新企业一般是由一位或几位创业者建立并拥有的,创业者拥有较大的决策权,是企业命运的主宰者,因而其领导风格直接影响了企业的发展。

比如,Q公司曾推出一款名为"仙踪"的应用程序,但是该产品的定位始终没有确定。当时的备选方案有两个:一个是将其作为旅途记录的工具;另一个是作为生活记录的工具。创始人X始终坚持第二个方案。受访者C说:"他这个人也比较固执,关于那款App,他一直坚持说要做一种记录生活的App。"最终,"仙踪"因为定位不清的问题没有运营起来。

(二) 外部市场环境高度复杂

1. 传统旅游行业发展滞后

虽然信息技术的蓬勃发展为旅游行业带来了新的发展机遇,以携程、去哪儿、途牛等为代表的OTA迅速崛起,但是传统旅游行业仍然以一种比较传统的方式运作。受访者A、B、C分别表示:

"我们接触的旅行社也好,旅游方面的平台也好,总体感觉大家还是以一个比较传统的方式在运作,信息化的程度还很弱。""说实话,这个行业人员素质偏低,收入也不高,基本上都是老一套的做法。""携程、途牛都没有对传统旅游业进行本质上的改变,无论是供应链,还是服务体系,其实还是比较传统的。"

这与旅游行业的服务属性有一定关系。旅游产品的标准化程度低,服务品质不容易控制,很难以一些技术手段进行干预,这进一步增加了旅游创业的难度。正如受访者 C 谈到的:"所有 OTA 的预订只是一个服务的开始,不像京东这类电商,下单后物流把快递送到这个闭环就完成了,旅游产品是线上下单后这个服务才刚刚开始,后面有太多无法通过互联网进行技术化的东西。"

2. 旅游生态圈的复杂性

传统意义上的旅游产业要素包含吃、住、行、游、购、娱六大类,每个要素又单独构成了一个复杂的产业体系。旅游产业具有跨行业的综合复杂性和多环节配合的特殊属性。受访者 A 说:"旅游行业本身还是比较复杂的,外面的人、真正的互联网人进来,可能不是很容易能搞明白里面这些环节。"

近些年,信息技术的快速发展促进了旅游产业的融合,各种形态的产业和渠道如雨后春笋般出现。比如,航空公司不再只是供应商,同时也是代理商,并推出了自己的产品。旅行社开始对接旅游目的地资源、酒店,甚至是航空公司。旅游生态圈的形成一方面为创业者提供了新的契机,另一方面也加大了旅游创业的难度。若创业者不具备旅游从业经历,或者对旅游行业的理解不够全面,那么其创业行为很可能以失败告终。

总之,旅游企业创业失败的原因可概括为企业内部管理团队不成熟与企业外部市场环境高度复杂之间的不匹配。一方面,管理团队不成熟表现为管理团队缺乏经验、创业者自信过度、创业团队不稳定、领导风格的局限。特别地,对于旅游企业创业者,他们中的大多数都是对此有兴趣但缺乏经验,且认为旅游企业创业的难度较低,这进一步增加了旅游企业创业失败的可能。若是金融、教育等门槛较高的行业,情况则有所差别。另一方面,外部市场环境的高度复杂体现为旅游行业发展滞后,以及旅游生态圈的复杂性。考虑到在线旅游企业的"线上"属性,其所受信息技术等环境因素变化的影响较大,而传统旅游企业受这方面的影响则较小。

第七章 旅游企业的战略创业

第一节 旅游企业战略创业概述

一、企业战略创业

(一) 概念和维度

21世纪后,环境变革成为常态,呈现不连续和突变的特征。不确定性的出现增加了企业的风险,但同时也带来了更多的机会。在此背景下,企业不但要追求既有业务的竞争优势,又要持续地识别与利用新机会,并将其作为未来竞争优势的来源。于是Hitt、Ireland和Camp等学者提出了"战略创业"的概念并界定了理论范畴。然而,战略创业的概念众说纷纭,其维度划分也并未形成共识。

Ireland等(2001)和Hitt等(2001、2002)认为,战略创业是用战略的视角来采取创业活动。Venkataraman、Sarasvathy(2001)、Hitt等和Sexton(2001、2002)、Ireland等(2003)认为,战略创业是创业和战略管理的融合,是创业和战略视角在发展与创造财富活动上的融合。Ireland等(2003)认为,战略创业是一个公司同时通过发掘机会和寻求竞争优势的活动来追求优秀的公司绩效。Covin和Kuratko(2008)认为,战略创业是战略创业相当于一系列的创业现象,不管这些创业现象是否最终为公司带来的新事业,但是它们都包含了组织在追求竞争优势过程中采取的重要的创新活动。Kuratko和Audretsch(2009)认为,如果一个公司呈现出以下两种情况,就可以认为它进行了战略创业:①相对于之前,公司自身变革了多少(如变革了产品、市场、内部流程等);②相对于行业传统和标准,公司自身变革了多少(如产品供给、市场定位等)。

然而目前最被广泛认同的是Ireland等(2003)提出的概念界定:战略创业就是公司发掘机会和寻求竞争优势的并行活动,以此来达到组织成长和财富创造的目的,最终实现追求卓越的组织绩效。这个概念包含两个维度:一方面是持续搜索未来商业机会;另一方面是在既有业务领域确立和保持竞争优势。

(二)研究视角和研究主题

战略创业自诞生以来,众多学者分别从不同的视角和主题来探索这个新兴概念。从研究视角来看,有创业视角、战略视角、经济政策视角、复杂性科学视角、网络视角和效果逻辑视角;从研究主题来看,有以资源为主题的、以能力为主题的、以过程为主题的、以内容为主题的、以核心要素为主题的和以探索性与开发性活动为主题的。

1. 战略创业的研究视角

虽然战略创业的学术研究有创业视角、战略视角、经济政策视角、复杂性科学视角、网络视角和效果逻辑视角等一系列视角,但是最重要、最核心的还是创业和战略这两个视角。

(1) 创业视角。

创业视角又可以分为公司整体层面的创业战略和公司部门层面的战略创业。

①公司整体层面的创业战略。广义的创业不仅仅是指新企业的创立,还包括大公司内部的变革、创新等公司创业活动。而在公司创业中,创业战略又是新兴战略创业领域中的重要组成部分。Ireland 等(2009)将公司创业战略概念化为一个模型,这个模型包括 3 个部分:公司创业的准备性活动(如企业家对于那些激发创业活动的组织成员以及外部环境条件的认知);公司创业的要素(如高管对于公司组织架构的创业战略观,这些观点往往能够支持创业过程和行为);公司创业的产出(如创业活动带来的组织收益,包括竞争力的加强和新的战略定位等)。

②公司部门层面的战略创业。Monsen 和 Boss(2009)的研究打开了在组织内部是如何进行战略创业的黑箱。研究结果显示:员工稳定率是创业企业能否取得战略创业成功的重点和关键;管理者和普通员工对于组织内部战略创业的识别程度也有不同。相对于普通员工,管理者表现出更强的创业导向。

(2) 战略视角。

战略视角又可以分为资源获取和创业学习。

①资源获取。从资源基础理论来看,企业有形资源和无形资源的独特、稀有和珍贵程度决定了企业的竞争优势。除了企业内部的知识、声誉这种无形资源能够形成企业独特的竞争优势以外,来自企业外部新股东等外部网络的知识、声誉也发挥着重要作用。从代理理论来看,领导者在新创企业和成熟大型企业中的作用是完全不同的,较之大型企业,管理者在新创企业中还需要提供知识和人力资本,这对于新创企业的竞争优势和绩效具有非常重要的作用。

②创业学习。创业学习是人们利用已有的知识体系获得、吸收和组织新知识的过程,以及通过学习影响创业行动的过程。这不仅能够获取战略创业所需的新知识、积累和知识资本,还能够促进创业思维模式的形成和改进,并且能够影响最终的创业活动。

2. 战略创业的研究主题

基于资源的战略创业研究学者认为,资源是创建和发展企业的关键要素,而且在一定程度上决定创业者对机会的识别、认知与把握。

基于能力的战略创业研究学者认为,战略创业研究应该更多地关注战略性创业能力,而不是对资源的简单相加或整合。

基于过程的战略创业研究学者提出战略创业的六个基本步骤:即兴创作(管理者在已有框架的约束下进行弹性运作的能力)、相互适应和合作(通过资源配置与共用来增进联盟、网络和企业内外部关系的协同配合)、市场匹配(企业在充分认识和克服自身应对内外部变化方面的缺陷的基础上,积极采取行动来适应市场变化)、再生(企业要在持续变化的环境中不断发现和利用新的机会来巩固自己的竞争地位)、试验(企业应该善于尝试新的观念和开展失败学习)和即时调整(通过有规则的渐进式变革来确保组织活动的有序增值)。

基于内容的战略创业研究学者认为,战略创业应该关注六个方面的内容,即创新(创造和执行新想法)、网络(获取资源的渠道)、国际化(快速适应和扩张)、组织学习(传播知识与开发资源)、成长(激励成功与变革)、高管团队及治理(确保战略的有效制定和实施)。

基于要素的战略创业研究学者认为,这些要素可以分为核心要素和支持要素两大类。核心要素主要包括机会识别、创新、风险承担、柔性、愿景和成长,而支持要素则包括战略、企业文化、品牌、卓越运营、成本效益和知识的传播与应用。这两类要素相互联系、作用,共同促进战略创业。

基于探索性与开发性活动的战略创业研究学者认为,探索性活动与开发性活动的相互交织和动态均衡有利于持续创新。探索性活动包括搜寻、发现、尝试与选择等活动,而开发性活动则包括完善、执行、提高效率等活动。

3. 战略创业的过程模型和机制

Ireland(2003)提出来的战略创业四阶段模型在战略创业理论研究历史上具有里程碑意义。该模型提出,创业者首先要运用创业心智、创业型文化来识别机会,然后通过战略性资源管理以及运用创造力和发展创新,推进整个战略创业过程。创业心智模型如图 7-1 所示。

创业心智模型推崇灵活性、创造性、持续创新、自我更新,不断追求增长的意

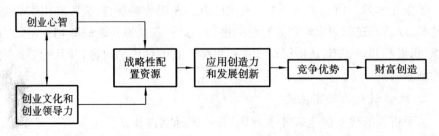

图 7-1 创业心智模型

识;有益的创业文化能激发新思想、重视创造力、接受风险、容忍失败、推进学习;创业型领导被描述为具有培育创业、保护威胁当前商业模式的创新、解读机会、质疑主流逻辑、重新思考"看似简单的问题"五方面能力的管理者。

以上理念和策略将作用于企业的战略性资源管理的活动,帮助企业理清人力资源、财务资源等资源库,将其打包整合,发挥资源在不同业务单元的杠杆调节作用,从而促进创造力的运用和创新的开发,通过破坏性创新和维持性创新的综合平衡建立竞争优势,最终实现企业的财富创造。

二、旅游企业战略创业

关于旅游企业战略创业方面的研究和应用相对较少。Carlback(2012)研究战略创业在俄罗斯滨海地区中小旅游企业绩效提升中的作用。由于俄罗斯旅游市场中的参与者大部分都是缺乏资源,以至于无法确定战略目标、无法提升竞争力的中小型企业,且从游客角度来看,旅游目的地是一个相互联系的整体,这也就意味着游客体会到的个别旅游企业带来的体验会被视作整个旅游目的地的体验,所有中小型企业在目的地层面所提供的产品和服务的组合,应以最大限度地满足消费者的需求和需要为目标。

因此,中小旅游企业从战略上开始合作,甚至与竞争对手进行合作,以利用互补的资产和能力。这种合作与竞争一方面为企业带来了创新,另一方面,与竞争对手合作也使得企业有着知识溢出的高风险,影响了个别企业的独特竞争优势。为此,企业不得不持续探索创新方式,创造新产品、创新商业模式、向合作伙伴学习,以保护创新不被模仿。合作与竞争既能使得中小旅游企业可以获得额外的资源,又能使各方分担创新项目的成本和失败风险,以使得整个旅游目的地的旅游企业绩效总体得到提升。

然而,上述研究仍然没有深入探讨旅游企业战略创业的发生过程,即旅游企业开展战略创业的过程和机制。下面以一家知名酒店企业的战略发展过程为例,从战略创业视角进行分析。

第二节 旅游企业战略创业案例分析

一、东呈发展历程

东呈创立于1996年,经历了10年的发展,创始人程新华凭借着对地产的独特嗅觉进军酒店业,于2006年和2007年分别在深圳和广西开了2家酒店——这便是城市便捷酒店的前身。2009年,东呈开始正式推出城市便捷酒店,随后几年在广西市场一路高歌猛进,发展至200余家。2013年,东呈将总部从广西南宁迁至广东广州,标志着集团从区域市场向全国市场发展的战略转移。2014年,东呈酒店集团正式成立,沿用8年的"城市便捷"仅作为旗下酒店品牌。

截至2019年,东呈在全国的市场主要集中在广东、广西、湖北、湖南。2013年,东呈在全国发展至58家,其主要市场集中度为82.76%;2014年,发展至71家,主要市场集中度为92%,达到顶峰;2015年,战略创业效果显著,发展至152家,但集中度略有下降,为85.53%,布局开始向全国其他市场分散;2016年,发展至226家,市场集中度进一步下降至74%;2018年,发展至406家,市场集中度已显著下降至54.93%(表7-1)。

表7-1 东呈在不同发展规模时排名前四的广东、广西、湖北、湖南四市场布局集中度

年份	2013年	2014年	2015年	2016年	2017年	2018年
规模	58家	71家	152家	196家	226家	406家
市场集中度	82.76%	92%	85.53%	74%	67.70%	54.93%

(资料来源:根据访谈资料整理)

二、东呈战略创业的主要内容

"第一,在战略上,'中档'肯定是未来5年我们的一个重要发展方向;第二就是经济型,这部分目前来讲,在3年内它应该还是顺势而为的一件事情,我们也不会放弃,因为从目前来讲它还是我们的主营业务。"(吴伟,2017)

对于东呈的战略创业过程,东呈国际集团董事、联席总裁吴伟以上的话语精准地包含了战略创业的两个主要维度:①持续搜索未来商业机会;②在既有业务领域确立和保持竞争优势。整个战略创业过程则分为创业心智、创业文化和创业领导力、战略性配置资源、应用创造力和发展创新四个部分。

（一）创业心智——战略创业从思维开始

创业心智有一个很重要的方面，即识别机会。事实上，在任何群体中，只有一小部分人会认识到特定的创业机会。人口变化、社会变化、新市场细分和政府政策的变化都蕴含着创业机会。

2013年，随着"大资管时代"的到来，消费开始升级，人们看重"质量"高于"数量"。东呈创始人程新华决定尝试一种颠覆性的改变，做一次战略性的变革。与此同时，东呈管理者们发现：很多顾客希望城市便捷的布点能够更广泛一些。东呈酒店集团 CEO 兼 COO 阮青苗说："我们发现顾客老是在问为什么不去他们那里开一家店，如果去那里再开一家店就好了，总会有一些这样的声音。"鉴于顾客反馈，东呈做了一些尝试性的布点，但很快发现以广西作为战略性的布点，其经济辐射力和高度都不够。阮青苗认为："做连锁事业，它的总部还是很关键的，它有俯视的高度，在'内地'城市（此处非大陆地区，是指大陆地区的中部等地区大部分非一线城市）很难有（这种高度）。"于是，在时代变革之际、在管理层察觉到变革的机会之后，2013年，东呈的核心运营部门就从南宁迁移到了广州，东呈的战略创业正式开始。

迁至广州之后，面对全然不同的竞争环境，速度与规模化成为这次搬迁总部的主要课题。同时，2013年前后，行业内知名品牌正在合纵连横，锦江、汉庭、如家等酒店集团完成了对各酒店品牌的收购。在这一年，城市便捷酒店的经营思想由"不谈战略，趴下干活"转变为"连锁酒店不相信原地踏步"。在这样的环境下，程新华又识别到了机会，于是东呈开始了系统化的特许经营业务。这种转变来自程新华对企业发展路径的一个判断——中国企业有一条大体上相同的发展路线，从学习到融会贯通，最终自主创新，而这种创新又往往基于中国这个大市场先天的规模优势。2014年，在国内正在进行消费升级时，过去东呈"一个产品打天下"的逻辑已不再适用，消费升级带来了中端酒店时代，程新华在2014年底发布了两个中端酒店品牌——宜尚、怡程，正式拉开了由高端经济型酒店进军中端酒店的大幕。在清晰地识别到了时代所带来的机会的同时，程新华带领东呈完成了搬迁总部、规模化、发布中端品牌这三个动作。

除了识别机会这一重要方面以外，创业心智也是一种推崇自我更新、持续更新的意识。东呈在战略创业过程中，其创始人程新华的自我更新意识发挥了很大的作用。程新华说："我对自己有一个要求，每年我会对自己提出一到两个关键词。"程新华2013年的关键词是"扎根一线"，2014年的关键词是"互联网"，2015年的关键词是"中档"，2016年的关键词是"国际"，2017年的关键词是"创新"和"市场"。在2016年，为了达到"国际"这个关键词的标准，程新华说："（我）把三分之一的时间,4个月左右的时间在国外(从)各种纬度、各种角度深度考察和学习。""我不学习英语,我估计也可以(胜任各种国际会议),但是……要求很严,我是一个代表……这不光是语言工具,还包括国际化的思维和工作方式。"与此同时,为了接触最先进的思想,完成集团最高战略层面的知识更新,程新华说:"我参加另外一个(学习)组织'正和岛',它走进各种企业,包括名牌企业。国内的这些大企业我基本上都去了,国外的游学我基本上也去了,像是美国、日本、以色列的深度游学,我全去了。"同时,一直持续创新的意识也是创业心智关键的一部分。城市便捷在最初"不谈战略,趴下干活"经营思想指导下,在广西形成了"铁网深耕"局势,大部分的门店都是直营店,走的是重资产模式。随着总部搬迁至广州,整个企业的商业模式开始重构、创新。程新华说:"现在我也能清醒地认识到,我们的价值不是简单地数门头(门店数),那些店只是载体。整个平台体系以及平台体系带来的金融,带来的客流,这是我们的价值,带来了各种流量信息。信息流现在没做好,客流、资金流、物流,这是我们的价值。我们坚决做轻资产,这是一个商业模式的变化。"

(二)创业文化和创业领导力——战略创业的保障

创业文化、创业领导力、创业心智紧密相关,这三者都是推动企业创新的重要力量。

有益的创业文化能够推进学习,为后续战略性配置资源提供保障。在决定实施变革以来,东呈将自己定义为"追赶性的学习型组织",这是东呈的创业文化模式,对标行业内头部企业,全体学习、慢慢追赶。程新华说:"这个反映企业要好好学,消化、吸收,变成自己的东西……我们内部有一个务实的行动,我们现在盯住华住,不是在一个区域盯住,而是各项指标盯住,运营口、顾客口、电商口、工程口,方方面面盯住……比如说华住的RevPAR多少、工程进度多少,我们就一点点靠近,用我们的话说,就是'一不小心'超过它们,……我们整个是以这个状态在做事。不是那种敢为天下先、石破天惊创造商业模式,不是那种状态。但是我想这(追赶性的学习型组织)是我们的一个发展过程。"

战略创业过程中,创业领导力表现为很多种,在东呈,这种领导力表现为企业家"重新审视简单问题"的能力。领导者会研究公司与市场竞争的生存能力、公司的目标、如何定义成功以及公司与不同利益相关者的关系等问题。这些问题是至关重要的,因为它们会影响公司对机会的识别,以及如何利用资源来开发这些机会。

在2013年前后,东呈高层领导者也在重新审视和思考与不同利益者之间的关系。2012年是企业搬迁总部之前的时期,城市便捷前副总裁王家琳提到,"企业基本使命,最早是'为员工幸福、为人生辉煌、为集团长青、为民族强盛而创业兴业',构建这个使命的时候,主要考虑企业发展中利益相关者。员工幸福了,才愿意和企业一起发展,才能做好服务、顾客满意,生意才能长期良性发展。"在搬迁之前,企业高层领导者在考虑利益相关者关系的同时,很明显是将员工的利益考虑在前,认为员工才是保证企业长期发展的动力,但是在搬迁至广州之后,面临复杂的竞争环境,高层领导者的思想开始出现一些变化。阮青苗认为,"如果没有这个(商业成功)作为基础,其他的一切都是管理悖论……最后完成度很好,绩效很好,那都是虚假的。它忽略了投资人的需求,忽略了商业本质是获得商业成功,而不是人(员工)的稳定。"很明显,东呈此时在考虑利益相关者优先级排序时已经把投资人的利益列在了员工的前面,开始重视集团在商业上的价值和成功,但也没有完全忽视员工的价值和利益。对此,阮青苗认为,"最大的人性化就是让取得成绩的人、打了胜仗的人立战功。然后评估他的价值、给他分配价值,让承担更大责任的人得到更好的发展,这应该是最人性的地方,而不是大家搞平均主义。搞平均主义当然是大部分人满意了,事实上给企业、给组织创造最大价值的人就会最大不满意,最后有能力的人就会流失。"

由于企业高层在搬迁总部这个时间节点前后,对一些基础、简单的问题的种种思考和重新审视,东呈成功地进行了规模化,且以终为始——只有获得商业成功,才能实现企业内部公平,保证人员稳定,从而将投资人这一类利益相关者的优先等级列至最高。

(三)战略性配置资源——战略创业中的"排兵布阵"

1. 构建资源组合

构建资源组合涉及不断获取、积累和剥离资源的过程。东呈在战略创业配置资源的过程中,更多的是在人力资源和组织架构上不断地获取、积累和剥离。

2013年,初到广州的东呈正在拼命地适应全新的竞争环境,在环境中大量地吸收新环境所带来的资源,尤其是人力资源。外部获得的资源与企业拥有的互补资源相结合,可以创造超过一组单个资源总和的价值,企业通过寻找外部要素市场来获取资源,以补充其现有资源。程新华说:"2013年搬迁,当时的关键词是'扎根一线'……我们不能说搬到广州就算是全国化,搬到一线就变成一线,不是这样的,一定要自己扎进去,去吸收这个一线城市的营养,聚集资源,包括思维,包括人才,包括方方面面。"在东呈,吸收资源的方式主要体现在了人才方面,聘请专业的人才,而新的专业的人才会带来新的专业的思维。对此,阮青苗做出了更为详细的说明:"公司当时也想着招一些新的人,在格局上、在演进上使企业有一些拔高,带来新思维,整合新资源,也基于这样的考虑。来到这里(广州)以后整个团队发生了很大的变化。"

更新人力资源后,组织架构的变革也至关重要。2015年,中国的经济呈现出一个明显的趋势:实体经济领域遭遇了更加严重的资金短缺,中小企业融资难、融资贵,投资者不愿意将有限的资金投入投资回报期长的酒店行业中,东呈的增长陷入了停滞。同时,东呈当时在全国的酒店体量已经超过了500家。这个时候,公司开始提出"大区治理",着力塑造更加成熟稳定的管理体系。东呈酒店集团副总裁、人力资源部门负责人胡长征说:"它(东呈)处于一个瓶颈:第一招不到人;第二没体系,不知道怎么管理,组织架构混乱。"同时,东呈的人才管理问题已经到了非变革不可的地步。胡长征提到了未变革前东呈的状况:"东呈以前的文化……以前干得不好,这个人跟了(项目)这么久,就耗着,我来的时候很多人都是耗着。"于是在2015年,东呈开始对组织架构进行了大刀阔斧的变革:从原来的"部门制"、由总裁来统管所有大小事务,变为"事业部制"、由副总分管业务。变革之后,东呈一级的组织架构在20个以上。

重新构建了新的组织架构之后,东呈整个组织的商业模式相应地发生了变化。对此,程新华提到,"现在只要我的资源足够,理论上我将会做得更大。我可以设更多的事业部,我可以设分公司,可以复制,是一个可复制的组织架构,我觉得一个集团基本出来了。"战略创业所带来的可复制性为东呈将来的战略扩张奠定了基础。

2. 捆绑资源

从战略创业的角度来看,将有形和无形资源捆绑的目的是将它们组织起来,有助于认识和开发企业机会,并促使竞争优势的发展。资源被捆绑以创建研发、营销和生产等能力。在东呈,捆绑资源的能力体现在用中央结算系统维护好酒店方、加盟方和顾客方之间的关系,并且给集团带来稳定的金融支持。

对于一个发展了十几年的酒店集团而言,面对2000多家门店、众多加盟商、无数顾客,最大的问题就是财务服务。然而,东呈构建了中央结算系统,让顾客、加盟商、东呈三方都享受到了最高效的资金结算。中央结算系统是酒店顾客通过东呈自有的以及第三方合作的预订渠道(包括但不限于集团官网、手机App、全国400电话、微信、第三方销售平台如携程、去哪儿、美团等)预订客房并在线支付房费,房费由东呈统一收款账户收取。在这一流程中,顾客与加盟商不直接发生资金往来,每月15日之前,东呈会将上月产生的房费拨付给加盟商。由此,东呈国际集团的结算流水达到数十亿元,中央结算系统不再是单纯的资金平台,而是上升为资产平台。加盟商通过东呈获得的产业金融服务,也将这一结算系统作为还本付息的便捷工具。例如,某加盟商获得500万元专项金融贷款,酒店开业之后,加盟商只需要将全部精力集中于如何提升酒店营业额。因为营业额提升,利润增加,中央结算系统就会按照协议代为扣除银行本息,剩余资金作为利润定期返还给加盟商。产业金融服务还为加盟商提供了更多的开店机会。例如,某一加盟商加盟东呈需要 1000 万元,在东呈的金融服务支持下,每一家店最高可获得 500 万元的专项金融服务;假如加盟商自有资金高达 1000 万元的话,就可以同时加盟两家店。中央结算系统不仅在现实层面让东呈、顾客、加盟商都提高了效率,在整个公司的财务清晰化方面也举足轻重。

(四)应用创造力和发展创新

熊彼特指出,生产要素的新组合是创新的本质。这些对现有资源的新颖组合可能会产生新的商品或服务,使用新的过程来创造与制造一种商品或服务,新的分配手段,新的原材料或直接商品的供应,或创建一个新的组织。生产要素的新组合所产生的创新对企业创造财富的努力至关重要。

2013 年开始,中国酒店市场消费升级、注重品质需求,推动国内酒店供给市场全方位升级,个性化圈层崛起,新消费时代来临,使得横向切割的细分市场成为趋势,按人群、档次、地域、年龄段划分,推出针对性的酒店品牌成为潮流,单一酒店品牌占据市场的难度越来越大。鉴于此,东呈提出了"宽频酒店"理念,实现宽人群、宽地域、宽物业全覆盖,旨在希望城市精选将品牌专业化变成一种潮流,即从一线到五线城市都能通达,同时能做到从 18 岁到 80 岁的人都会喜欢的"宽频酒店"。而对于投资者来说,这种酒店的优势也更加明显——风险小、投资少、未来生命力也更强,因为多样性是分散风险、应对不确定性的最好手段。

吴伟指出,"我们觉得未来这种结构的多样化肯定是一个大的趋势,以前是靠单品打天下,一个品牌三千家……我觉得这个时代已经过去了。未来应该是一个多样化的时代、一个多元化的时代。我觉得在酒店业里面,以前我们都说要定位精准,现在越精准可能'死'得越快,我们定位更加宽泛,就是让它能够适合不同人群,让人家进来,让所有的客人进来看看。"程新华认为,在科技和社会巨变时代,消费者个性化、圈层化的速度比我们想象的要更快,商业组织、交易结构的复杂程度也越来越高,单一品牌策略已很难奏效。"经济型酒店时代就像是'龙卷风时代',一阵风吹过,就是上千家酒店,大家都靠一个产品打天下,打 10 年,简单粗暴。中档酒店不能再沿用经济型酒店时代的思维,必须在产品品质上适度超前布局,在产品种类上满足顾客日益个性化、多样化的需求。"目前,东呈的品牌矩阵不仅覆盖了主流城市商务市场,还布局了高端精品、旅游目的地度假和公寓等多个领域。

三、对区域型连锁酒店集团战略创业的启示

东呈作为少数从区域型走向全国型酒店的连锁品牌,其实践做法值得区域型

经济型连锁酒店管理者借鉴。下面将东呈酒店集团的战略创业过程划分为三个部分加以阐述。

首先,东呈的创始人程新华及高管团队通过创业心智在外界环境的动态变化中识别到了创业机会,将东呈的总部迁往广州,以整合资源、"俯视"全国,同时,创始人身上所具有的自我更新和持续创新意识使得东呈不断地在战略层面更新知识、激发创新。

其次,与创业心智密切相关的是创业文化和创业领导力。东呈创始人及高管团队的创业心智所带来的东呈的创业文化和创业领导力推进了整个组织的学习,确立了整个组织是"追赶型的学习型企业",他们对简单问题的重新审视,以及重新审视和利益相关者之间的关系,对企业的生存至关重要,是企业创新的强心剂。

最后,这些理念将作用于企业的战略性配置资源的活动,理清企业的人力资源等资源库,将其整合,重新调整组织架构,从而促进创造力的应用和发展创新,发展"宽频酒店",使之从区域走向全国,在保证既有的业务不受冲击的情况下,还发展了多个新品牌,走出了属于东呈的战略创业道路。

第八章 乡村旅游中的乡村创业

第一节 乡村旅游创业概述

一、乡村创业

（一）乡村创业的定义

乡村创业（rural entrepreneurship）也称为农村创业、农民创业（farmer entrepreneurship；peasant entrepreneurship）。最早是由 Wortman(1990)倡导创业领域的学者对农村创业进行定义和概念化。他根据 Spann、Adams 和 Wortman 提出的创业定义和创业过程的两个关键维度（创业结构和创新程度），对农村创业进行定义：在农村环境中引入新产品、新服务或创造新市场以及利用新技术的新组织的创建。基于这一定义，Wortman 提出农村创业包括以下新组织：①从农产品中引进新产品，例如玉米淀粉在可降解塑料中的使用；②服务或者创造一个新的市场，例如引入一种可以防止冷敏感作物被冻伤的细菌；③使用一项新技术，例如利用转基因技术使作物对某些除草剂具有抗性。总之，Wortman(1990)对乡村创业的定义是：乡村创业是指在乡村（农村）地区创建新组织，以生产新的产品或者提供新的服务，以及创建新的市场、采取新的技术。

中国农村创业大多是利用农村的自然环境做适当的养殖或者结合当地的特殊资源做一些产品，推向市场的一种劳动方式。例如在山里养野猪、野鸡，进行特色食品加工等。最典型的就是农民在农村发展副业和手工业，创建社队企业及后来的乡镇企业（庄晋财，2019）。

国外和目前国内关于乡村创业的定义都是基于由本地人利用乡村资源生产出新的产品或者提供新的服务从而吸引消费者，最终达到自给自足、满足家庭和自身需要的创业目的。所以这类创业没有实现规模化和品牌化，也不会对乡村的经济发展起到很大的推动作用。但是本研究主要针对的是企业携带资本进入乡村,通过与村民、村集体合作,共同利用本地资源生产出一些产品或者服务,最终实现规模化、品牌化和营利的目的。并且此类创业由于其规模大、影响广,同时村民和村集体都从中获益,所以此类创业对于乡村振兴具有积极的推动作用。因此本研究结合该研究视角,将乡村创业界定为:当地农民或者外来企业家走出传统农业的"小农经营"方式,以自主创业、合伙创业等创业组织形式在农业生产或者农业生产以外的其他领域创新性地开展生产经营活动,提供新的产品或者服务。

(二)我国乡村创业的模式

国内有很多学者都对我国乡村创业的模式进行了研究,总体来看,我国乡村创业呈现出"多元化"特征。按照不同的标准,可以将创业模式进行分类,且各种创业模式的产生与发展都有各自明显的特征。依据创业动机、创意来源和驱动动力三个因素,乡村创业可分为不同的模式。

1. 创业动机

根据创业动机的不同,乡村创业的模式可分为生存型创业和机会型创业。

(1) 生存型创业。

生存型创业主要受到推动因素影响,推动因素主要是创业者对当前的生活状态不满意,比如家庭收入不高、对当前工作不满意或者由于家庭因素需要更加灵活的工作时间等客观的外部因素。在 GEM(2003)的报告中,Reynolds 对生存型创业给出了定义:生存型创业是指那些创业经验较为匮乏的人由于没有其他更好的工作选择而选择创业。生存型创业在我国农村普遍存在,这类创业者为了养家糊口而被迫走上创业这条道路。这类创业通常规模较小,如摆地摊、开小餐馆、经营小卖部等,这类创业项目多集中在服务业,且大多没有创造新需求,而是在现有的市场中寻找创业机会。

(2) 机会型创业。

机会型创业主要受到拉力因素影响,拉力因素主要有独立性、自我实现及为了财富、社会地位和权力而产生的创业意愿。机会型创业的践行者通常是那些本来具备一定的创业经验和经历的创业者,他们在长期的工作中感知到了商业机会,而这些商业机会是创业者们所愿意去开发的。这类创业者并非只有创业这一条路,但是他们出于个人偏好和意愿等选择了创业。这类创业模式大多跟市场机会有很大联系,服务业、餐饮业、交通运输业、商业零售业等较多,这种创业机会拉动型创业比较适合农民,这类创业通常有较广阔的市场,竞争不是很激烈,进入门槛较低等(李美青,2011)。

2. 创意来源

Christian(2000)根据创意来源不同,将创业划分为复制型创业、模仿型创业、演进型创业和创新型创业四种类型。目前,国内创业的创意来源几乎没有演进型创业,因此以下不进行细说。

(1) 复制型创业。

复制型创业是指创业者对所熟知的某个企业的运营模式和管理方法进行复制,从而开展相应的创业活动。潜在创业者通过在此企业工作,已经基本掌握了其熟知企业的运营模式,并且认为自己所创办的企业的运营模式会优于复制企业的运营模式。

(2) 模仿型创业。

模仿型创业是指创业者模仿在市场上已经获得成功的企业。这种创业模式最重要的特征是创业者的创意大多源自市场上知名度比较高、反响比较好的创业项目,但创业者一般缺乏该领域创业所需的知识和技术等以及并不太了解该类企业的经营管理模式。

(3) 创新型创业。

创新型创业是指创业者突破传统经营管理模式和传统市场观念的束缚,在自身所构想的创意基础上开展相应的创新性活动产品创新、服务创新或者是经营管理理念等方面的创新,慢慢培育新市场,逐步实现其创业目标。这种创业模式的难度、风险和收益都比较大,因此其对创业者的要求也比较高,需要创业者有强烈的创业愿望、敏锐的机会识别能力、敢于冒险和勇于承担风险等优秀的个人特质。

3. 驱动动力

结合现有研究,刘志阳和李斌(2017)依据驱动动力的不同,提出目前农民工返乡创业的模式可以分为经验驱动型和资源驱动型两种模式。其中,经验驱动型最大的特征在于其与原打工时的行业有密切的关系,通过在工作过程中发现好的创业机会从而有了创业意愿进行创业,一般所选择的创业行业是原打工时期从事的行业,资源驱动型主要是农民依靠农村资源发展起来的创业类型。

二、乡村旅游创业

(一) 乡村旅游创业的定义

目前,对于乡村旅游创业还缺乏概念界定,可以结合乡村旅游和创业对乡村旅游创业进行定义。《创业学》一书指出:创业是一个发现和捕捉机会并由此创造出新颖的产品、服务或实现其潜在价值的过程。同时,创业是一个机会识别、开发和实现的过程。

乡村旅游创业是以创业主体为依据划分的一种创业类型,因此它具有创业共性,同时具有自身的独特性。结合我国乡村旅游创业特点和笔者研究视角,笔者将乡村旅游创业界定为:乡村旅游创业是通过利用乡村的自然资源和人文资源,通过本地人或者外地企业开发一些旅游项目,例如开民宿、农家乐、度假村等,吸引旅游者和休闲者,达到获取经济利益、促进乡村振兴和发展的目的。

(二)乡村旅游创业的影响因素与动力机制

乡村创业小企业成长的内在机制是农业经济和创业管理研究的重要领域。中国早期兴起的农家乐、民宿等形态的乡村旅游小微企业成长研究基本沿袭了该领域的一般范式。张环宙(2018)认为,从整体来看,关于驱动乡村旅游小企业成长的因素已有研究主要包括个人特质论、资源论、外部环境论这三种观点,并形成了系统的研究框架。下面主要介绍个人特质论和外部环境论。

1. 个人特质论

创业者作为乡村旅游创业活动的驱动者,是影响创业活动的主导因素,农民创业者的个人特质对机会识别将产生巨大的影响,进而对于其创业企业的生成和成长具有关键的驱动作用。创业机会识别是指把一个想法进行深化和评估,到最后确定这个想法是一个可能创造潜在价值、带来潜在收益的商业构想的过程。创业机会识别是创业者一切创业行为的前提条件,并且相较于其他因素,创业机会识别对农民创业绩效的正向影响最大。

旅游小企业的创业机会识别一般经历机会感知、识别和创造三个过程。而创业者作为机会识别的载体,其个人特质对机会识别会产生巨大的影响。例如,Komppula(2014)认为创业者自身状况,比如年龄、受教育程度、婚姻状况、孩子数量、家庭财政支持、创新性、职业地位等决定当地创业者是否创业,而创业者的个人特质,例如充分利用农村现有资源、吃苦耐劳、意志坚强、勇敢、社会责任感强及具有创新性、责任感和风险承担性是决定创业者是否能创业成功的关键。王海弘(2019)认为,创业者的创新意识以及创业意识能有效抓住市场空白区域,抢占市场先机,从而提高创业绩效。与此同时,环境因素也是旅游小企业创业机会识别的动力源泉,社会资本的网络规模和网络资源、先前经验中的创业经验、行业经验和职能经验都会影响创业过程,创业警觉性起部分中介作用。杨学儒(2017)认为,创业者性别不同创业动机也有所不同,女性创业者的创业动机偏向于生活质量提升,希望提高当地乡村经济和改善乡村生活,进而永续发展农业社会。林宗贤(2013)认为,由于面对强大的压力,转变原有职业为乡村旅游创业,显示男性的创业动机只为逃避现实,并非为了当地农村发展而努力。同时创业动机不同,机会识别过程的考虑因素也有所不同。徐红罡(2012)提出,生活方式型创业者注重自身兴趣爱好及经验知识的运用,追求精神回报;维持生计型创业者属于市场追随者;商业型创业者注重投资回报率,会进行一定的分析考察。

创业者资质禀赋是影响创业过程的关键要素,但资源理论弥补了从主观层面探究创业者个人特质的不足。创业者的某些特质能通过后天习得,但资源的异质性和稀缺性是企业难以模仿的竞争优势的重要来源之一,对于解释农民(农村)新创企业如何获得竞争优势和提升绩效方面很有说服力。Akgün(2010)针对旅游创业企业,因其主要依赖环境,所以利用当地资源并从中受益是成功创业的关键所在。在有形资源方面,为了使旅游创业企业具有特色,不易被模仿,可以通过完善农村设施、售卖传统特色产品、利用地域风貌、修建建筑景观等方式增加旅游产品的独特性。Grande(2011)认为在无形资源方面,社会资本的增加、社会文化因素等都能影响创业活动。

2. 外部环境论

资源观聚焦企业内部,特别是企业内部的特异性资源,进而忽视了外部环境,对制度环境的忽视就是其表征之一,而外部环境论则填补了这一缺陷。交易环境、网络资源、制度压力等的环境制度观构成了外部环境论。比如,张环宙(2018)提出,针对网络资源环境,社会关系网络及嵌入网络中的信息、技能、资金等资源系统都是促进创业企业成长的关键要素。在中国乡村地区,亲缘、血缘纽带下的家族关系网在个体经济和社会生活中扮演着极其重要的角色,对家族网络的依赖会促进旅游小企业的成长,因为家族网络提供的资源较之市场渠道提供的资源质量更高、成本更低,对企业成长具有积极作用。但是过度依赖家族网络获取资产资源,将会阻碍旅游小企业成长,因为过度依赖家族网络会将企业的发展限制在狭小的范围之内,当达到临界点后,企业的发展将会因为资源获取不足而受到阻碍。Scott(2012)认为,针对制度压力环境,直接的政府微观干预,无论其初衷是什么,都会阻碍创业活动和机会发现。地方政府干预较多的村庄农户创业水平较低,并且目前中国知识产权保护较弱,中国农村创业者倾向于自我创新或家族内部创新而不是寻求与外部资源合作,创业者在应对制度环境限制时往往采用关系战略,并通过建立与已有大企业的联盟或争取当地政府支持而获得合法性。

North和David(2006)认为,鼓励创业的政策必须与改善物质和社会基础设施密切联系,使这些地区成为更有吸引力的居住和工作场所,从而吸引具有企业经验和抱负的"移民"来此创业,并鼓励那些能够在创业发展中发挥催化作用的领导者。

(三)社会创业对乡村旅游利益分配模式的影响机制

较为均衡合理的利益分配模式是乡村旅游可持续发展的关键所在。在我国乡村旅游的发展过程中,出现了诸多因旅游利益分配不均而产生矛盾的案例,不同利益相关者之间的利益纠纷,在很大程度上阻碍了乡村振兴的发展进程,并直接影响了乡村旅游的可持续发展(保继刚,2008)。所以,一个社区相对均衡公平的利益分配模式,将会实现当地社区居民的经济、心理和部分政治增权,提高乡村社区自主发展、可持续发展的能力。周常春(2013)认为,好的旅游利益分配机制对不同的利益相关者的影响不同。对社区居民、社区居民与村寨旅游经营能人及旅行社、政府等主客关系的积极影响有限,但对社区经济、文化、公共环境和社区参与产生了较大的积极影响。因此,好的利益分配机制对于乡村旅游创业的成功具有非常重要的作用。张耀一(2017)提出,为了构建较为均衡合理的旅游利益分配机制,应该遵循公平原则、社区优先原则、制度化以及规范化原则。旅游开发主要依托于社区环境,会给社区的环境带来一定的污染,为了保证社区居民的根本利益,在社区开发过程中,政府与旅游企业应该明确资源产权关系,规范土地使用补偿机制。武晓英(2014)提出,为了使居民利益与企业利益统一,可建立旅游收益分红制度,让社区居民集体入股,让更多居民参与到旅游行业中来并使其获益,以保证不同利益相关者的利益。也有学者开始探索良好的利益分配模式,徐凤增等(2019)在对山东淄博的中郝峪村的研究发现,社会创业者恰好是社会创业导向利益分配模式构建过程中的核心,并借此吸收各种开发模式的优势,创造出以社会创业为导向的"农户+村集体+公司"的股份制模式,即"郝峪模式",最终形成了较为均衡合理的利益分配模式,并取得了稳步快速的发展。乡村旅游利益分配机制示意图如图8-1所示。

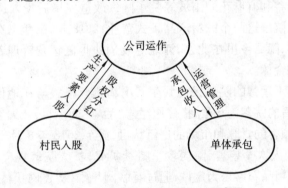

图8-1 乡村旅游利益分配机制示意图

以上综述文献主要是以小规模的乡村旅游创业为主,当地农民或者外来移民依赖本地资源进行创业,更多的是一种自给自足、满足家庭和自身需要的创业形式,但此类创业对乡村旅游的发展的推动不太大。近年随着乡村振兴战略的提出,不少创业者到乡村进行旅游创业,知名品牌民宿隐居乡里创始人陈长春就是其中一个成功的创业者,其创立的隐居乡里已经品牌化,并且在全国成立了多家分店。隐居乡里这类创新型创业区别于当地人开农家乐、开民宿这种生存型创业,隐居乡里凭借连锁化品牌使其品质更有保障,相比于当地人开的民宿更容易得到游客的青睐。而且隐居乡里这类企业通过品牌化的规模化扩张,极大地带动了整个乡村经济,起到了乡村振兴的作用,推动了整个乡村的建设和发展。

第二节 乡村旅游创业案例分析

一、案例企业简介

隐居乡里成立于2015年,是远方网旗下的一个专注于高品质乡村精品民宿的运营管理和服务培训的企业,旨在为城市中高端消费者、中小型公司提供短途度假、聚会、团建、年会等服务。北京延庆的山楂小院是隐居乡里的第一个样板小院,自2015年12月试营业以来,迅速成为京郊精品民宿的"爆款"。山楂小院的成功运营和互联网推广,使隐居乡里以令人惊奇的速度实现快速复制,以山楂小院为样板院辐射北京周边地区。陈长春说:"我们从2014年开始转型,2015年找到了这一套乡村度假服务体系,然后就开始做实验,现在实验已经完成,我们2016年的主要目的是复制出100个院子来。"2016年,从北京房山到河北涞水,云上石屋、姥姥家、桃叶谷和麻麻花的山坡等院子陆续改造完毕后投入运营;2017年,黄栌花开和先生的院子这两个民宿产品正式营业;2018年,酝酿已久的青籽树进入大众视野。目前,隐居乡里在北京、河北等及周边地区运营管理着60多个院落,形成乡村度假综合体。

隐居乡里旗下运营的院落采用共生式民宿运营模式与在地化的乡村度假服务体系,以改造后的院落为场景,搭建原生态"活着"的乡村,让顾客体验乡村独有的烟火气,赢得顾客的青睐和市场的广泛认可,截至2018年8月,隐居乡里已累计接待游客8万余人次。接着,隐居乡里持续扩张,扩大院落规模,并进军南方市场。隐居乡里以精品农家乐为定位,通过互联网思维,构建网状体系,搭建共享平台,打造出一种低成本、可迅速复制,同时促进乡村发展的度假模式。

结合乡村创业的几种类型进行分析,隐居乡里的创业模式属于创新型创业。陈长春突破传统企业购买村民住宅开民宿的创业思想和模式,在自身所构想的创意基础上进行民宿经营模式、服务标准、管理理念、利益分配模式等方面的创新,慢慢培育出新市场,逐步实现了创业目标。笔者基于对乡村旅游创业文献的回顾,梳理总结了隐居乡里成功的三大因素:第一是陈长春独特的个人特质和丰富的创业经验对后续创业成功起到了铺垫作用;第二是隐居乡里利用本地人力资源和自然资源,推行"管家制"管理模式和延长农产品产业链;第三是隐居乡里摸索出一套共生式民宿运营模式和在地化的乡村度假服务体系,使乡村旅游各利益相关者得到了合理分配。

二、乡村创业者的个人特质

王国华(2009)指出,创业机会的识别其实就是收集信息、处理信息的过程,而创业机会的识别又与创业者的自身品质、创业经验等密不可分。

(一)自身品质

创业者作为乡村旅游创业活动的驱动者,是影响创业活动的主导因素,创业者的自身品质对于创业企业的生成和成长具有关键的推动作用。隐居乡里属于创新型创业,这类创业需要创业者有强烈的创业愿望、敏锐的创业警觉性、敢于冒险和勇于承担风险等优秀的自身品质。陈长春曾经在部队工作过,这对于他自身吃苦耐劳、意志坚强、坚忍不拔、敢于冒险品质的形成具有积极的促进作用。

(二)创业经验

一般情况下,假如一个人拥有某一领域的相关知识或者从业经历,相对于其他人,他就会更容易、更快速地捕捉到该领域中有价值的信息,即完成创业机会的识别。

陈长春自身的一些个人经历,比如经常去西藏、新疆等地方背包旅行、做过天涯社区旅游休闲版的版主等使他对于旅游行业更加熟悉,掌握了该领域的相关知识,而这些知识都会提高创业者对机会识别和评价的能力。

同时,陈长春后期做远方网为旅游者提供旅游攻略的创业经历给他带来了创业经验、行业经验和职能经验,而这些都有助于陈长春在创业过程中的机会识别、机会开发和机会实现。陈长春于2007年9月成立的远方网是专门为热爱自助旅行的朋友提供出游资讯的一个网站,通过PGC内容提供模式吸纳景区、政府、客栈等群体,定制和包装一些内容推送给游客,赚取营销费。2014年,陈长春专注周边游和乡村度假服务这一细分市场,与特色乡村度假服务区和目的地合作,平台主要负责策划、营销和引导。乡村度假市场需求逐步旺盛,但城市周边的农家乐无法满足都市人的需求。在长达8年的时间里陈长春一直都在做乡村旅游、乡村度假的营销工作。后期,陈长春的创业警觉性对创业成功起到了巨大的作用。他发现人们对自然、乡土的热爱是植入基因里的,提供自然、淳朴的田园生活体验才能符合这样的消费诉求。但当时,一方面,城市周边的精品度假村和民宿无法实现大规模复制;另一方面,当前市场很多乡村度假模式不符合消费人群的偏好习惯。针对这一市场空白,远方网开始尝试转型,推出隐居乡里平台,从线上转做线下,从运营内容到专注产品,设计改造农村闲置农宅并依托互联网建立本地化服务体系,实现消费升级和产业提升。山楂小院是远方网探索乡村建设运营体系的第一个样板院,隶属于隐居乡里平台。由于季节性因素,北京冬季的民宿经营惨淡,但山楂小院自2015年12月试营业以来,预订不断,平时入住率为56%,节假日入住率达95%,网上预订一度出现"一房难求"的火爆局面,山楂小院一经推出,便迅速成为京郊民宿爆款。山楂小院不仅受到宾客的认可,称其为"网红民宿",而且多次受到行业内的肯定。2016年4月,山楂小院荣获中国饭店协会颁发的"2016最受欢迎客栈民宿"奖,5月获得SMART海峡乡创峰会客栈类唯一奖项"年度最美客栈"奖;2017年,在第六届中国饭店产业发展大会上,被中国饭店协会评为"2017最受欢迎客栈民宿"和"首批中国精品民宿客栈示范店"。

三、编排本地资源

基于资源理论视角,针对旅游创业企业,因其主要依赖环境,所以利用当地资源并从中受益是成功创业的关键所在。Grande(2001)提出,乡村旅游创业要使资源具有特色,不易被模仿,可通过完善农村设施、售卖传统特色产品、利用地域风貌、修建建筑景观等方式增加旅游产品的独特性。资源基础观强调企业拥有资源基础的重要性,但仅仅拥有资源是远远不够的,通过管理者的能力撬动资源才能实现资源的合理利用。正如本书第六章所分析的,资源编排理论关注资源获取及利用的过程,并提出有效利用资源是创造核心竞争优势的基础。资源编排理论的框架如下:资源结构化,是指通过收集、获取、选择有价值资源从而构建资源组合的过程;资源能力化,是指将获取的资源整合并利用其创造新能力或扩大原有能力范畴的过程;资源杠杆化,是指资源组合与能力相连接释放价值资源,从而实现价值传递的过程(Sirmon,2007)。

隐居乡里主要通过充分利用本地人力资源打造"管家制"管理模式、利用本地自然资源延长农产品产业链、利用本地资源打造沉浸式体验旅游目的地这三个方面进行资源结构化,然后管理者将获取资源进行资源能力化,最后将资源组合与能力相连接进行资源杠杆化,实现价值传递,从而达到提高目的地吸引力的目的。

(一)利用本地人力资源打造"管家制"管理模式

资源的异质性和稀缺性是企业难以被模仿的竞争优势的重要来源之一,对乡村旅游创新获得竞争优势和提升绩效具有积极的影响。隐居乡里充分利用当地人力资源,通过在地化培训,选择当地的"巧媳妇"来做管家,负责民宿的日常管理与运营,开发出一种"管家制"的管理模式,发挥村民的主人翁意识,调动村民的积极性,给顾客提供热情周到的服务,让顾客体验乡土气息浓厚的在地化服务。通过这种方式,既节约了企业的人力成本,又推动了当地经济发展。为了提升服务质量,隐居乡里成立北方民宿学院,通过两个月的实践培训,让招募而来的"巧媳妇"变成管家合格上岗。通过在地化、专业化的客房、管理等服务培训,让管家熟悉民宿的日常接待和维护,辅之以当地食材开发的"火盆锅"、清粥小菜打卤面,打造久违的乡村情怀和乡愁情结。隐居乡里善于发现村民身上的淳朴和热情,使他们成为隐居乡里小院的亮点和代言人,使顾客获得温暖的乡村田园体验。

(二)利用本地自然资源延长农产品产业链

在山楂小院改造运营中,隐居乡里团队开发出的酸甜可口的山楂汁,广受消费者青睐,一条由山楂连接起来的产业链,就这样被建立起来。后来,隐居乡里在改造运营的同时,也注意通过农产品加工等方式,延长产业链,增加农民的经营收益。运用互联网平台做产品营销和流量引导,将山楂汁、山核桃、有机小米、鲜玉米棒等农产品放到线上平台进行售卖;客房中放置农民手工制作的肥皂、木工梳子、刺绣杯垫等供顾客使用。一是解决了当地居民农产品的销售问题;二是增加了企业新的营利点,延长产业链,形成循环经济效应;三是提高了旅游目的地的吸引力。

(三)利用本地资源打造沉浸式体验旅游目的地

随着城镇化的不断加剧,乡村对于城市居民来说,是一片令人向往的净土。隐居乡里通过在不改变院落建筑外观保留其原生态外貌的情况下,对小院的内部进行现代化北欧风格装修,在内环境布设上,全套卫浴统一使用人们信得过的品牌,既有格调又能满足现代都市人对居住舒适度的需求。使得"门外是田园,门内是城市",从而营造出"外在古朴,内在舒适,修旧如新"的感觉,打造出精神追求和舒适感并存的体验。使得顾客在高质量住宿环境中也能体验原汁原味的乡村风情。通过组织一些乡村户外活动,如将春天播种各种农作物、夏天采摘玉米棒子、秋天收割小米、冬天喂养家畜家禽,还有磨豆腐与外出郊游等一系列与乡村相关的体验活动融合到住宿的整个过程,让顾客回归自然、返璞归真,从而打造出一个极具乡村特色的度假体验目的地。

四、创新服务体系和运营模式使得各方利益最大化

(一)在地化的乡村度假服务体系

近几年,热门旅游目的地和大城市周边的乡村民宿遍地开花,民宿发展的同时也遭遇一些难题和挑战:发展后劲不足、无法批量复制、相关法律不完善等。为

避免这些问题，隐居乡里引入互联网商业模式，对接市场，实现产品复制，打造以农民为主体的乡村度假商业模式。陈长春在接受《旅行家》专访时说："不考虑商业的乡建只是一场设计的狂欢。在做隐居乡里之前，我们就想好了，是要建构一个网状体系，搭建一个共享平台，而不是说我找了一片山清水秀，寄托我的梦想。"隐居乡里模式的核心是利益模型（追求利润和规模增长者），即以农村发展为基石，以农民发展为主体，塑造乡村度假产业，形成一个互惠共赢的利益链。

这一体系的合作方式为四方合作、三权分立。隐居乡里并不持有或租赁物业，而是和村集体或合作社直接签约，帮助农民设计方案，改造闲置农宅；民宿日常管理中引入管家，由平台提供在地化培训；平台负责营销、培训、产品设计等相关事宜。业主、管家、村集体和隐居乡里四方携手合作，采用三权分立的模式来解决房屋租赁问题，即所有权归村民、承包权归合作社、运营权归隐居乡里。相应的，民宿的盈利按照3∶4∶3的比例来分成，30%是合作社的流水，40%用于民宿运营管理开支，30%用于营销等开支。在这一模式下，双方优势互补，发挥所长，以互联网的方式监督运营。各方利益群体都能获得收益，不仅调动了当地村民的积极性，而且也使得这一模式便于复制推广。乡村度假服务体系如图8-2所示。

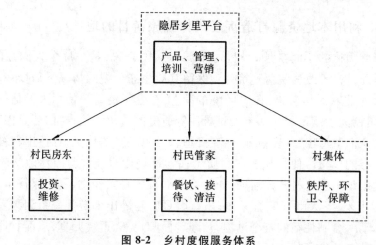

图8-2　乡村度假服务体系

（二）共生式运营模式

随着项目和各方主体的增多，隐居乡里逐渐摸索出一条行之有效的共生式运营模式，即引入村民、合作社、政府、扶贫机构、银行等主体，形成"村集体合作社＋运营商＋X"的多元合作模式。通过打造一个乡村利益共同体，盘活闲置资源，让参与的各方都获利，共同助力农村经济发展，这样的模式就有了轻资产、可规模化、可复制、可集群发展的特色。

这一模式的顶层逻辑是运营管理和资产管理相结合。首先,农村成立合作社/村集体,通过与村民建立合同或契约,把农村闲置的房源集中起来,合作社成为法人代表。其次,企业与合作社法人代表签订委托管理合同,包括设计合同、施工合同、运营合同、营销合同等。村民对房屋拥有所有权、合作社取得承包权、隐居乡里获得运营权,形成资产管理和运营管理相结合的模式。

这一模式的底层逻辑是共生发展的乡村利益共同体。以合作社为纽带,连接企业和村民,把村民的利益、集体的利益、企业的利益和政府的利益融入其中,合理分工,共同协作,盘活民宿开发和运营,壮大集体经济,实现乡村建设发展。具体来说,合作社集中闲置房源,做好资产管理;隐居乡里通过互联网营销,做好运营管理;闲散的农村劳动力通过在地培训,参与民宿日常运营;利用政府投资的扶贫款做好基础设施建设;金融机构作为天使投资人,为合作社提供资金支持。这种模式协调与兼顾到多方群体的利益,实现了共生多赢发展,为乡村发展赋能,实现价值共创。共生式运营模式如图 8-3 所示。

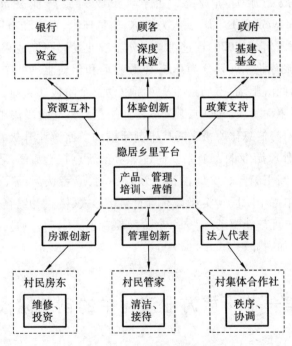

图 8-3　共生式运营模式

第九章 旅游业创新发展的阶段与模式

在分析了旅游创新创业环境、旅游创新创业主体和旅游创业过程及两种典型旅游创业类型后,从本章开始分析旅游企业创新相关内容。事实上,在创新研究领域,由于所对应的主体不同,其创新的层次也不同,因此在分析旅游企业创新之前,需要首先对旅游产业的创新进行分析。

关于旅游业创新发展,现有研究已经有较多涉及。Medina-Munoz(2013)认为,旅游创新是提高旅游竞争力和可持续性的重要手段。这一阶段,游客需求多样化所驱动形成的旅游新业态,使得创新成为旅游业发展的核心动力。Divisekera 和 Nguyen(2018)提出,人力资本、信息技术、资金和市场特征都会影响旅游业创新。而王新越(2020)通过对国内外旅游业发展研究成果的梳理,从时间维度上,将国外旅游业发展划分为环境-资源驱动和创新驱动两个阶段,将国内旅游业发展划分为经济驱动、市场驱动及创新驱动三个阶段。可见国内外旅游业发展都经历了创新驱动阶段。其中,国外旅游业的创新驱动阶段集中在 2010—2019 年,伴随着互联网与信息化所带来的技术创新推动了旅游业升级和旅游业结构优化,这一阶段国外旅游业的发展主要通过寻求创新点打造旅游新业态,以此增强旅游地吸引力。与王新越(2020)的这一观点不同,笔者认为,旅游业的发展经历了不同阶段,其中每个阶段其实都有不同的创新形式、模式和路径,不能说只是到了 2010 年开始出现创新驱动,而是每个阶段都有创新驱动,只是在第三个阶段创新驱动的效果更加明显。

第一节 旅游业演化中的创新阶段

改革开放以来相当长的一段历史时间里,从入境游市场到国内游市场,我国的旅游形式都以团队游和观光游为主。传统旅游企业,包括"国中青"在内的传统旅游批发商,凯撒、凤凰、众信等差异化批发商,以及新兴旅游企业,包括以携程、艺龙、去哪儿、途牛、同程等为代表的 OTA 等,都是以占有或掌控旅游业链条或旅游目的地的各种资源为主要竞争优势来源。不管是占有早期出国旅游指标的配额资源,还是占有某个旅游目的地旅游产品的资源,以及 OTA 占有的渠道资源,以"资源为王"的旅游企业占据主导,从而创新都是围绕资源的占有和争夺来展开。然而,伴随自助游和出境游等旅游市场大环境的变化,旅游企业从资源方的争夺,开始向游客需求活动转变,游客需求活动转变自然催生了大量旅游创业机会,并且这些机会是"碎片化"的,使得旅游创新创业企业数量和类型也变得丰富,从而出现了大量的创新机会。

图 9-1 所示的是我国旅游产业链示意图。图 9-1 中最左端的是旅游目的地提供单项旅游产品的旅游供应商,如酒店、景区、旅游商品购物店、旅游交通企业等,图 9-1 最右端是旅游者。从旅游目的地单项产品的供应商到游客的产业链条当中存在着一系列旅游企业"中间商",从而构成了一个完整的旅游产业链条。

这个产业链条的发展是伴随着我国旅游市场的发展而逐渐演化形成的。这一演化过程经过了如下几个阶段。

第一阶段,改革开放之初到 1999 年左右,是制度突破与规则创立的产业链结构化创新阶段。由于对外开放政策,入境旅游获得大力发展,国内旅游与国际市场对接,特别是全球分销系统(GDS)的接入,以及出境游配额政策的推出,各类 GDS 企业及其下游的以"国中青"为代表的大型旅行社批发商出现,成为我国旅游产业链条中的主力军,之后又产生了一批"差异化旅游批发商",如众信、凤凰、凯撒等。另外,以建国饭店、白天鹅宾馆、金陵饭店等为代表的旅游星级饭店,以及众多旅游景区等旅游企业,在当时特定的历史阶段,在管理理念、经营模式、管理模式等方面大胆引入西方先进经验的基础上结合我国具体实际进行了创新型的应用和创造性的转化,探索出了诸如我国旅游饭店星级评定标准与制度、旅游景区评定标准、旅行社管理制度,以及大量优秀旅游企业的管理模式等,其中一些被历史检验的优秀模式与做法、理念与思维已深深植入后面新成长的旅游企业中。此时的创新以政策引导、制度突破创新为主要特征。

第二阶段,1999 年到 2010 年左右,是需求与技术创新驱动的产业链重构式创新阶段。国家推出的"黄金周"政策似一道打开的"闸门",将国内旅游旺盛的需求放出来,催生出了数量众多的旅游零售商,即中小旅行社。几乎同时,伴随互联网技术的发展,1999 年携程出现,艺龙、去哪儿、途牛等为代表的 OTA 也陆续出现,它们打破了传统产业链条,通过对产业链条中的各中间环节"去中间化",直接沟通最左侧单项旅游产品的供应商和最右侧的旅游者,实现了两者在 OTA 平台上的直接交易。此时,创新是以技术应用创新为主要特征,同时将互联网企业的电子商务模式、管理模式等应用到旅游业的创新中,应当说在旅游业中产生了变革式创新。

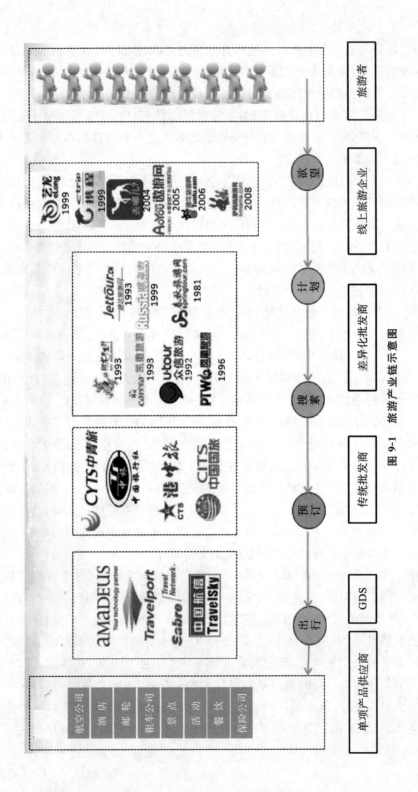

图 9-1 旅游产业链示意图

第三阶段,自 2011 年以来至今,是新需求与新技术驱动的产业链解构式创新阶段。随着近些年国内旅游和出境旅游的兴起,自助游、自驾游形式的出现,游客更多选择自助游、自驾游等更为自主、独立的出游形式,这对传统的跟团游形式形成了挑战。图 9-1 中最下方显示的就是游客旅游的需求活动链条:每个节点表示的是一个游客的重要活动,包括从旅游者出游欲望的产生,到开始计划出游,然后通过各种信息渠道搜索出游信息供决策参考,之后是通过 OTA、传统旅行社等旅游企业进行预订,预订之后就是从客源地到目的地,并在目的地进行旅游活动。"出行"环节之后是"游后"环节,游客会针对出游的满意情况在网络上进行点评。

图 9-2 显示的是围绕上述游客的活动链条中的每个活动,近些年出现的诸多旅游企业,图中 logo 代表每家旅游企业,logo 下面的数字代表该企业成立的年份。从数量上可以看出,大部分旅游企业创业时大多集中在"预订"这一环节,说明了

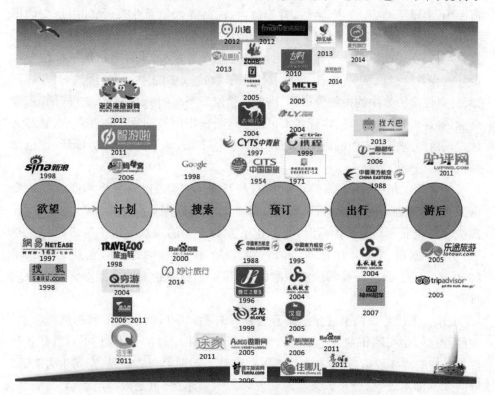

图 9-2　游客出游活动链与旅游创新创业企业

(注:根据《中国在线旅游市场发展趋势白皮书(2012—2015)》和《中国在线旅游市场行业市场分析报告》中的图表改编)

当时创业机会集中在信息不对称的"交易"环节,通过网络预订平台的搭建,可以促进供需双方很好地完成交易,这也是携程、艺龙和途牛等企业重要的商业模式,后续相当数量的企业模仿并进入这一领域,使得"预订"这一环节存在大量旅游创业企业。一些新近成立的旅游企业出现在其他环节,比如说 2014 年成立的妙计旅行是在"搜索"环节。

我们调研发现,2013—2014 年在"预订"环节之后的"出行"环节,出现了更多的旅游创业企业。这一环节体现了旅游者前往目的地以及到了目的地进行游玩时有哪些需求以及哪些企业将满足这些需求。由此,我们又对"出行"环节中存在的旅游企业创新创业机会进行了深入分析,如图 9-3 所示。根据食、住、行、购、娱的旅游需求六大要素,结合旅游者采用自助游的方式,我们发现,六要素中的每一项单项产品,旅游者都有自主与自助去解决的需求,而不是依靠传统旅行社去打包解决。旅游者的需求出现了碎片化,由此形成了诸多微细分市场。如围绕住宿市场,出现了酒店、公寓、客栈、青年旅舍、民宿等大量新业态;又如围绕交通市场,除了传统大巴,出现了租用车、巴士、地铁、出租车、邮轮等一些新型的出行工具。同样,在餐饮、购物、文体娱乐活动等其他要素方面,也各自出现了微细分市场。围绕着这些微细分市场,自然就出现了数量众多的中小旅游创业企业。例如,针对住宿要素中的微细分市场,出现了途家、小猪短租、自在客、去呼呼管家等企业;针对海外购物市场,出现了 Go 购全球购物指南等购物类创业企业;针对文体娱乐活动这一要素中的微细分市场,出现了 42 旅、无忌游、周末去哪玩、泡泡海和世纪明德等旅游企业。

与前几次相比,由于旅游企业创新与互联网技术、市场经济和商业逻辑紧密融合,使得创新的速度、频率和强度等类似于互联网行业中的"摩尔定律",在加快旅游企业创新速度的同时,也加速了旅游企业的淘汰速度。笔者跟踪观察了几十个旅游创业公司样本,2013—2014 年快速产生的旅游创业公司到了 2019 年有近三分之一被淘汰或濒临淘汰,但中国旅游企业的创新浪潮仍会持续推进。

总之,上述是我们通过介绍旅游业发展的不同阶段而展现不同的创新活动。旅游业这一生态圈正在发生着巨大变化,好像热带雨林的生态圈,不只看到各种参天大树的雄伟景象,也会有大树脚下看似渺小实则生命力顽强、充满生机的、欣欣向荣的灌木景象,这是未来旅游业发展的重要趋势,也是旅游创新企业创业的机会所在。

第九章 旅游业创新发展的阶段与模式 173

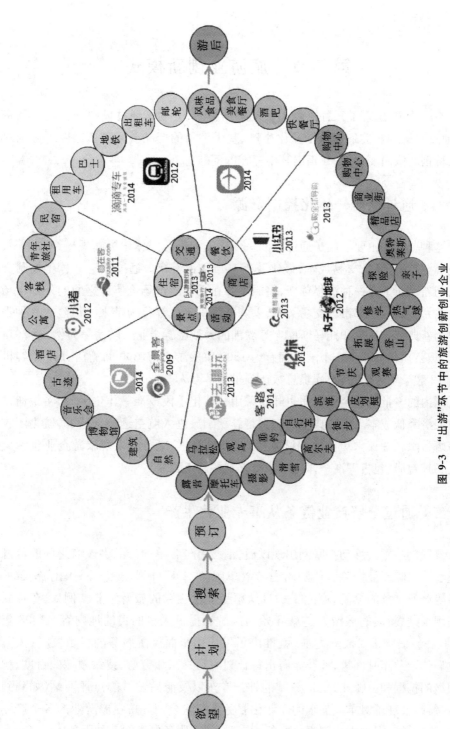

图 9-3 "出游"环节中的旅游创新创业企业

(注：根据《中国在线旅游市场发展趋势白皮书(2012—2015)》和《中国在线旅游市场行业市场分析报告》中的图表改编绘图：张红霞、张晓楠、黄硕)

第二节　旅游业创新模式

旅游业中,出现了三种比较主要的创新模式,分别是通过纵向一体化控制资源、通过分解产业链条从事专业化生产、基于供给的产品要素创新。以下分别对这三种创新做简要分析,并指出其中存在的问题。

一、通过纵向一体化控制资源

这种创新的主要手段是通过纵向一体化或准纵向一体化提高规模经济水平,实现资源控制、降低交易成本,最终获得高市场占有率。通过纵向一体化控制资源的创新本质上是一种流程创新,将原来存在于旅游市场价值链之间的外部市场交易关系转化为内部市场交易关系,以降低不确定性等行为带来的风险。这种类型的创新典范是途易和托马斯库克等欧洲的大型旅游企业。以途易为例,至2014年底,该公司在全球130个国家拥有约1800家旅游门市、300间酒店、136架客机以及12艘豪华远洋邮轮,雇员总数达到了7.7万人。

国内的一批旅游企业集团也开始采用一体化手段或准一体化手段,希望通过规模经济降低成本。比较典型的案例是春秋国旅进入航空运输领域、海航集团收购海娜号邮轮并谋求更大的船队规模。携程、众信、凯撒等大型旅游企业也希望通过长期包船、包机等准一体化手段更好地控制资源端。

二、通过分解产业链条从事专业化生产

互联网特别是移动互联网出现以后,消费者与各单项产品供应商之间的信息壁垒和交易障碍被拆除。伴随着出游欲望刺激、行程计划、搜索预订、出游、游后服务等产业链条的分解,产生了一批从事专业化生存的旅游企业。例如,在互联网出现早期,新浪的旅游频道就开始为旅游者提供大量的目的地内容。1998年11月,在新浪网正式成立之前,就推出了可提供全面旅游服务的栏目"新旅人"。在之后的十几年时间里,涉及旅游出行计划的马蜂窝和穷游、搜索领域的百度、预订领域的携程和去哪儿、出行领域的神州专车以及游后领域的点评网站(如到到网等)纷纷实现了对单项需求的专业化服务。这些公司分布在旅游业的各个产业链上,为旅游者提供着横跨吃、住、行、游、购、娱等服务要素的各种服务。

这些企业的创新本质上也是流程创新。与前一种创新的思路完全相反，分解产业链条的创新是将原先在企业内部的业务不断分解到外部市场中，由外部企业的竞价完成产品和服务的提供。

三、基于供给的产品要素创新

上述两个方面的创新属于流程创新，而基于供给的产品要素创新属于产品创新。

经过改革开放以来几十年的发展，我国旅游业各板块中都涌现出了一批创新性的企业，这些企业已经进行了大量的创新实践、在市场中推出了一大批新产品，但是目前这些产品主要仍以单项产品要素的形式存在。例如，酒店领域中的亚朵酒店、君亭酒店；餐饮领域中的大量以"新派川菜""新派鲁菜"或"新派粤菜"为主打、吸引本地客源为主的品牌。这些创新实际上是满足顾客某方面需求的服务或产品的改善，并没有涉及整个旅游体验的改善。

第二个类型的产品创新是基于消费者类型来实现的。在已经过去的 21 世纪第一个十年中，尽管旅游者群体的需求发生了翻天覆地的变化，但是在市场的创新方面更多的是与流程有关的商业模式的创新、与供给有关的单项产品的创新，并没有太多根据消费者需求进行的产品细分。可喜的是，近年来这种现象开始有所改变。我们已经看到较多基于市场细分的创新开始出现。但是，从目前的状况来看，这些创新都还处于比较简单的阶段，比如基于顾客的年收入的创新，或者是基于顾客在不同的家庭和生命周期中的不同阶段创新。比较典型的例子就是 2012 年携程、永安旅游和易游网共同成立的"鸿鹄逸游"品牌，专门为顾客群体中的高端客户（可投资资产在 100 万美元以上）提供高品质旅游线路。更常见的一些例子则包括了各种各样的修学旅游和夕阳红旅游线路。

对旅游业创新发展影响最大的是科技，科技通过对组织、制度、旅游者体验等方面的影响，在这些领域实现了大量创新。Hjalager(2015)基于能够有效改变或影响旅游发展的原则，从科技领域选出了 100 个改变旅游的创新项目，如表 9-1 所示(表中仅列出 992 页)，这些创新包括技术创新、组织和制度创新(区域合作、基础设施、消费者权益保护、治理现代化)。作者进一步从这 100 个创新项目对旅游的各个方面的影响进行了分析，其中，80%涉及旅游者的福祉和权益，59%涉及旅游企业的运营、生产力和资源的使用，50%改变了旅游者体验中产品和服务的特征与类型，45%增加了流动性，35%涉及形成新的旅游目的地，32%涉及制度变革，30%涉及制度或组织边界的信息传递过程。

表 9-1 改变旅游的 100 个创新项目

创新项目	年份	改变旅游进程的作用类型						
		1	2	3	4	5	6	7
护照	1414		√			√	√	√
出租车	1640		√			√		
气压计	1643		√	√				
博物馆	1683	√			√			√
温度计	1714		√	√				
旅行支票	1772		√	√				√
电池	1800					√		
安全带	1804		√					
远洋班轮	1818	√	√	√	√	√		
奎宁(治疟疾药)	1820			√				
公交车	1820		√	√	√	√		
地铁	1825	√	√	√	√	√	√	
国家公园	1832	√					√	
卧铺车	1837			√	√	√	√	
室内游泳池	1837		√					
自行车	1839		√			√		
电报	1844		√	√	√	√		
国家气象服务	1847		√	√			√	√
滑雪技术	1850	√	√		√			
电梯	1854		√	√				
行李箱	1854		√		√	√		
旅行保险	1864		√		√	√		√
医疗紧急服务	1865							√
苏伊士运河	1869		√	√	√	√		
电动路灯	1873		√					
汽车	1875	√	√		√	√		√
电话	1877		√	√			√	√
驾车	约1880	√	√	√		√		

续表

创新项目	年份	改变旅游进程的作用类型						
		1	2	3	4	5	6	7
玻璃纤维	1893	√	√	√		√		
折扣券	1895			√	√		√	√
自动扶梯	1896		√	√				
齐柏林飞艇	1900	√				√		
米其林指南	1900	√	√		√		√	√
滑翔	大约1900	√				√		
空调	1902		√	√	√			
大篷车	1907	√	√		√	√		
客机	1914	√	√	√	√	√	√	
雪地车	1916	√	√		√	√		
速食品	1916	√	√	√				
空中交通协会	1919		√	√		√	√	
高速公路	1922			√	√	√	√	
太阳镜	1929		√					
空乘人员服务	1930		√	√				
带薪假期	1936		√			√		√
购物推车	1936		√	√				
信用卡	1938		√	√			√	√
气垫床	大约1940	√	√					
防晒霜	1944		√					
露营	?	√	√		√			
计算机预订系统	1946		√	√		√	√	√
微波炉	1947	√	√					
电动桑拿浴炉子	大约1950	√			√			
中巴	1950	√	√	√	√	√		
雪地炮（人工造雪）	1950	√		√		√		
免疫计划	大约1950		√		√	√	√	
背包	1951	√	√			√		

续表

创新项目	年份	改变旅游进程的作用类型						
		1	2	3	4	5	6	7
水壶烤架	1952	√	√	√				
太阳能电池	1954		√	√		√		
超级商场	1956	√	√	√	√			
碳纤维	1958	√				√		
自动取款机	1959		√				√	√
自动门	1960		√	√		√		
家庭圆顶帐篷	大约1960	√	√			√		
滑雪场	大约1960	√		√	√			
袖珍照相机	1963	√						
充气式救生筏	1963			√				
滑雪板	1965	√						
条形码	1966		√	√	√		√	√
水池清理机器人	1967			√				
计算机电缆	1968	√	√	√	√	√		
气味科技	大约1970	√						
忠诚计划	1972	√	√	√		√	√	
孤独星球	1972	√	√		√		√	
射频标识	1973		√			√		
真空低温烹饪法	1974	√		√				
小酒吧	1974		√					
冲锋衣	1976	√	√			√		
航线放松管制	1978		√	√	√	√		√
摄像机	1983	√						
移动电话	1983	√	√	√		√	√	
滚动行李	1987		√			√		
自动草坪搬运机	1989			√				
万维网	1989	√	√	√	√		√	√
消费者权益保护	1990		√				√	√

续表

创新项目	年份	改变旅游进程的作用类型						
		1	2	3	4	5	6	7
在线地图	1993	√	√		√	√	√	√
电子机票	1994			√				√
二维码	1994	√		√	√		√	
申根协定	1995		√		√	√		
社交媒体	1997	√	√	√	√			√
博客	1997	√	√		√		√	
伟哥药物	1998	√						
共同货币欧元	1999		√	√		√		√
增强现实技术	1999	√					√	
全球定位系统	2000							
转基因高尔夫草皮	2003	√		√				
微博	2006	√	√	√		√		
人工扫描	2007						√	
人工气象	2008	√	√	√				
阿凡达服务机器人	2012			√	√			

(资料来源:Hjalager,2015)

注:表中1到7所代表的内容如下。
1为改变旅游者体验过程中的产品与服务的特征与种类。
2为提高旅游者的社会化层面或物质层面的效能,如旅游者权力的增加会对其自身产生增效。
3为提高旅游企业的生产力和效率,对输入端因素,如能源、劳动力、资本和土地等的重构。
4为形成新的旅游目的地。
5为提高目的地之间或目的地内的移动性。
6为改变组织间或组织内信息传递的方式。
7为改变制度逻辑和权力关系。

第三节 微细分——旅游市场创新的新方向

关于旅游业创新模式,以上提出的几种创新模式,不管是哪一种创新,似乎还是没有聚焦于解决最根本的问题,就是"顾客需要什么"的问题。换言之,如果我们把旅游活动作为一个载体,顾客的每一次出游都是希望通过这些活动的组合实现某种目的。就休闲旅游者来说,目的可能是完全的放松和享受;对于观光旅游者来说,目的可能是探索和欣赏。这种类型的创新我们似乎关注较少,却是旅游市场创新的未来方向。原因很简单,假设上述流程的创新和已有的产品创新沿着既有的轨迹发展,最终可能会产生以下几种结果。

第一种结果就是我们也成立像德国 TUI 这样的大企业,横跨整个旅游价值链,在交通工具、酒店、旅游零售商等方面全方位地掌握资源,凭借规模经济带来的低成本为顾客提供服务。

第二种结果就是高度分工的专业化市场体系,企业只盯住某一链条环节,通过专注带来的经验曲线提升构筑竞争力。例如妙计旅行,专门从事智能行程规划,不在网站售卖任何产品或服务。

第三种结果是越来越多元化的单项产品。

第四种结果是消费者的层级按照人口统计构成等特征分得越来越细。

可以看出,这些结果并不可能从旅游整体体验的角度解决"顾客需要什么"的问题。原因在于,顾客需要的不是旅游要素的简单组合,而是通过这些组合实现某种体验需求。我们目前的创新方式,似乎还是工业经济时代创新范式下的产物。如果我们意识到旅游的核心是一种"体验",就必须在体验经济范式下考虑创新问题。

基于此,我们尝试提出了"微细分"的创新方向。微细分是细分的深化和递进,它是基于消费者的不同偏好、行为预测等因素,将消费者划分成更为具体、特定的群体。一旦被确定,微细分市场中顾客的特定喜好、需求和欲望就能够通过针对性开发的产品得到充分的满足。通过微细分形成的微细市场中顾客数量不多,甚至其极端是每个顾客成为一个细分市场,而且他们的偏好行为能够被精确预测并被相应的营销活动直接影响。微细分不是市场营销的进步,而是生产技术的进步和信息分析的进步,它通过一系列如人工智能、算术和数据挖掘等技术,向公司提供基于产品类别、顾客的生命周期阶段和消费频率的顾客细分等信息,使供应商的营销能够更加精准地针对目标顾客。微细分相对于其他的营销技巧是一个相对较新的概念,但是这将是未来公司如何选择不同目标市场的关键。微细分通过最大化利用有效数据,生产出最能满足顾客需求的产品,并且可以更大限度地渗透到利基市场,同时扩大公司的市场份额及提高顾客忠诚度。

举例说明,故宫每年的接待量在 1500 万人次左右。但是这些游客——不管境内境外还是男女老少——游览故宫的路线、听到的解说词甚至是照相的位置,都大同小异。故宫这样一个潜在体验维度极广的产品以一种如此同质化的形式呈现,说明存在极大的创新机会。如果我们能够根据游客体验目的,对每年访问故宫的游客需求进行细分,就有可能开发出数百种不同的故宫游产品。由于基数大,即使是某种较为特殊的需求——例如 1000 位游客中有 1 位游客对明清家具感兴趣——也可以达到较大的需求总量：例如1.5万人。基于这1.5万人的此种需求开发的主题性产品就是微细分产品。可以想见，此类基于微细分的故宫游产品在游客游览结束后会给他们留下深刻印象或思索联想，由于这种印象或思索联想在满足体验方面的更高效率，要么提高了游客的满意度、要么节省了游客的时间，都可以获得溢价。故宫众多游客中可以挖掘的微细分产品还很多。在最细分情况下，微细分产品可能只满足一个人的需求。例如，笔者的一位外国朋友对郎世宁的宫廷画师经历很感兴趣，便专门请了一位熟悉乾隆年间宫廷史料的高级导游做了半天的游览解说，虽说花了较高的费用，但是觉得很满意。

当一国的旅游市场开始进入成熟阶段、游客已经具有较多旅游经历并对旅游体验形成了多元化需求的时候，微细分就已经具备了基本的条件。除此之外，这类创新的开展还受到其他一些条件的影响。在过去20多年的时间里，我们的旅游市场当中出现了很多创新创业活动。这些创新创业活动建立了新的商业模式，促进了规模经济的发展，降低了交易成本，并在单项要素方面产生了很多新的产品和服务。目前，中国旅游业已经进入一个新的发展阶段，消费者的旅游经验不断丰富、对品质和多元化的要求越来越高，再加上上述几个方面的有利条件，笔者认为，中国旅游业中微细分产品的创新机会已经出现，将为旅游企业提供极好的发展空间。

微细分产品创新的目的是更好地满足顾客的根本体验需求，这种创新有可能会改变旅游业现有的产品设计和创新方式，引领旅游业进入体验设计的时代。在近几年对产业的观察中，我们已经看到比较多的公司在做这样的尝试。我们希望以后有越来越多的旅游企业进行这方面的创新，为顾客提供真正能够满足其根本需求的产品与服务。

第十章 旅游企业开放式创新

第一节 企业开放式创新

一、企业开放式创新概念与模式

(一)企业开放式创新概念

开放式创新概念最早由 Chesbrough(2003)界定:企业通过与外部供应商、顾客等建立关系从而建立创新市场,通过边界拓展获取外部资源或出售内部资源的创新过程。其本质是知识在企业边界内外的流动,形式上体现为企业边界向外渗透、企业关系拓展。开放式创新核心思想是企业能够像使用内部创意、知识、技术等创新资源一样使用外部的创新资源,同时也像使用内部途径一样使用外部途径,将创新结果推向市场(Chesbrough,2013、2014;亨利·切萨布鲁夫等,2016)。开放式创新包含着发明到商业化的整个过程,是一种开放式的价值创新而非单纯的技术创新。

(二)企业开放式创新模式

根据知识的流动方向,开放式创新一般分为由外向内型、由内向外型和内外耦合型三种。其中,由外向内型开放式创新是将创意、过程或一个项目从外部引入内部,包括与大学或其他高等研究机构、供应商、顾客、竞争者、咨询公司、商业实验室、意见领袖、在线社区、众筹公司、创新中介公司等进行协作(Chesbrough 和 Crowther,2006;Chiaroni 等,2010、2011;Bianchi 等,2011)。由内向外型开放式创新是企业允许没有使用过的和使用不足的创意、资产、知识流出企业之外,被其他企业使用或共同使用(Arora、Fosfuri 和 Gambardella,2001;Maarse 和 Bogers,2012;Tranekjer 和 Knudsen,2012)。耦合型开放式创新将由外向内型开放式创新与由内向外型开放式创新结合,有意识地将知识流入与流出结合在一起,协作完成创新的开发与商业化过程。需要两个合作方共同开展发明和商业化活动,有目的地管理穿越组织边界的双向知识流(Bogers,2011;Bogers、Bekkers 和 Garanstrand,2012)。

后续学者则进一步在上述三种模式基础上,从不同视角进行分析。如 Dahlander 和 Gann(2010)从知识流向与交换逻辑(是否涉及金钱交易)两个维度得出开放式创新的四种模式:出售、公布、获取和开源。马文甲和高良谋(2014)通过对沈阳机床厂的开放式创新案例研究识别出了保守型、技术创新型、市场扩张型和双元型四种开放式创新模式。孙华等(2016)基于企业核心能力视角,根据对外界知识的使用方式的不同,将开放式创新分为广度和深度两种模式。其中,广度创新通过与大量不同的外界资源的合作,表现在合作者的多样性上;而深度创新模式强调与单一或有限的外界资源长期合作,对原有开放式创新模式研究的进一步深化。

也有学者从动态发展视角分析开放式创新的不同阶段的模式特征。赵武等(2016)提出了用户参与式创新、外部参与式创新、平台创新及跨平台创新四个不同阶段的不同模式。韦晓英(2019)对开放式创新下的企业人力资源管理策略变革问题进行研究,以海尔为案例进行分析,提出开放式创新下的人力资源管理变革逻辑思想。陶小龙和刘珊(2021)则根据不同的企业类型,将开放式创新分为数据驱动型和创新驱动型两种模式。

二、企业开放式创新影响因素研究

现有研究对企业开放式创新的影响因素研究较多,且围绕不同理论视角、不同层次进行了分析,然而关于企业如何根据这些影响因素及其关系来实现开放式创新,现有研究还较为缺乏。笔者结合国内外文献,对一些代表性和前沿性研究进行了梳理,如表 10-1 所示。

表 10-1 企业开放式创新影响因素研究归纳总结

理论视角/影响因素	影响因素	作者与时间
外部环境因素	外部环境动荡	Schweitzer,2011
	行业属性	Gassmann 和 Enkel,2008
知识管理视角	知识转移与知识管理	彭正龙和蒋旭灿,2011
	智力资本	吴晓云和李辉,2015
	知识体系重构	张永成,2015
	知识识别、获取、整合、转移等	果艳梅,2015
	企业间市场知识的异质性	赵伟勤,2018

续表

理论视角/影响因素	影响因素	作者与时间
知识管理视角	生态产业集群内知识转移	杨同华,2018
	知识场活性	魏国宏和闫强,2019
	知识吸收能力	陈劲等,2011
资源基础观	资源共享方式	蒋旭灿和彭正龙,2011
	外部关键资源获取	陈劲和吴波,2012
	资源的获取方式、获取渠道	Lichtenthaler,2011
	资源特质	陈钰芬,2013
	企业实际独占性机制(如内部技术保密机制、人力资源管理和顾客锁定程度等)、企业的开放度	阳银娟和陈劲,2018
社会网络视角	创新网络	崔海云和施建军,2016
	合作网络与合作程度	Nieto 和 Santamaria,2007;Faems 等,2007
	社会化网络、知识协同	闻波,2017
学习理论视角	组织学习	高良谋和于也丁,2015;Peris-Ortiz,2018
	关系学习	王丽平和赵飞跃,2016
双元性视角	组织二元性	郭晓晨,2016;Dabrowska 等,2019
	双元组织学习	岳鹄等,2018
	双元战略	王国弘,2015
创新主体的特征	创新主体的角色作用、资源、能力、文化和环境	吕一博等,2015
资源基础观与知识管理视角	资源约束与知识搜索(广度与深度)	谭云清等,2017
企业内部组织因素	组织结构、组织中的个人因素、组织内部的资源等	张卓和魏杰,2018
	市场和行业因素、组织因素和产品因素两大类	孙轻宇,2014

续表

理论视角/影响因素	影响因素	作者与时间
资源能力理论与交易成本理论	研发能力,环境不确定性,高水平的资产专用性	段利民和王磊,2018
高阶理论与资源基础观	CEO个性和资源拼凑	于淼和马文甲,2018
组织学习理论	创新主体的差异性(组织类型差异、技术能力差异和目标差异)、双元组织学习	岳鹄等,2018
综合多个理论视角	企业内源力、客户拉动力、供应商推动力、高校科研院所协同力、竞争对手竞争压力、科技中介服务力、政府政策激励力	刘志迎等,2018;West和Bogers,2017;Oliveira等,2018
其他	企业规模	Lazzarotti和Manzini,2009
	制度环境	王锋正等,2019
	开放度	Laursen和Salter,2006;Garriga,2013;陈劲和吴波,2012

可以看出,国内外研究从知识管理、资源基础观、组织学习、社会网络、高阶理论等多个理论视角对开放式创新的影响因素进行了分析。其中,知识管理视角与资源基础观是较多学者采用的研究视角,知识管理视角下的研究表明提高企业知识吸收能力是开放式创新成功的关键因素,企业对于自身知识的识别、获取、整合、转移等运作都积极促进开放式创新的实施,企业间知识的异质性、企业智力资本也是重要的影响因素(陈劲等,2011;果艳梅,2015;吴晓云和李辉,2015)。资源基础观视角下的研究表明企业的资源特质、资源获取方式、获取渠道、共享方式都是开放式创新成功实现的基础与保障(陈钰芬,2013;Lichtenthaler,2011;蒋旭灿和彭正龙,2011)。同时,外部环境对企业采取开放式创新的影响也不容忽视。Schweitzer(2011)指明,外部环境越动荡,越能促使企业寻求突破,也越有利于开放式创新的实施。社会网络视角下表明企业通过建立自己的创新网络与其他行业或企业通过知识协同、合作等方式来实现开放式创新(Nieto和Santamaria,2007;Faems等,2007;闻波,2017)。双元性视角对开放式创新的作用是近几年学者较多关注的,组织具有探索与利用二元性时更易实施开放式创新(Dabrowska

等,2019)。其中,双元组织学习与双元战略对开放式创新绩效具有积极作用(岳鹄等,2018;郭晓晨,2016)。基于产业层面的探究也是开放式创新研究的一个新热点,其中,产业集中度、产业成熟度、产业研发强度均对耦合型开放式创新有不同程度影响(潘闻闻,2021)。

通过以上的归纳总结可以清晰看出,早期的研究大多基于某一个单一研究理论视角或单一的研究对象来分析其对开放式创新的影响,到了 2017 年、2018 年,更多研究开始将两个或两个以上的理论进行综合分析,如综合资源基础观与知识管理视角分析得出资源约束对开放式创新绩效有负向影响,知识搜索的深度与广度对开放式创新绩效有正向影响(谭云清,2017)。综合高阶理论与资源基础观,探究出 CEO 个性和资源拼凑对开放式创新具有积极正向影响(于淼和马文甲,2018)。

第二节 旅游企业开放式创新研究

一、旅游与酒店企业开放式创新研究

自 2003 年以来,国内外的金融、运输和电信等生产服务型企业已逐步开始开展创新实践(De Jong 和 Vermeulen,2003),而酒店等生活服务型企业的创新一直较为落后(Droege、Hildebrand 和 Heras、Forcada,2009),并且尽管酒店企业知道创新工作很重要,但创新工作的开展仍然较为缓慢(Hjalager,2010;Campo 等,2014;Zach 和 Hill,2017)。近年来,随着旅游与酒店服务和目的地选择在全球范围内激增,旅游与酒店企业有效创新变得比以往任何时候都重要。但国外旅游与酒店企业等服务企业的创新研究整体上仍然处于探索阶段,国内相关研究则刚刚开始出现(江金波和唐金稳,2017;辛安娜和李树民,2015)。

关于酒店企业的创新研究主要包括酒店创新类型的区分、提升酒店创新能力与促进创新行动的影响因素以及创新的影响四个方面。酒店创新类型的区分主要依据创新对象的不同,包括服务创新(Orfila-Sintes,2005;Chen 等,2011)、市场创新、过程创新和管理创新(Vila,2012;Nieves 和 Segarra-Cipres,2014)。提升酒店创新能力包括员工的知识和能力(Nieves,2014)、管理者的经验与态度(Martínez-Ros,2012)、知识共享(许春晓,2010)、组织学习(唐健雄,2012)、团队文化(Chen,2011)等。促进创新行动的影响因素包括顾客能力、市场竞争(Orfila-Sintes 和 Mattsson,2009)和社会关系(Nieves,2015;Zach 和 Hill,2017)等。创新

的影响包括对企业市场价值(Nicolau,2013)、财务绩效(Mattsson,2014)、客户黏性和市场份额均产生积极影响(Campo,2014)。同时,作为服务企业,酒店的服务创新是较多学者关注与研究的重点,梁鹏(2015)研究表明,注重新服务开发流程、市场敏锐性、新服务开发战略、IT经验均对酒店创新绩效产生显著正向的影响。在服务的过程中,顾客是主要参与者,因此也有较多学者从顾客参与创新的角度进行探究。研究表明,以顾客为中心的共同创新是一个集体协作的过程,公司和顾客之间的共同价值创造更有利于创新的产生与传递(Cova,Dalli,2009),顾客参与企业创新的过程主要通过众包(Geiger,2011)、联合生产(Chathoth,2013)、共同创造(Vargo和Lusch,2004)三种形式。

在酒店开放式创新研究方面,完全以"酒店开放式创新"为主题的国内外相关研究还较少(如Pikkemaat等,2016;Diaconu和Dutu,2017;刘玲玉,2017)。现有研究围绕酒店开放式创新中的某个维度或特征展开,如酒店对外部知识的吸收研究,Orfila-Sintes等(2005)认为酒店创新中大多从外部引入研发技术,而不是通过内部研发活动来获取技术。又如酒店开放式创新中的协同特征,Zach(2016)分析了规模小的酒店在协同创新方面的特征。Diaconu和Dutu(2017)提出酒店的商业模式借由开放式创新视角对顾客、业主、供应商、技术提供商等进行整合和协同创新。Buhalis和Leung(2018)构建了一个智慧酒店生态系统,该系统为酒店的利益相关者增加了价值,从而体现酒店开放式创新特征。刘玲玉(2017)则在其硕士论文中提出酒店开放式创新概念并探索其基本维度和模式。Pikkemaat等(2016)对酒店业的众筹创新、技术驱动创新等开放式创新形式进行了分析。

此外,针对酒店创新主体、知识来源等方面的研究已经开始显现出对开放式创新的内涵和模式的研究,例如Hjalager(2010)提出嵌入性知识、外部竞争形成的知识、本地化知识等是酒店与旅游企业创新的来源。Camison和Monfort-Mir(2012)在分析技术创新时认为旅游与酒店企业的创新大多属于"供应商与技术服务商主导的创新",并且技术与顾客的需求有机结合的"技术创新二元论"对企业绩效影响更大,这是较为典型的外部知识与内部知识耦合的开放式创新。曾璐璐(2019)的研究表明,开放式创新涉及顾客、企业、中介机构和政府等参与主体,这种多主体共同参与构建网络化创新资源平台能更好地催生创新效应,激发服务业的转型与升级。

二、旅游与酒店企业开放式创新实现机制研究

现有研究中关于旅游与酒店等服务企业的开放式创新的影响因素和实现机制还较为少见。仅有部分研究针对影响因素进行分析,但并未探究各影响因素之

间的关系及共同作用机制。如邱玮(2013)针对苏州市的旅游开放式创新,挖掘出外部环境、旅游需求、资源禀赋、社会资本、政府推动五个影响因素及知识、资源与价值三种实现机制。Diaconu 和 Dutu(2017)探讨了基于顾客点评的酒店开放式创新与商业模式创新的关系。Zach(2016)分析了规模小的酒店在协同创新方面的影响因素,发现了创新的正式化、领导力支持、组织间沟通是影响因素,但没有对影响过程机制进行深入分析。刘玲玉(2017)通过实证研究,进一步分析了在线评论、信任和环境对酒店开放式创新的积极影响作用,但具体的作用机制并未剖析。欧阳淑敏(2017)以开放式服务创新为背景,着重讨论创新氛围、顾客参与和酒店成长之间的作用机理。张云(2018)构建"酒店开放度-知识共享-员工服务创新行为"模型,探究了开放度对员工服务创新的作用机理。张慧(2020)以"前寺舍"特色田园乡村建设为例,探究开放式创新设计战略在田园乡村建设中的应用。

第三节　旅游企业开放式创新案例分析

一、案例企业介绍

(一)亚朵酒店集团简介

亚朵入选 2017 年《哈佛商业评论》评选的"新物种"企业,其创立于 2013 年,同年 7 月 31 日,第一家亚朵酒店——西安南门店开始营业。其后打造多品牌战略,先后发布新品牌"亚朵轻居""亚朵 S 酒店""A. T. House""萨和""A. T. living"。2015 年 8 月 10 日,亚朵为旗下酒店硬件建设筹集资金发起众筹,筹得金额超出预期金额 330%。2016 年 11 月首创"IP 酒店",走上了跨界合作打造 IP 战略合作之路。2019 年 3 月 21 日,亚朵发起"321 亚朵生活节",向打造社区化酒店进阶。2020 年开始,亚朵深度整合酒店用品和零售产品供应链,发力场景零售。

亚朵的创新主要表现在以下方面。一是亚朵定位在凸显人文特色的中端精品酒店,并向生活方式空间发展。二是在商业模式方面,亚朵与其他行业的 IP 结合,形成了基于社群效应的吴晓波频道的吴酒店、戏剧主题的 THE DRAMA 酒店、新零售的网易严选酒店、网易云音乐的睡音乐酒店等 IP 酒店,未来也将与美食、体育、经济等多个领域融合,打造"所用即所购"的"体验式营销"场景电商平台,实现与用户的深层接触。在产品与服务创新方面,通过"服务产品化",打造品牌化、高质量、高标准、高投入的酒店产品,孵化出"亚朵心服务"等。

（二）旅悦集团简介

旅悦是携程集团的战略投资公司，有着天然的互联网基因。2016年由去哪儿内部孵化，致力于将互联网创新技术应用于传统旅游产业链，实现传统酒店与旅游行业管理与运营的科技化、便捷化与智能化发展。旅悦是一家集酒店管理、信息技术服务、供应链贸易、文化旅游于一体的旅游产业集团。目前旗下共有花筑、索性、蔚徕、柏纳、檀程、BeU等定位不同的酒店品牌。

旅悦的创新主要表现在以下方面。一是聚焦旅游产业链，集团层面成立三家公司，旅悦（天津）酒店管理公司、旅悦旅游信息技术（北京）有限公司、旅悦贸易（成都）有限公司，创新边界延伸到产业链各层面。二是以数据驱动运营，以科技驱动发展，凭借自己的技术研发团队研发多个内部系统并逐渐商业化发展，如阿拉丁全球智能选址系统、XPMS系统、CRS系统及"大管家"智慧服务体系等，赋能酒店各层面管理，用技术重塑业务流程，实现酒店的规模化发展。

二、亚朵和旅悦开放式创新模式分析

（一）亚朵酒店集团的开放式创新模式

自第一家亚朵酒店成立后，亚朵就定位于中端酒店，旨在与当时酒店市场中的两大主流——高星级酒店与经济型酒店相区别，在产品和服务的档次功能、经营管理等方面有较大差异。同时，亚朵酒店的定位突出人文要素与服务要素，这与当时市场中已经存在的中端酒店（如华住酒店集团的全季酒店、桔子水晶酒店、首旅如家酒店集团的和颐酒店等）相区别。到了2016年，亚朵的愿景发生了调整，从"成为中国影响力领先的酒店品牌"到"亚朵，第四空间，成就一种生活方式"，企业愿景的调整表明亚朵在整体发展模式上发生了重要调整，与此同时，开放式创新模式也开展得更好。

1. 顾客深度参与产品与服务设计

充分吸收顾客的意见，让顾客参与到产品与服务的设计环节是开放式创新的重要方面。从亚朵的案例看出，在酒店的产品和服务设计环节中，顾客的意见和参与行为得到了很好的重视，充分尊重并吸收顾客的意见，并加以改进。为了体现与其他酒店的差异性、创造增量价值，亚朵始终重视对客服务，并努力将服务开发成可复制的模块化产品，以适应后续连锁化的发展。此时，顾客的意见通过网络点评和"随手拍"项目得到了重视，并对亚朵提出的"服务产品化"形成具有重要作用。

利用移动互联网的线上交互功能实现线下服务质量的提升，将顾客的网络点评适当吸收到产品和服务的设计中。亚朵 2016 年利用移动互联网和社交媒体,推出"随手拍"产品。顾客创建自己的"随手拍",将意见或建议通过手机拍照以图片或文字等形式上传,亚朵后台工作人员会第一时间回复,对顾客提出的问题进行解决,对点赞评语进行感谢,对特殊要求进行个性化满足。总之,实现与顾客的线上实时互动。之后,"随手拍"除了作为顾客与亚朵互动的工具外,也成为亚朵提升服务质量管理和运营效率的重要依据。

2. 与书店和独立摄影师合作拓展产品

作为以文化为主题的酒店,亚朵试图将文化物化为诸多让顾客能够感受和体验到的元素,其中书店和摄影是其中的主要元素。

亚朵将酒店大堂打造成有校园和社区风格的"24 小时图书馆",并命名为"竹居"。并且试图实现每一个酒店的"24 小时图书馆"都有自己的特色,同时,顾客借书和还书的方式与图书馆一致:一是和会员绑定,扫二维码后借书的信息即可记录在会员数据库里;二是可以在异地的亚朵酒店还书,仍然是通过扫码还书,可以追踪书的流向。

摄影的产品则和创始团队的兴趣相关,也被试图打造成亚朵满足顾客文化层面需求的产品。围绕摄影作品,亚朵首先"发动"了一批签约摄影师,他们可以在亚朵平台上举办摄影展、摄影分享会以及售卖摄影衍生品,亚朵的自媒体也常常推荐摄影师作品。同时,很多摄影师也成为会员,部分会员也将成为摄影师,也就是说每个房间的摄影作品将会有更多亚朵的会员来参与"生产和设计"。

3. 利用空间场景与电商平台重塑酒店与供应商关系

酒店与供应商之间的供应链关系一直是较为传统的上下游交易关系。而亚朵则试图重塑这种交易关系,改变传统的协作方式。亚朵充分利用酒店的空间,将其打造为与顾客需求特征相一致的"消费场景"进行场景营销。一方面,酒店的供应商可以对这一"消费场景"与亚朵共同设计完成,将自己企业的风格、特色融入酒店的整体风格、设备设施、服务项目等,同时可以将自己的产品置入该场景中供顾客体验。另一方面,亚朵秉持"可用即可买"的思路,很多产品可以现场扫二维码进行下单购买和送货,利用亚朵自身的电商平台,以及第三方电商平台(如网易严选)实现场景营销与线上平台购买的有机结合,通过体验式营销促进顾客的购买决策。2017 年亚朵与网易严选打造的亚朵网易严选酒店就是这一方面开放式创新的典型案例。

4. 用户成为"产消者"和"投消者"

亚朵借鉴比尔·奎恩在《生产消费者力量》一书提出的"产消者"(prosumer)概念,将亚朵的顾客也称为"产消者"和"投消者"(invesumer),进一步促使顾客参与到与消费相关的各个环节以及参与到投资亚朵的环节中,通过参与消费和相关活动、投资等,提升用户的黏性。

第一,将用户作为"社群",并组织更多线下活动。

亚朵借鉴吸收互联网时代社群经营的做法,从顾客网络点评和"随手拍",到更加注重线下活动,为具有相同兴趣爱好的社群定期举办沙龙活动,共同提升亚朵运营用户社群的效果。同时,为进一步提升文化内涵特征,亚朵也会与出版社合作共同为用户举办线下交流活动,此时,亚朵已不再只强调酒店的空间或功能属性,而更多是以"生活方式"的空间来打造人文的环境提供和内容的输出,让用户更好地认同亚朵的理念。例如,2017 年 12 月 16 日,水墨艺术家李知弥做客南京新街口亚朵酒店,畅聊"生活的艺术、艺术地生活"。像这样的沙龙活动,亚朵一年要举办几十场,力求将有趣、人文的生活方式与顾客共享。

第二,让顾客成为投资者,通过众筹方式增加黏性。

亚朵采用众筹方式,使用户成为酒店的投资者,使得用户不仅对其投资的酒店的经营管理和入住体验有更多期望,而且也对亚朵整个品牌有较强归属感。2016 年一年之内,亚朵通过各个平台发起 6 次众筹,统计下来有超 5000 多名会员参与众筹活动,具有极大的黏性,同时这些众筹会员的住宿次数大多超过 10 次,累积增长会员数可达 10 万以上。

5. 协同开发 IP 酒店,"酒店＋X"的开放式创新模式形成

互联网时代,IP 这种"自带流量的内容"成为社群运营的重要方面。亚朵在与用户进行深度互动的同时,也逐渐开始探索与各个拥有"超级 IP"的组织进行合作开发产品,寻找与自己风格、类型相匹配的 IP 合作方,对酒店的主题定位、装修风格、产品服务等进行共同研发。

自 2016 年以来,亚朵与诸多 IP 公司进行合作,共同研发多个 IP 酒店。2016 年 11 月,亚朵与吴晓波频道合作打造亚朵·吴酒店,首创 IP 酒店模式。随后,与百老汇戏剧 *Sleep No More* 结合打造 THE DRAMA 酒店、与网易严选合作的亚朵·网易严选酒店。2017 年 11 月,亚朵还尝试与马蜂窝合作打造"旅行人格"快闪酒店等。2019 年 7 月,亚朵·网易严选酒店落地成都,这也是亚朵继吴酒店之后第二个 IP 酒店的复制输出。同年 9 月,亚朵与上海美术电影制片厂联合打造亚朵·美影酒店,以 AR 投影和内容空间实现了社区中心酒店理念。亚朵与多家机构协同开发推出新产品如表 10-2 所示。

表 10-2　亚朵与多家机构协同开发推出新产品

产品名称	协同开发者	特征
亚朵·吴酒店	吴晓波频道	社群运营、IP 酒店
THE DRAMA 酒店	百老汇戏剧 *Sleep No More*	戏剧主题酒店、小型轻奢酒店(SLH)

续表

产品名称	协同开发者	特征
亚朵·网易严选酒店	网易严选	场景营销、O2O
亚朵·美影酒店	上海美术电影制片厂	社区中心酒店
"旅行人格"快闪酒店	马蜂窝	轻量化跨界合作、快闪酒店
"有问题"酒店	知乎	知识跨界主题酒店
网易云音乐·亚朵轻居酒店	网易云音乐	睡音乐主题酒店、持续的内容运营与定制化服务
亚朵·QQ超级会员酒店	腾讯QQ	QQ主题、AR、刷脸入住等高科技等
亚朵果壳主题房	果壳网	科普文化主题
亚朵同道大叔主题房	同道大叔	星座文化主题
亚朵虎扑体育主题房	虎扑体育	体育篮球主题
亚朵花加主题房	花加	鲜花文化主题
亚朵穷游主题房	穷游网	旅行文化主题
亚朵网易漫画主题房	网易漫画	漫画文化主题

（资料来源：整理自亚朵官网）

6. 对加盟商的赋能与获取创意来源

亚朵高速成长离不开其采用的特许经营方式，而特许经营模式中亚朵与加盟商的协作关系则是开放式创新中的一个重要维度。与其他酒店集团的特许经营模式有较大差异的是，亚朵提出了"全员加盟、全员特许"，也就是将该公司看成是为加盟商服务的一个特许服务商，公司都要围绕加盟商的需求和提出的问题开展业务，对加盟商进行服务和赋能，由此，加盟商的需求与提出的问题也是开放式创新的创意来源之一。

亚朵总部成立特许服务平台，通过跨部门协调，为公司所有加盟商提供服务。首先，公司将为加盟业主提供全面的加盟标准和管理规范，以保证对门店对质量监控。其次，当业主在经营过程中遇到问题时可以通过平台反馈，以获得亚朵的服务支持。

7. 更加多元、开放的创意来源

在亚朵诸多开放式创新的来源中，处于最外围和边缘的来源往往更具有突破性的创新价值，因为这些创意与现有创新距离较远，一旦进行尝试与探索并取得好的效果，则会成为重要的开放式创新的创意来源。亚朵的开放式创新主要包括从星巴克、迪士尼、湖畔创研中心和高校等获取创意来源。其中，星巴克和迪士尼是亚朵发展中两个不同阶段的对标企业。亚朵在对标过程中学习和吸收了多种做法,为亚朵上述创新提供创意来源。例如,亚朵借鉴了星巴克的第三空间文化,将亚朵酒店定义为用户在旅途中的第四空间;亚朵创始人王海军也通过参加湖畔大学学习的方式来吸收互联网时代下的企业创新做法,将传统行业和互联网相结合。

此外,亚朵也与高校合作,通过举办创意大赛的形式获取创意的灵感。2016年12月22日,亚朵生活与北京第二外国语学院酒店管理学院共同举办"未来生活"微创意大赛(第一季),面向全国酒店管理、旅游管理等专业的学生共245组团队进行选拔,其中部分作品《未来酒店客房卫生间洗晾干一体化创新方案》《谖忧助眠灯》等得到了亚朵的支持。

根据以上论述,亚朵的开放式创新,始终是以用户为导向,通过用户参与的方式不断拓展创新边界,参与阶段与形式更加丰富与深入,促使开放式创新程度不断加深。由以实体空间为核心载体的创新系统逐渐向分布式、生态化创新系统转化,最终形成以用户为导向的多行业发散型开放式创新模式,如图10-1所示。

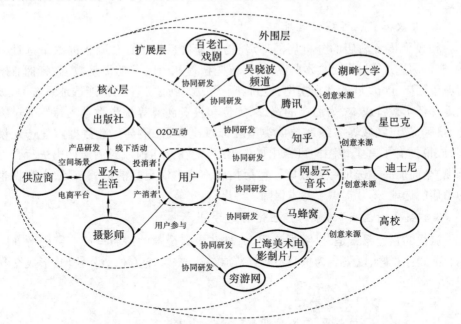

图10-1 以用户为导向的多行业发散型开放式创新模式

(二)旅悦集团的开放式创新模式

旅悦集团成立于2016年,是由携程战略投资、去哪儿内部孵化的一家集酒店管理、信息技术、采购贸易于一体的旅游产业集团,创立了基于景区目的地的精品度假酒店品牌——花筑。从初创起就具有先天互联网基因,依托于携程、去哪儿的用户数据，发现新商机、智能选址，以数据驱动运营，以科技驱动发展，将"以数据为驱动，打造比肩全球的旅游全产业链服务商"作为企业愿景。2017年后，旅悦集团不断加大技术赋能力度，自主研发集团管理系统CRS、酒店管理系统XPMS以及各细分业务管控系统，实现技术驱动业务，技术优化开发、运营、管理等流程。同时，品牌多元化发展，不断探索新的商业模式，将酒店衍生产业链，如酒店客用品配置与采集、培训学院、用户在线商城等衍生服务做到极致，以酒店为载体，围绕旅游全产业链进行深耕，实现单维度酒店的多维度发展。

1. 大数据发现市场新商机

依照携程、去哪儿大数据的"指引"，多年累积的OTA大数据清晰有力直指景区酒店市场空白为旅悦的出现带来了契机。景区酒店对OTA依赖度极高但没有合适的品牌出现，将线上流量变现填补线下的在途经济成为一个很好的市场切入点，依托OTA的线上流量，从线上为线下酒店引流，从而弥补携程生态体系中的在途经济。

2. 大数据智能可视化选址

相较于传统酒店的分析周围环境、物业等信息得出评估报告的线下选址方式，旅悦的选址方式则是"数据说话"。依托携程和去哪儿的海量数据，将拥有所有城市酒店Top200的数据模型，挂到自主研发的阿拉丁全球智能选址系统中，极大地降低了运营成本，为酒店的选址、定位和投资测算等提供数据支持。通过物业、景区、热点区域等多维度数据类型融合对比分析，整合离散数据构建选址模型，旅悦拥有了基于地图的可视化操作界面，能在开店前就对酒店产出进行合理预测，全面提高了选址综合效能。包括拓展不确定性更高的海外市场，大数据也为酒店的选址、筹开提供了基本保障。

3. "链条对链条"的旅游产业链打造方针

旅悦的企业愿景是"以数据为驱动，打造比肩全球的旅游全产业链服务商"，拥有前瞻性视角，以酒店为核心不断打造旅游生态链，全方位对外输出，形成交易闭环。

第一，一个集团，三家公司。

从整个集团层面来看，旅悦是拥有三家公司的集成商。

旅悦（天津）酒店管理公司，为业主提供专业的酒店管理指导，通过线下委派店长、线上集中运营的"双轨制"管理，辅以旅悦大学的定期培训，极大降低业主管理难度。

旅悦旅游信息技术（北京）有限公司，针对酒店经营管理上业绩不佳、管理难、知名度小、运营成本高等痛点，从技术角度建立"大管家智慧管理体系"并对外输出，包括日常经营管理、智能定价、成本与收入把控等诸多流程。

旅悦贸易(成都)有限公司,在线上建立独立运营的"旅悦致品"商城,建立自有一体化采购服务平台,实现旗下酒店住宿物资统一集采,降低采购成本。

此外,旅悦集团还在进出口贸易、艺术品售卖、纺织品洗涤租赁、酒店管理培训等衍生行业呈现出链条对链条式的酒店服务完整闭环。

第二,成立文旅事业部,探索新商业模式。

识别到景区酒店的淡旺季现象严重、住宿房费有天花板这一痛点,2017年旅悦开始尝试体验式营销,在平台事业部下面设立文旅事业部,兼做顾客的二次消费,为顾客提供挖松茸体验,以及购买景区门票和当地土特产等服务。2019年,文旅事业部被单独拆分出来,重点发力。旅悦还推出管家专属服务,从住客预订花筑酒店开始,囊括旅行的各个环节,包括旅行方案的制订、当地车辆预订、导游预约等,满足住客旅行过程中的各类需求,让酒店门店成为线下入口,打破门店收益的天花板,在提升入住体验的同时增加酒店的品牌附加值。此外,对于门店空间也进行了探索与创新,与瑞幸咖啡、携程旅游合作,试图打造共享空间,提升门店坪效。

4. 多系统赋能酒店各层面管理,技术重塑业务流程

2017年,旅悦除背靠OTA大数据外,开始尝试不断拓宽创新边界,大量投入系统化建设,接连自主研发了涵盖酒店经营管理、集团管理、业务管控三方面的多个软件系统,吸收与学习全互联网资源,通过快速研发与迭代,实现了技术驱动业务、系统解决人力,向实现系统独立商业化的进程不断迈进。同时,技术产品团队的升级迭代速度也十分迅速,B端有30多个产品线,已涵盖集团管理层面、细分业务层面、酒店经营层面。C端产品包括旅悦官网、花筑旅行App。旅悦自主研发系统的技术创新如表10-3所示。

表10-3 旅悦自主研发系统的技术创新

业务层面	系统	功能
集团管理	集团管理系统CRS	集团渠道整合;运营团队集中运营;日历房库存管控;预售房打包售卖
各业务线	物业系统、品牌系统、财务系统、业主系统	签约酒店的全生命周期管理
酒店经营	酒店经营系统XPMS	智能定价;收益管理;渠道管理;经营管理;智能硬件管理;集团管理;核心业务管理;供应链管理;运营咨询
酒店选址	阿拉丁全球智能选址系统	智能可视化选址

续表

业务层面	系统	功能
用户触达	花筑旅行 App	官方预订平台,涵盖旅游攻略、旅行定制、旅拍交友等,集吃、住、行、游、购、娱于一体的真实旅途互动社区

5. 国际化发展,全域酒店品牌化

旅悦集团创立之初,从非标住宿切入市场,打造旅游精品度假酒店品牌花筑,并快速扩张,实现非标住宿连锁化、品牌化。在助力非标准度假酒店的品牌连锁化之外,2018年,开始将触角伸向中端及经济型酒店。推出了新一代生活方式,即标准中端酒店品牌蔚徕、轻质连锁酒店品牌索性、中端商务酒店品牌柏纳以及高端酒店及度假村品牌檀程。品牌从中低端到高端,覆盖不同的住宿业态,引领集团进一步向纵深化方向发展。旅悦旗下品牌详见表10-4。同时,旅悦集团定位为国际化公司,酒店业务在海外扩张十分迅速,遍布日本、韩国、泰国、印度、新西兰、澳大利亚等全球十余个国家的200余个目的地。2019年重点开发印度市场,旗下印度商务连锁酒店品牌BeU的第一家门店正式开业,通过完全独立的公司和业务,实行本土化运营。携程是印度最大OTA平台MakeMyTrip的最大股东,可以说旅悦拥有国内外OTA巨头的双向扶持,拥有众多的流量入口。

表10-4 旅悦旗下品牌

品牌	定位
花筑	精品度假酒店
蔚徕	标准中端酒店
索性	轻质连锁酒店
柏纳	中端商务酒店
檀程	高端酒店及度假村
BeU	印度商务连锁酒店

(资料来源:旅游集团官网(截止到2019年12月))

6. 业主与用户的双向互联网营销

在营销方面,旅悦前期采用强有力的"地推"模式,传承了去哪儿的地推文化,主要通过"扫大街"拉人注册等方式进行推广。与此同时,连锁性品牌是用户在线下建立信任的第一步,通过内容让年轻人聚集起来是旅悦发展的另一个方向。成立数字营销中心,与新浪微博达成战略合作,依托微博平台共建花筑民宿达人生态,携手打造"一花一筑一世界"的线上IP。通过丰富的产品、精准的分发机制、定制话题,将花筑旅行的民宿资源有效送达用户,进一步提升产品转化。

针对业主方,旅悦帮助门店做线上线下的导流,背靠携程、去哪儿两大OTA巨头让旅悦有着强势的集团OTA运营,加盟旅悦的会员企业有天然的流量优势,同时旅悦还签约了6000家左右的旅行社为门店输送订单。

总之,旅悦的开放式创新,始终是以技术为导向,通过技术赋能的方式不断拓展创新边界,采用的技术资源更加全面,促使开放式创新程度不断加深。由以OTA大数据为核心载体的创新系统逐渐向全面互联网、全旅游产业链创新系统转化,最终形成以技术为导向的旅游产业链横向型开放式创新模式,如图10-2所示。

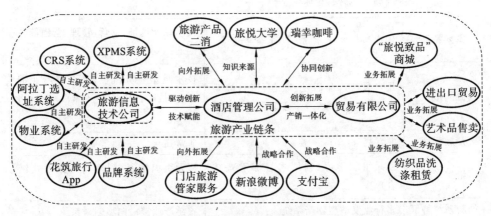

图10-2 以技术为导向的旅游产业链横向型开放式创新模式

通过上述亚朵与旅悦酒店集团开放式创新案例分析,我们总结出酒店开放式创新的两种不同模式:第一种模式是以用户为导向的多行业发散型开放式创新模式;第二种模式则是以技术为导向的旅游产业链横向型开放式创新模式。

在以用户为导向的多行业发散型开放式创新模式下,企业表现出的创新特征主要为:拓宽原有知识边界触达用户生活方式,深度了解用户需求,并以此作为创意的核心来源。用户参与设计、消费、投资等全过程,通过用户参与产品研发、联合营销、战略联盟、合作开发、产学研融合等协同形式来打造企业多行业发散型的创新系统,呈现出具有高开放度的内外耦合开放式创新。

在以技术为导向的旅游产业链横向型开放式创新模式下,企业表现出的创新特征主要为:不断拓宽企业知识边界,充分利用OTA大数据与全互联网资源,并以此作为创意的核心来源。技术赋能选址、运营、管理、营销等各层面,通过技术重塑业务流程、上下游产业链整合、战略合作、国内外OTA合作、孵化等形式来打造旅游产业链横向型创新系统,呈现出具有高开放度的内外耦合开放式创新。表10-5总结了酒店两种开放式创新模式对比分析的结果。

表 10-5　酒店两种开放式创新模式对比分析

维度	以用户为导向的多行业发散型开放式创新模式	以技术为导向的旅游产业链横向型开放式创新模式
知识边界	用户生活方式、用户需求	OTA 大数据、全互联网资源
知识流向	内外耦合开放式创新	内外耦合开放式创新
创意来源	核心层：用户、合作商、供应商 拓展层：特许加盟商、具有 IP 属性的个人或公司 外围层：院校、对标企业	OTA 大数据：携程、去哪儿 全互联网资源：XPMS、CRS、花筑旅行 App、微博、线上商城
主要特征	用户参与设计、消费、投资等全过程	技术赋能选址、运营、管理、营销等各层面
协同形式	用户参与产品研发、联合营销；战略联盟；合作开发；产学研融合；孵化	技术重塑业务流程；上下游产业链整合；战略合作；国内外 OTA 合作；孵化
开放程度	非常高	非常高
组织学习	双元组织学习（利用式与探索式结合）	双元组织学习（利用式与探索式结合）
创新系统特征	多行业发散型创新系统	旅游产业链横向型创新系统

第十一章 旅游企业管理创新

第一节 旅游企业管理创新相关理论

一、管理创新概述

创新是企业管理中的常见概念,现有对创新的研究集中于产品创新、管理创新、技术创新、服务创新、商业模式创新、组织战略创新等领域。不同于产品创新与服务创新等微观角度,管理创新从宏观视角出发,聚焦于企业的组织、模式与机制,合理配置企业资源,优化经营管理流程,从而实现企业效益最大化。管理创新涵盖企业的各领域、各环节,对管理绩效、领导者行为与角色、企业流程效率、企业价值与声誉等内容产生重要影响。早期学者对管理创新的研究集中于对理论和概念的梳理,近年来,管理创新被应用在各种企业管理的实证研究中,探究管理创新的驱动因素、模式创新与发展的过程机理。

1912年熊彼特首次提出"创新"概念,现在对创新的研究主要从两种类型进行区分:技术创新和非技术创新(Damanpour 和 Aravind,2012)。大部分对于创新的研究,都集中在以技术为基础的产品和过程创新上。产品创新聚焦于企业提供的新产品与服务,过程创新被定义为在企业的生产或服务运作中引入新元素来生产产品或提供服务。管理创新是非技术创新的代表,从宏观角度对企业管理进行创新,不仅能提升企业绩效,还能使企业在市场中获得更持久的、难以复制的竞争优势(Pisano 和 Teece,2007)。

(一)管理创新的概念和维度

1. 管理创新的概念

管理创新的概念可从微观和宏观两个维度进行理解。微观角度的管理创新是组织实施创新的具体方式与手段。Hamel(2006)认为,管理创新是一种改变组织管理工作的执行方式,与传统的管理原则、流程和实践以及组织形式有显著区别。因此，管理创新表现为截然不同的管理职能与组织方式，并深受公司高层管理人员的执行特征和社会文化的影响(Hoffman 和 Hegarty,1993)。宏观角度的管理创新涵盖组织运营的全过程和多环节，组织创新、非技术创新、行政创新、流程创新都是管理创新的进一步发展与补充，为组织带来持久市场竞争动力。Birkinshaw 等(2008)论述了管理创新的四种不同视角，即制度、时尚、文化和理性视角，将管理创新定义为"一种管理实践、过程、结构或技术的发明和实施，这种管理实践、过程、结构或技术是最新的，旨在进一步实现组织目标"。基于过程的管理创新聚焦于实践中的新管理思想和工具对组织的影响机制，同时将管理创新作为过程方法探索创新在组织中如何产生、发展、扩散、采用或实施的具体流程。Knights(2002)将管理创新嵌入更广泛的组织背景中，组织中的不同社会力量会对其产生作用，认为管理创新是指将一种新的管理实践、工具、过程、结构或技术转变为组织实践的社会建构过程。

2. 管理创新的维度

现有研究对管理创新进行了不同维度的分类。部分学者基于管理创新的种类进行维度划分。Birkinshaw 等(2008)提出，管理创新的维度有四类，分别为管理实践、管理过程、组织结构和管理技术。Damanpour 和 Aravind(2011)认为，管理创新由战略与结构创新、形式与程序创新、信息技术与管理维度创新、探索性创新与利用式创新构成。Hecker 和 Ganter(2013)将管理创新划分为企业工作场所组织的创新、企业知识管理的创新、公司对外关系的创新。部分学者从管理创新的过程出发，对管理创新维度进行划分。Hollen、Van Den Bosch 和 Volberda(2013)提出管理创新的四步骤：设定目标、激励员工、人员协作、决策实施。从组织管理的研究视角切入也是管理创新维度划分的关键。Krasnicka 等(2016)将整个组织或其重要领域的管理纳入管理创新中，提出管理创新包括战略维度、结构维度、员工激励与发展维度、组织间关系与伙伴关系维度以及信息通信技术维度。

（二）管理创新的研究内容

对管理创新的研究已经较为丰富，通过对国内外文献的综述发现，现有对管理创新的研究集中于三类，可将其概括为管理创新作用机制、管理创新模式构建和管理创新过程机理三个维度进行分析。

1. 管理创新作用机制

对管理创新的作用机制研究是创新文献的研究重点，现有文献主要探究管理创新与其他因素的关系。部分学者提出管理创新的影响因素取决于组织内外部资源的使用，如知识交流(Cerne 等,2013)、变革型和交易型领导行为(Vaccaro 等,2012)、基于承诺的人力资源系统(Ceylan,2013)、组织规模、劳动力特征、市范围、政策、组织文化、国家文化（Büschgens 等，2013；Hogan 和 Coote，2014；Hsieh，2011）等。Vaccaro 等（2012）认为领导风格，特别是变革型和交易型领导风格是影响组织管理创新的关键因素，与此同时，组织规模在其中发挥调节作用。研究发现，两种领导风格对管理创新都有影响。然而，交易型领导在较小的、不那么复杂的组织中对管理创新贡献更多，而变革型领导在管理创新方面对大型、复杂的组织更有效。Cerne 等（2013）对三个国家的企业进行知识交流的数据搜集，提出组织的内部知识交流是管理创新的重要关联因素，同时知识交流通过已开发和使用的 IT 系统促使管理创新的发生，使信息和知识在组织内流动。

相关研究人员也试图评估管理创新活动的结果。因此，许多研究表明引入管理创新对公司的绩效具有积极的影响。管理创新可以提高公司的声誉（Staw 和 Epstein，2000）、运营效率（Mavondo 等，2005）、生产率（Mol 和 Birkinshaw，2009）、绩效，使公司具有持续的竞争优势（Camisón 和 Villar-López，2011），促进公司动态能力的发展（Gebauer，2011），优化公司营销创新活动流程（Ceylan，2013）等。余传鹏等（2020）将管理创新研究划分为利用式创新和探索式创新两个维度，探究管理创新对企业绩效的作用，研究表明利用式管理创新对企业绩效呈现倒"U"形关系；探索式管理创新与企业绩效呈正"U"形关系。Ozturk 等（2020）对土耳其的新兴经济体公司进行管理创新研究，探析组织管理与产品、流程创新的关系，研究表明新的管理实践和制度转型加剧了市场竞争，变革性公司更易于管理创新，采用灵活的管理流程，改进公司产品，从而获取企业高绩效。

2. 管理创新模式构建

管理创新被认为是组织战略和可持续经营的一个关键方面，因为它在开拓和探索新的经营方式、改善服务方面提供了竞争优势。March（1991）认为，在设计有效的组织时，开发活动指的是"改进和扩展现有能力、技术和模式"，而勘探活动的重点是"试验新的替代办法"，组织创新则为新模式的构建与开发。在激烈的市场竞争中，如何进行企业管理模式创新是组织领域研究的重点话题。苏敬勤和林海芬（2013）对产品创新过程与管理创新的关系进行探索性研究，通过对产品创新过程中涉及的管理创新活动进行分解发现，品牌创新、组织结构创新、营销模式创新这三项管理创新活动对产品的影响最为显著，同时构建出产品创新过程与管理创新三个维度之间的关系模型。余传鹏（2019）基于技术接受模型对企业管理创新过程机制进行研究，分析了技术接受模型的两个维度，即感知有用性和感知易用性，提出技术接受模型的两个维度在管理创新和成长绩效中起到正向的调节作用。

组织在管理过程中采用的新实践方法与管理工具是管理模式创新的一部分，全面质量管理、平衡计分卡、精益组织、质量循环、成本核算、360度反馈法是管理创新工具与管理创新实践的发展。Ahire 和 Ravichandran(2001)调查了全面质量管理的控制和实施,认为实施要经历四个阶段,即采用、适应、接受和使用,在全面质量管理的实施过程中领导的战略规划与决策发挥着重要的作用。全面质量管理和精益组织是新型的组织创新模式,平衡计分卡是组织绩效的考核指标,也是组织在进行管理创新衡量的关键因素。

3. 管理创新过程机理

基于过程视角的管理创新是理论研究的另一个维度,强调管理创新作为一种新的管理实践、流程在组织中得以运用,探索组织中创新产生、发展、扩散和实践的具体步骤。管理创新是一个漫长且复杂的过程。部分学者对管理创新进行了阶段划分。Ahire 和 Ravichandran(2001)调查了全面质量管理的控制与实施进程,认为组织的全面质量管理要经历四个阶段,分别为采用、适应、接受和使用,而在采用这一过程中,领导者发挥至关重要的作用。仲伟俊(2013)提出企业管理创新的过程模型,将其概括为分析管理创新需求、确定管理创新目标和任务、设计管理模式、实施管理模式与对管理模式进行效果评估,明确企业管理创新的五个阶段。薛捷(2011)构建了管理创新生成机制的概念框架,探究管理创新内外部的变革者在管理创新中的具体作用。在组织的管理创新过程中,企业内部的变革性领导发挥着巨大的作用,与此同时,专业咨询顾问、专家学者等外部变革者在管理创新进程中同样具有不可替代的作用,两者应深入合作推动组织的发展。Lin、Su 和 Higgins(2016)提出了其他发展中国家管理创新的四个阶段,包括启动、外部搜索、提案开发和实施。这些研究大多集中在管理创新的第一阶段,即从新的想法到实际的实践或工具的转变,以应用到组织与实践流程中。

Nguyen(2021)将组织的管理创新过程划分为三个阶段,分别为外化、客观化与内在化。外化指赋予产品或符号意义,用于产品的传递与沟通。外化包括主动外化与被动外化,现有的主动外化研究常集中于管理者或者领导者的管理行为,探究领导者在组织中进行管理创新的意义和结果。客观化指将产品或物体赋予一定的意义后,对该概念进行客观固化,使其发展成为组织战略、新职务、新工具等具体形态,此过程中,组织的领导者权力发挥着重要作用。内在化是次组织战略与新工具向外部推广的过程,使得一个群体对此产生共同的理解。三个阶段以此往复,不断循环,使得组织不断进行管理创新,推动企业的向前发展。

二、旅游企业管理创新概述

关于旅游与酒店企业的管理创新研究更多强调以问题为导向,集中于企业微观层面,探讨组织实施管理创新对绩效提升与企业资源整合的具体作用。Hassi

(2018)对酒店中领导者角色与组织管理创新的关系进行梳理,提出创新氛围是实施管理创新的有效工具,在友善、积极的组织氛围中,员工对创造力的认识、灵活的改变和足够的创新资源为领导授权采用新的管理实践、流程或结构铺平了道路。Saman(2020)将巴基斯坦酒店作为数据搜集地,对215名来自酒店业的从业者进行访谈,探究市场学习对管理创新的影响,以及知识整合作为中介发挥的具体作用。研究结果表明,管理创新受到市场学习的驱动,市场学习、知识整合与管理创新之间存在显著关系。成功的组织将知识整合和管理创新作为其文化传播的关键部分,以此提高企业生产力和员工参与度。管理者要加强对市场现状的研究和学习,从而提高企业的整体绩效。

基于企业管理创新的不断发展,组织创新、非技术创新、行政创新、流程创新、战略创新都是管理创新领域的进一步发展与补充,丰富了管理创新的研究内容,管理创新的视角在旅游企业中也得到相应的拓展。本部分借鉴 Teresa(2016)对管理创新的维度划分,从企业战略创新、组织结构创新、员工激励与发展创新、信息技术创新四个维度对旅游企业的管理创新实践进行归类与探讨。

企业战略创新是管理创新的一部分,战略创新可以与新竞争战略的发展联系起来,为组织创造市场价值。González(2011)认为,旅游企业的开放式创新和决策过程可以作为进入和定位某一旅游市场的便利工具,要关注竞争对手的变化和寻求知识的广泛来源,从而促进创新体系的重新配置,鼓励企业参与到全球旅游市场的竞争中(Williams,2011)。携程作为国内最大的OTA,最早进入在线旅游市场,将企业产品聚焦于提供在线旅游服务。携程借助国内互联网新技术的发展,在其他传统旅游企业尚未识别互联网的时机时,对企业进行了颠覆传统的战略创新,从而占据市场主导地位。随着个体活动向互联网领域的转移,马蜂窝找准旅游虚拟社区平台作为市场空白点,聚集线上人群,形成了获取旅游地信息、内容分享的平台,获得市场的认可。改变传统企业的定位战略,对企业战略的不断创新是管理创新的关键环节。

建立新的组织结构是管理创新的一个维度。组织的创新主要依赖于对组织结构的调整,以及对新产品、服务、流程的优化。组织应该专注于渐进式的改进和学习过程,促使组织文化变化,参与到组织的所有领域,以解放创新的发展,并提高生产力、竞争力和增长动力(Cruz 和 Puente,2012;Sánchez,2015)。Zuzana(2016)对斯洛伐克的旅游组织结构再造进行了案例分析,对旅游组织结构进行了相应的调整与优化,提出要创建从国家到地方一级新的组织结构,实现的方法是自上向下和自下向上方法的结合。新的组织结构对原有结构进行了创新,优化组织资源,从而实现组织的可持续发展。

组织中的创新主要依赖于员工活动,人力资本开发与员工激励在管理创新中的关键作用已在酒店业研究中得到认可。Jones(1996)强调,人员培训是酒店管理创新发展过程的15步方法的一部分。同样,Ottenbacher(2007)认为,员工管理是德国酒店管理创新的一个明显属性。Chang等(2011)最近的一项研究检验了人力资源管理实践对中国酒店企业创新的影响,发现招聘和培训这两种核心人力资源管理实践对酒店企业的增量创新和激进创新具有显著的积极影响。

现代信息和通信技术有助于企业在市场中占据主要地位,实现快速发展。科技革新了旅游业,并决定了旅游企业和旅游目的地的战略与核心竞争力,管理者对企业组织的技术化变革是管理创新的关键环节。互联网网络旅游时代使组织能够通过网站和电子商务发展数字化业务,在线旅游社区和社交网络彻底改变了交流方式。旅游企业和游客的关系更为紧密,从简单的生产者对消费者转变为更为复杂的消费者对消费者、消费者对生产者,以及多对一、一对多、一对一或多对多交互。人工智能、机器人技术、无现金支付、增强现实和虚拟现实等一系列技术在旅游行业与企业中的应用会推动行业发生巨大的变化。技术创新将所有利益相关者聚集到旅游服务生态系统中,管理者对技术的重视程度也决定未来组织创新的发展方向。

第二节 旅游企业管理创新案例分析

一、案例企业介绍

7天酒店由公司联合董事长何伯泉和郑南雁共同创立,成立于2005年,由最初在中国拥有5家酒店,至2020年底增至3000多家,7天酒店成为经济型酒店的一大标杆。经济型酒店的市场发展始于20世纪90年代末,因卫生、便捷、高性价比等优势受到国内旅游者的信赖,从而实现快速扩张,催生出一大批经济型酒店品牌,如汉庭、如家、锦江之星、格林豪泰等。

自2005年成立以来,7天酒店的规模不断增长,已成为中国第二大经济型酒店公司,是和如家并驾齐驱的酒店品牌,在其品牌组合中客房总数位列第二位。经济型酒店的市场竞争格外激烈,市场排名前五的如家酒店、锦江酒店、汉庭酒店、格林豪泰酒店也经历了类似的爆发式增长。因此,对于7天酒店来说,作为一个经济型酒店的后来者,如何在市场中找准定位、进行创新变得尤为重要。

7天酒店的独特之处在于其管理创新。这家公司基于其独特的思维方式、文化和处世哲学,以创新的方式管理员工和公司业务。

二、管理创新分析

下面从企业战略创新、组织结构创新、员工激励与发展创新、信息技术创新四个角度出发，对7天酒店的创新管理实践进行归纳，阐述其独特的管理模式创新。

（一）企业战略创新

Walker、Damanpour 和 Devece(2011)认为，管理创新是一种组织战略发展、组织结构设计、管理流程修改、员工薪酬激励的新方法。战略创新是管理创新的一部分，战略创新可以与新的竞争战略的发展联系起来，为组织创造价值。7天将垂直切割作为其在经济型酒店市场中战略定位的核心，通过垂直切割的方式，将有限的资源服务消费者的核心需求。

所谓垂直切割，就是舍弃那些消费者不关心的配套设施与服务，以控制服务成本，将有限的资源和精力投入在消费者最关切的产品和服务中，以满足消费者最本质的需求。7天将酒店定位于经济型酒店，通过对消费者市场进行细致分析，发现提供便捷服务、满足住宿要求是该市场消费者对酒店的最大诉求。因此，7天从消费者需求着手，以一种倒推的方式进行酒店服务的垂直切割，将公司的业务流程与经营活动围绕消费者核心需求——"天天睡好觉"进行设计，以提供高性价比的产品和服务。

垂直切割的战略定位体现在酒店发展的方方面面。在产品设计方面，7天对衣柜、酒吧、客房内装饰等产品进行删减，以降低成本，但是与消费者住宿体验直接相关的设备，如淋浴、宽带服务、床上用品、独立卫生间进行了保留与优化，以满足消费者核心住宿需求。在进行酒店选点布局时，7天将人口流量、辐射范围、场地空间作为核心指标进行选址地点的考量，如满足以上要素，则进行快速布点，抢占市场。当以上要素尚未被完全满足时，7天会选择暂时放弃。同时，7天最开始在全国布局时，不是直接抢占北京、上海等一线城市，而是将中西部的二线城市作为酒店扩张的先行市场，取得竞争优势后进行下一步的业务拓展。7天凭借垂直切割战略实现企业的快速扩张，通过差异化与成本控制，成为高性价比的酒店品牌。

（二）组织结构创新

建立新的组织结构是企业管理创新的一个维度，组织结构的创新不仅包括创建新的单位、部门或职位，还包括任务和职责分工的变化。7天进行组织结构的扁平化调整，实施"放羊式"管理，从而提高企业的办事效率。同时，"放羊式"管理、

"执政官"制度、"立法委员会"等的设立对 7 天的扁平化组织提供了最大化的支持。

1. "放羊式"管理

"放羊式"管理,即酒店经理有相当大的自由度来管理酒店。除需要遵循一些常规的管理方针和实践之外,酒店管理者被最大化授权,同时企业鼓励酒店管理者独立做出决定。事实上,酒店管理者不向任何人汇报工作,虽然总部设有运营、人力资源、销售和财务等部门,但是这些部门只提供帮助和咨询服务,酒店管理者无须听从这些部门的指示。评价酒店管理者的主要标准为关键绩效指标,这些指标将作为绩效评价的工具。同时,公司设立了三个监管部门——审计、安全和文化部门,以监督酒店管理层,实施严格的检查,确保管理者的专业管理。如果酒店管理者侵犯了公司、员工和顾客的利益,检查不合格的酒店管理者将被免职;如果酒店管理者在关键绩效指标上取得了良好的成绩,并且在审计、安全和文化部门的检查中表现良好,那么包括 CEO 在内的任何人都没有权利对其管理进行干预。由于酒店自治,酒店管理者比其他经济型酒店管理者有更高的独立裁量权。

2. "执政官"制度

经过对组织结构的扁平化调整,7 天酒店省去了所有的中层,使酒店管理者和总部直接交流。随着酒店的快速扩张,酒店数量增加,"放羊式"管理使得总部职能过于分散,因此有必要有人承担其中协调经营活动的角色,以促进酒店之间的学习和知识转移。该职位由当地有能力的酒店经理来担任,7 天将该职位称为"执政官",每个"执政官"负责在一个地理位置相近地区经营的 15~20 家酒店。"执政官"由该区域的店长选举产生,当选的"执政官"的主要工作为交叉销售、交叉培训、公关维护和区域的联合采购等,"执政官"不是所辖区域内门店的领导者,而是充当协调者的角色。同时,当选的"执政官"可以在一年任期后连任。

3. "立法委员会"

在传统的模式下,公司决策通常由职能部门和总部的最高管理层进行制定,酒店管理者是决策的执行者,而不是酒店决策的制定者。由于总部和市场之间存在较远的距离,许多总部的政策是不切实际,难以执行的。为改变酒店遇到的决策问题,7 天酒店独创"立法委员会"机构。该"立法委员会"由 12 名议员组成,包括 7 名公众选出的酒店管理者和 5 名公司任命的职能部门负责人,通过立法程序制定切实可行的酒店发展策略。"立法委员"每个月会在广州总部召开会议,主要工作为审查现有的政策和程序,并在必要时制定新的政策和程序。为平衡"立法委员会"的权力,公司设立了"战略委员会",由最高管理层担任委员会成员。"战略委员会"有权否决或者批准"立法委员会"通过的议案,一旦"战略委员会"批准"立法委员会"提出的某项法案,这项就成为公司的一项政策在全公司执行。

（三）员工激励与发展创新

组织中的创新主要依赖于员工的活动，包括研发专家和其他员工。人们普遍认为，具有创新精神的领导者拥有培养公司和个人创新精神的能力。创新的管理者能够激励内部员工进行创新，并发现新的产品、服务、流程或想法（Cavagnoli，2011）。7天通过组织结构的创新，将诸多决策权利赋予各店长，从而使各店长实现自主管理。7天在组织中设置内部荣誉体系，对取得高绩效的店长进行表彰。同时，7天建立了人力资源交换的模拟平台——"7天传奇"平台，以发展优秀员工，打通酒店内部人员的晋升通道，实现企业的创新发展。

7天传奇平台是一个内部管理人员交流平台，员工可以通过虚拟货币进行交流。这个平台人才库中的每位主管和助理经理可以通过学习和自我培训来获取虚拟货币。例如，所有主管和助理经理都被鼓励参加包括市场营销和人力资源管理等主题的在线课程，如果他们完成了一门课程并通过了在线考试，他们的账户就会收到500单位的虚拟货币。同时，日常的绩效评估情况也可以被转换成虚拟货币。虚拟货币可以用于分店和分店间人员的交流，经过对流通人员的价值评估，酒店管理者将下属派遣到其他酒店可获得一笔虚拟货币，员工职位越高、能力越强，则虚拟货币数值越多。一方面，能促进企业内部优秀人员的流转，便于各分店相互学习；另一方面，7天还设立了虚拟英雄的排名，按持有虚拟货币的数值进行先后排序，这在一定程度上激励员工积极提升自我价值，寻求进一步的发展。

（四）信息技术创新

现代信息和通信技术不仅在企业管理中发挥了重要作用，而且在加速部门创新和促进远距离通信领域也发挥了重要作用，这有助于企业在市场占据主要地位，实现快速发展（Lundvall和Nielsen，2007）。管理信息系统的创新和应用是管理创新的关键领域，也是企业竞争的关键环节。7天酒店从信息系统着手，对企业集团的会员体系进行创新，从而实现企业的一体化管理和全国范围的扩张。

7天发展的早期阶段，CEO郑南雁提出要将信息技术应用于7天，建立完善的会员体系，建构数字化电子商务平台，保障7天的规模化快速扩张，会员体系和信息化平台成为7天成长的重要基石。7天建立联网的信息系统平台，实现了对门店和总部的资源调度与管理。同时，酒店业务以标准化的流程进行推进，实时销售数额、分店质量评估、工程采购、人力资源流动等可在7天的信息系统平台上进行实时监控。在各分店进行"放羊式"管理的过程中，分店管理者在信息系统平台对资源进行调度和协调，最大化提高管理效率。同时，分店管理者的决策内容可通过信息系统平台直接报给总部，便于总部进行监控与资源的落实，驱动7天管理水平的不断提升。

通过信息系统平台的搭建,7天建构了强大的会员体系和稳定的客房预订系统。7天独立开发中央预订系统和实时预订系统,订房流程实现了透明化,登录7天预订平台后,可查看全国各地7天的客房预订情况,进行房价的及时调控。7天贯彻房源的集中调度政策,房源由总部协调,各分店不能控制酒店房源的具体使用,从而最大化保证通过7天预订系统进行客房预订顾客的利益。7天采用低价营销鼓励顾客成为7天酒店的会员,通过建立直销渠道会员制度,对会员进行引导,形成品牌黏度,保障会员权益。7天给予酒店会员大量的住店折扣,同时酒店的优惠活动只有会员才可以参加,非会员不可以享受,且不赠送酒店积分等举措大大提升了7天会员的发展速度,会员规模获得巨大增长。

总之,7天在经济型酒店市场中全面发力,在市场中占据重要地位。通过一系列管理创新举措的实践,不仅建立了牢固的企业会员体系,培养了有黏性的稳定的顾客群体,同时提高了企业运营效率,获得持续的竞争优势。7天独创逆向定位和垂直切割的组织战略,将公司有限的资源投入在消费者最关切的产品和服务中,实现差异化和成本控制,保证了酒店的高性价比。"放羊式"管理、"执政官"制度、"立法委员会"等组织结构的创新对7天的扁平化组织提供保障与支持。"7天传奇"平台便于优质人员的相互流通,打通的酒店内部人员的晋升通道,实现的企业的人才培养。信息系统的建立服务于酒店的长期发展,同时庞大的会员体系也成为7天发展的不竭动力。7天酒店的独特之处在于其不同于其他企业的管理创新实践,这也是其实现快速发展的重要支撑。7天的管理创新是自上而下由领导层推动,本土化的管理创新也会对实践中的企业产生指导,协调各方资源,最终实现企业的高绩效发展。

第十二章 旅游企业商业模式创新

第一节 旅游企业商业模式创新相关理论

一、商业模式概述

（一）商业模式的定义

随着互联网的快速发展和应用，越来越多的企业将传统的交易方式与客户新要求、新技术和新渠道相结合，形成新的商业模式。这使得市场竞争逐渐趋向以客户需求为中心的商业模式之间的竞争。商业模式的多样化发展也引起了学界的持续关注。商业模式的内涵最早被定义为"关于产品、服务和信息流的构架"（Timmers,1998）。在商业模式的众多定义中，大部分接近于 Teeces(2010)对商业模式的描述，即"管理层关于客户想要什么、如何要以及企业如何组织以最好地满足这些需求、为此获得报酬并盈利的假设"。

哈佛大学管理学家 Magretta(2002)认为，一个好的商业模式对任何一个成功组织来说都是不可或缺的。但在被广泛应用的同时，"商业模式"一词也经常会与其他概念混淆，尤其是"战略"概念。Carlos Marques DaSilva 等(2010)的研究解释了两者的区别：一方面，商业模式是战略实现的反映，将注意力集中于短期决策；另一方面，战略反映了企业的目标，而商业模式揭示了商业中各种元素是如何在某个时刻协同工作的，更加强调价值创造(Hamel,2000)。

（二）商业模式的分类

为了更清晰地理清商业模式理论发展的脉络，李鸿磊(2016)以产业链从微观产品到中观产业为纵轴，以企业从具体业务到整体战略为横轴，将商业模式从产业层面与产品层面划分为四大类：价值创造类、交易结构类、经营管理类、战略定位类，如图 12-1 所示。

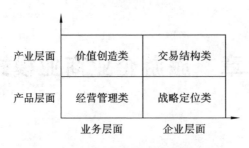

图 12-1 商业模式的分类

在此分类中,战略定位类商业模式侧重于从企业战略定位、竞争优势和产品差异化等视角,结合传统的战略管理理论制定商业模式。部分企业往往是根据竞争战略进行商业模式创新。交易结构类商业模式倾向于以产业价值链理论为基础,探索商业模式中关键要素之间的相互关系和利益相关者之间的交易方式、交易结构等运行机理。企业与一般商品交易不同,不仅仅是最终商品的交易,还包括资源能力等一系列交易,涉及客户、供应商、经销商等多个交易主体。经营管理类商业模式的商业逻辑是通过企业自身经营管理活动满足客户需求,从而获取企业利润。因而,此类商业模式会随着企业经营理念的改变而改变。价值创造类商业模式主要是基于企业自身拥有的关键资源和能力,通过对所在产业价值链某环节的增减、整合和创新,从而实现价值的创造、传递、获取和分配。

李鸿磊(2016)认为,从目前最新的理论成果来看,价值创造类商业模式的定义得到学界越来越多的认可与关注。其中,Amit 等(2000)认为,商业模式是企业为自身、客户、供应商等合作伙伴提供价值创造的决定性来源。翁君奕教授(2004)也提出,商业模式是价值对象、价值内容、价值提交和价值回收等一系列价值活动的有意义的组合。商业模式指明了企业运作和价值创造的方式,包括指定企业采购哪些资源、如何将资源转化为可销售的产品或服务、客户如何获取这些产品和服务以及如何从业务合作中产生和获得收入(Wirtz、Schilke and Ullrich,2010)。基于价值创造的商业模式,更加关注市场需求和资源整合。企业商业模式如果能实现产业功能的延伸、叠加和集成以及不同行业间管理、组织和业务的优化整合,将会创造更大的额外价值。

(三)商业模式的构成要素

罗珉(2009)认为,企业组织的商业模式至少要满足两个必要条件:其一,企业的商业模式必须是一个由各种要素组成的整体;其二,企业商业模式的组成部分之间必须存在内在联系,各组成部分互相支持和作用。为了更好地分析商业模式,一些学者总结出商业模式的基础性要件,即商业模式构成要素。在不同的研究视角下,商业模式构成要素的划分方式也有所不同。结合上述提到的商业模式类型研究趋势,表 12-1 列举了一些价值创造类商业模式的构成要素,研究时间主要集中在 2000 年互联网兴起以后。

表 12-1 价值创造类商业模式的构成要素

时间/年	作者	构成要素
2001	Cordijn 等	参与主体、价值目标、价值端口、价值创造、价值界面、价值交换、目标客户
2002	Stähler	价值主张、价值体系、产品或服务、营收模式
2002	Maitland 等	价值主张、细分市场、收入模式
2006	Chesbrough 等	价值主张、目标市场、价值链结构、成本结构、价值网络、竞争优势
2007	Osterwalder	价值主张、目标客户、分销渠道、客户关系、核心能力、价值结构、伙伴承诺、收入流和成本结构
2009	Li	价值主张、目标市场、价值网络、内部价值链结构、成本结构和收益模式
2013	程愚等	决策、资源和能力、价值成果

Cordijn 等(2001)认为,商业模式由参与主体、价值目标、价值端口、价值创造、价值界面、价值交换和目标客户七要素组成。Stähler(2002)将价值主张、价值体系、产品或服务、营收模式定义为商业模式的构成要素。Maitland 等(2002)描述了移动电信服务行业中不同创新型公司商业模式的价值主张、细分市场和收入模式。Chesbrough 等(2006)认为,商业模式构成要素分为价值主张、目标市场、价值链结构、成本结构、价值网络和竞争优势。Osterwalder(2007)更具体地指出,在商业模式这一价值体系中包含价值主张、目标客户、分销渠道、客户关系、核心能力、价值结构、伙伴承诺、收入流和成本结构等构成要素。Li(2009)定义的商业模式构成要素为价值主张、目标市场、价值网络、内部价值链结构、成本结构和收益模式。程愚等(2013)通过编码总结出决策、资源和能力、价值成果三类商业模式构成要素。这些商业模式构成要素的划分揭示了商业模式价值创造、价值传递、价值实现以及价值获取的内在机理。

到目前为止,虽然不同的学者对商业模式要素的构成仍然存在不同意见,但大多数学者都认同价值主张、目标市场、产品与服务以及收入模式是商业模式的核心构成要素(王鑫鑫和王宗军,2009)。

1. 价值主张

价值主张(value proposition)往往是商业模式中的首位构成要素,它初步定义了产品内容以及客户使用产品的方式(Chesbrough,2006)。价值主张也被理解为企业向其外部提供的利益陈述(Bagchi 和 Tulskie 2000),解释了企业要为客户解决什么样的问题、想为客户提供什么样的价值(罗珉,2009)。此陈述明确了企业与竞争对手之间的区别,也就是客户选择这家企业的原因。在竞争激烈的市场环境中,寻求利润的企业将努力通过不断的迭代向客户展示新的价值主张,来满足不同程度客户的需求。但对于企业而言,自身的费用和时间有限,提前明确价值主张,有助于快速决定针对特定市场必须做什么以及可以省略什么,从而降低生产成本并提高运营效率。

2. 目标市场

客户是商业模式的核心内容,没有客户,企业将无法存活。但企业所处的市场竞争激烈,客户需求类型复杂多样,任何一家企业都不可能满足市场上所有客户的需求。徐凤琴等(2004)认为,企业若想在竞争市场中占有一席之地,就要以客户需求为导向,辨识出能有效为之服务并提供差异性价值的目标市场(target market),而这种目标市场是在市场细分后确定企业机会的基础上而形成的。为高效地将有限的资源投放在目标市场,企业需要制定有效的细分市场策略。贾艳梅等(2013)认为,企业在此过程中可根据地理因素、消费行为、人文因素、利益因素等细分市场。龙海莉(2005)认为,细分市场也应遵循衡量性、可进入性、有效性和差异性等原则。叶生洪(2004)则认为,在若干细分市场中选择目标市场时需着重考虑细分市场的潜量、细分市场的竞争状况、企业资源与市场特征的吻合度和细分市场的投资回报水平。

3. 产品与服务

产品与服务(product and service)是企业为客户解决问题或满足客户需求所提供的产物,是企业传递价值主张的载体(郭蕊,2015)。罗珉(2009)强调,为打造客户心中独特的且具有识别度的代表品牌,产品与服务及其配套措施要与企业价值主张保持一致。在传统商业时代,产品与服务是独立分开的,企业重视产品与服务各自的质量和形象。而互联网时代,产业边界模糊,消费者市场也在迫使各组织为客户提供一站式的产品与服务体验(Smirnov 等,2018)。因而,产品与服务之间逐渐建立了一种共生关系,Kellogg 在 1995 年提出了服务包的概念,即企业向客户提供的以服务为主导的一系列产品要素与服务要素的组合,其中包含支持性设施、辅助物品、信息、显性服务和隐性服务五个要素。Ulaga 和 Reinartz (2011)也认为,产品与服务的结合可以有效提高客户的消费体验和组织的盈利能力。

4. 收入模式

收入模式(income model)描述了公司赚钱的方式,由一个或多个收入流和定价要素组成(Osterwalder,2007),是商业模式价值获取逻辑的核心体现。Mitchell和Coles(2003)认为,收入模式也间接表示了产品使用者所支付的价格及在整个流程中企业的付出。收入模式衡量了企业将其提供给客户的价值转化为收入流的能力,为企业回答了"客户为了获得何种价值愿意付费""通过何种途径支付费用"和"不同的收入来源占比结构如何"等问题(董博文,2015)。Henry(2003)强调,不同的组织具有不同的收入模式,但最重要的是,收入模式要和企业本身的价值链及成本结构相匹配,能够被客户所接受。

二、旅游企业商业模式

不管是学界还是业界,均达成一种共识,即企业要想保持竞争力,就要不断创新其商业模式,以形成其他企业难以学习和模仿的核心能力。企业商业模式创新方式多样。而董博文(2015)认为,从构成要素上进行商业模式创新,通常是由于市场消费观念发生改变而现有的商业模式所提供的价值无法满足消费者需求所造成的。旅游企业中新型商业模式的不断涌现便验证了这一说法:互联网等信息技术的快速发展极大地改变了旅游市场的消费需求和行为,迫使旅游企业不得不从塑造新价值主张、挖掘新目标顾客群体和提供新产品或服务等多方面创新商业模式、改变运作模式。

商业模式的所有构成元素均有可能成为商业模式创新的触发点(Osterwalder和Pigneur,2010),但以下主要列举出旅游企业在价值主张、目标市场、产品与服务、收入模式四个商业模式构成要素方面的创新方式。

(一)建立独特的价值主张

价值主张是企业宣称其产品与服务能为客户带来的独特价值,是客户所能感知到的一系列既得利益的总和(孙永波,2011)。独特的、清晰的价值主张是商业模式创新成功的关键。2014年,美团锚定平价酒店,正式进军酒旅行业。其通过自身在下沉市场的竞争力及在技术基建上积蓄的实力,为客户联结最值得信赖的商家,提供超低折扣的优质服务,以此来实现客户的"品牌忠诚"。与主打中高端住宿的OTA巨头携程相比,美团酒店的价值主张形成了差异化竞争优势。同样,当各大在线旅游平台纷纷争夺票务预订业务时,马蜂窝决定以"旅游攻略、自由行、自助游攻略"为特色,建立旅游社交分享网站。从价值主张来看,马蜂窝通过大量客户的真实分享,为其他客户提供有效的信息、制定正确的旅行决策以及解决旅行中的问题(张露萍,2019)。马蜂窝对平台与客户的双重互动的推进,开创了在线旅游企业的新时代。

（二）锁定蓝海目标市场

徐凤琴等（2004）认为，企业要根据自身的资源状况、竞争状况、市场容量等因素选择对企业最有利的、易进入的目标市场。其中，董博文（2015）认为蓝海市场可以与竞争对手区别开来、创造竞争优势，是商业模式创新的良好切入点。以经济型酒店和中端酒店在中国的兴起为例，20世纪90年代末，国内价格高昂的星级酒店市场已接近饱和，而普通大众（如商业人士等）的住宿需求却得不到满足。鉴于此，锦江等酒店集团开始着眼于该市场，为普通大众提供价格适中、基础设施齐全、干净、方便且舒适的经济型酒店。得益于其易于复制推广的商业模式，经济型连锁酒店逐渐成为中国酒店业的中坚力量。2013年左右，中国星级酒店和经济型酒店发展迅猛，中档酒店存量占比很小，形成了一个干瘪的"夹层"（李紫宸，2015）。2014年，扎根于中国高档酒店市场的希尔顿开始"俯下身"来，与本土品牌铂涛集团合作，打造本土化希尔顿欢朋中高端品牌，以更快的速度抢占中端市场。

（三）打造符合市场需求的产品与服务

只有紧随市场需求变化，加快旅游产品与服务的设计和研发，调整、优化配置各种资源，旅游企业才能勇立潮头、避免产品堆砌或过剩。Mitchell等（2003）认为，在创新设计产品与服务时需要多方面考虑：一是企业必须影响或满足客户的利益；二是提供的商品对客户所造成的好处与坏处；三是捕捉企业影响客户的时间点；四是辨认出企业在何处传递价值。而在众多在线旅游平台中，以票务与住宿预订为主体业务的携程之所以能成为龙头企业，得益于其以客户需求为导向、以信息技术的应用及创新为支持的标准化、精细化、系统化的服务运作体系（简兆权，2015）。携程不仅是国内第一家能统一处理全国机票OTA公司，还率先引进六西格玛管理工具，全方位实时监控并考评服务质量，客服接电话的语气、时长、回复方式等都有统一标准，并且建立了应对客户投诉的快速反应严谨操作标准，及时处理客户不满意问题。

（四）搭建多元化收入模式

在同质化现象愈发严重的市场环境中，收入模式要素是商业模式创新的关键因素。郭蕊等（2015）认为收入模式要素的创新主要体现为三个细分维度：一是收入来源创新，即在数量上增加或减少单个或多个企业获取收入的经济活动与价值内容，或在结构上调整各收入来源的收入比例；二是收入对象创新，即在数量上增加或减少单个或多个获取收入的目标客户类型；三是定价机制创新，即改变某种收入来源的定价方式。作为一家传统旅行社企业，中青旅在面对大量在线旅行社的冲击时,拓展出景区业务项目,成为首个创办了自主经营景区的旅行社。凭借着乌镇景区内服务产业链的延伸,中青旅实现了由"单一门票型"向"复合目的地型"、由"观光型"向"观光度假型"的经营模式转变,改变了企业原有的收入结构,提高了企业整体的盈利状况(马妍竹,2015)。

第二节　旅游企业商业模式创新案例分析

一、案例企业介绍

近年来,连锁酒店市场中存在产品同质化严重且滞后于消费需求升级等普遍问题,一些连锁酒店品牌的增速放缓甚至出现了门店数的负增长。然而,总部设在北京的有戏电影酒店从创立以来实现了持续快速增长。这家企业用电影IP为传统酒店赋能,打造"住宿+电影"跨界融合的中高端连锁酒店品牌,被称为"打破行业天花板的独角兽"。有戏电影酒店之所以能够突破竞争激烈的"红海市场",开拓出一片"蓝海市场",是因为其基于跨界融合的商业模式创新形成了差异化竞争优势。正如沸点投资人姚亚平评价"有戏团队具备很强的跨界和酒店运营管理能力,在行业内具有很强的核心竞争力"。

商业模式是运用企业的资源,在特定的时间、以特定的方式和执行特定的活动为目的,明确为创造卓越的客户价值并确立企业获取市场价值的有利地位的各种活动的集合。有戏电影酒店通过打造独特的价值主张、目标市场、资源配置、产品与服务设计和收入模式,创新商业模式,有效满足了顾客需求并具有较高的用户黏性,如酒店的平均入住率(超过95%)和会员复购率(达70%)等多项指标领先于同行。

二、商业模式创新分析

下面通过前面提到的关键要素具体分析有戏电影酒店的商业模式创新。

(一)价值主张

企业的价值主张决定了其要为顾客解决什么样的问题、提供什么样的价值。在顾客对旅游住宿产品需求不断升级的背景下,有戏电影酒店则旨在为具有个性化需求的顾客打造"私人影院+住宿空间"的沉浸式体验,提供优质且有趣的服务。有戏电影酒店通过智能化设施、多元化的线下娱乐内容和差异化的装修风格提升酒店产品与服务的多样性、趣味性,满足了顾客住宿、看电影和社交的多样化需求。有戏电影酒店创始人贾超说:"酒店是强需求,住是刚需。而电影又是一个大众娱乐项目,在强消费的基础上加上娱乐因素,更符合年轻群体消费升级的需求。"从企业发展的角度来看,电影元素的植入在丰富顾客体验的同时,也显著提升了客房白天的出租率,弥补了传统酒店业租赁时间不均衡的劣势。

(二)目标市场

企业可以通过地理区位、顾客特性和顾客类别等要素细分市场,决定企业要服务的市场。由于现有的中高端酒店和经济型连锁酒店主要着眼于家庭和商旅客群,使得行业竞争非常激烈。因而,有戏电影酒店突破这片"红海市场",开拓出合适的"蓝海市场",即本地休闲人群。据统计,有戏电影酒店的本地及周边地区客群可占到总客群的57%。

有戏通过迎合年轻人对深度体验和社交的喜好,培养了大批的年轻顾客。"80后"客群和"90后"客群分别占到32%和48%,且顾客复购率也在70%左右。正如创始人贾超所述:"一是电影的消费足够大众,并且不断更新,在年轻消费群体中有话题性;二是住宿是强消费,在强消费基础上加上娱乐因素,更容易吸引年轻群体反复消费。"

(三)资源配置

资源配置是指企业为了实现其为顾客提供的价值主张而对其资产、资源和流程所进行的安排。一般来说,企业的资产和资源包含企业的专利权、设备、技能和能力等。而有戏电影酒店的共享院线生态平台、数字一体化系统、智能入住设备和全方位的营销能力则成就了其独特的魅力与差异化的竞争优势。

1. 共享院线生态平台

点播影院通过打造多样化娱乐体验来建设新的观影场景,可以满足顾客的个性化需求。有戏电影酒店凭借海量影片以及与电影院线同步播放的优势,形成了显著的差异化竞争优势。作为酒店行业中符合国家规范的点播院线标杆企业,有戏电影酒店拥有国内领先的共享院线生态平台,也是酒店行业内首家获得省级点播院线筹建证的企业。目前,有戏电影酒店是中影集团、北京电影学院和时光网电影衍生品的独家线下销售渠道,拥有大量的授权正版影视资源。

2. 数字一体化系统

有戏电影酒店通过互动式智能前台和数字化中台系统等智能科技,打造出数字一体化的酒店运营管理和服务流程系统。该系统可为顾客提供多种线上交易渠道,也可为投资人、员工和供应商提供一个可视化和透明化的数据及管理平台。其主要通过"金管家""千里眼""云课堂"等工具搭建前台,提升运营效率;通过和豆芽、钉钉等合作来搭建业务和数据中台,IT 部门负责人王建龙说:"豆芽就是作为酒店管理软件,是基于钉钉开发的,所以豆芽的功能是跟钉钉高度契合的。豆芽是提供酒店的操作系统,业务这块,钉钉是组织架构管理和工具。"

3. 智能入住设备

有戏电影酒店注重提升酒店内部的科技创新含量,引进人工智能、人脸识别等技术,打破了传统酒店千篇一律的入住模式。在有戏电影酒店,顾客可在网上提前预订后再到店里的智能入住机直接取卡入住,也可在自助入住机上独立完成选房缴费和入住流程,达到了"线上十秒预定,线下五秒入住"的速度。这样的无人前台模式不仅为顾客提供了更加自由且私密的入住体验,也为酒店节省了近 1/3 的人力成本。另外,创始人贾超说:"我们原则上不收现金,这一点可以节省很多的人力物力,整体的财务也会更简单。"

4. 全方位营销能力

有戏电影酒店可以获得同行和广大顾客的认可,不仅是因为具有独特的设备和系统,还离不开其全方位的营销能力。与其他酒店品牌相比,有戏电影酒店针对 B 端和 C 端采用了不同的营销方案,全方位提升了有戏电影酒店品牌的曝光度和溢价能力。有戏电影酒店面向 B 端加盟商和投资人推广时,主要采用线下行业展会、峰会,以及在全国机场、地铁站和楼宇电梯等公共屏幕推出广告,同时也在线上推出了相关的预售方案。面向 C 端客户推广时,则主要采用影星线下活动、影片、抖音/头条等自媒体以及招募 KOL 作为试睡员等方式进行联合宣传。

5. 专业的管理团队

人才是企业创新的关键。而有戏电影酒店也正是因为一批经验丰富的专业人才在服务理念和创新思维上的志同道合,才开辟了新天地。正如 IDG 资本董事总经理张海涛所说:"创始人贾超及管理团队都是十几二十年的酒店行业老兵。"负责运营管理的苏慧娟介绍:"我是从星级到的连锁,在连锁的过程中又转到业主代表,转到大集团公司的大区,再转到投资人,再转到有戏,成长过程基本上是全链条。"在国有企业和初创酒店集团历练过的副总裁滕河顺称自己是"一线实地的老鸟",而技术负责人韩有发对材料选用、技术应用和设备管理等方面有着独到的见解与方法。

(四)产品与服务设计

哈默尔认为,产品设计应当考虑以下几方面:企业运用何种方式接触顾客,并使用何种渠道、提供何种形式的顾客支持与何种水准的服务,以及企业是如何与顾客进行互动的。作为酒店行业跨界融合发展的企业典范,有戏电影酒店在产品与服务设计上成功地将"住有戏""看电影"和"享乐园"融合起来,打造出了24小时的沉浸式体验。

1. 住宿空间+私人影院

有戏电影酒店作为"酒店+电影"的点播影院式酒店,每个房间都配备了专业的影院播放设备,为电影发行放映提供了空间。在有戏电影酒店的客房里,图像细腻、噪点低、质感高的133~200寸1080P高清巨大银幕,带来震撼音效的3D环绕立体音箱,根据人体工学设计的观影家具以及沉浸式体验的气氛灯光,整体为顾客打造出超强的观影环境。另外,双面12层阻尼隔音板、三层的墙面及门窗可使客房整体的隔音效果达到40分贝以下,给予顾客更安全、自由的私人空间。

有戏电影酒店的"私人影院"有两大类影片:传统影院下线电影和点播影片。有戏电影酒店联合创始人张美男介绍:"有戏电影酒店与相关资源方合作,将每部影片进行转码,为保证影片观看清晰度,每部影片大小达到20~30G,目前影视库中存有6000部左右的电影,并每月持续更新30部左右;对于点播影片,现仅有部分省市开放,用户需二次消费进行观影。"为避免顾客耗费太多精力选片,有戏电影酒店基于后台数据,分析出顾客喜爱的电影类型后再推送合适的影片,有效缩短了顾客的选片时间。

2. 乐园般的多元化社交空间

有戏电影酒店为打造乐园般的多元化社交空间,在装修风格、氛围营造与娱乐活动等多个方面进行创新,使顾客在看电影之余也能充满惊喜。其一,将电影元素融入装修风格与服务形式中,给顾客带来深度的文化沉浸感。如在客房装修上融入不同的电影主题和场景设置,将楼道变成电影长廊等。同时,服务人员也会扮演成电影中的人物角色与顾客进行互动。其二,大堂增加了体验式的新零售场景,如按摩椅、迷你KTV、无人货架和电影衍生品等。其三,丰富的娱乐活动。有戏电影酒店不仅以制造电影经典场景、Cosplay和婚礼Party等新玩法来引领酒店休闲娱乐形式,还通过增设主题派对、影片发布会和粉丝见面会等互动方式为顾客创造深入的文化体验。

(五)收入模式

商业模式创新的目的是帮助企业获得财富,因而商业模式中的收入是一个关键因素。基于"住宿+电影"的融合创新发展,有戏电影酒店不仅满足了顾客的多元化和个性化需求,还获得了多重的盈利增长点以及高效的回报率。有戏电影酒店作为一个特色鲜明的中高端品牌,房价在400元以上,并一直保持着较高的入住率,具有稳定且可观的房费收入。不同于其他酒店,有戏电影酒店的收入除了房费,还有广告植入费用、电影衍生产品收益和娱乐活动费用等多个来源。以观影为特色的有戏电影酒店,开机率(高达98%)和平均开屏时长(近6小时)远高于传统酒店客房里的电视(开机率约30%,平均开屏时长约1.5小时),为广告商提供了重要的投放平台。因而,广告植入费用也成为有戏电影酒店重要的盈利点。另外,基于影视类型多、数量大和受众基础广的原因,电影衍生产品得到了众多影迷的追捧与购买,高销量与高利润空间促使有戏电影酒店总收入增长了近10%。除产品以外,有戏电影酒店还通过举办独有的电影线下沙龙、小众影迷观影会、影视发布会和明星粉丝见面会等活动来增加收益。这些集体活动在提升品牌附加值的同时,也让酒店与顾客建立了良好的长期关系,有效提高了酒店的顾客忠诚度。

第十三章　旅游企业服务创新

第一节　旅游服务企业服务创新相关理论

一、服务创新概述

随着国民生活水平的提高及服务业的不断发展,服务创新的重要性也日益凸显,服务创新对企业绩效的正向影响越来越大(Miles,2010),服务创新被确定为服务研究的三大重点之一(Ostrom 等,2015)。国内外学者也对服务创新展开了深入研究,并且涉及了多个行业与研究领域(Berry 等,2004;Cainelli 等,2006;Oliveira 等,2011)。关于服务创新的研究涉及了多个行业及层次(Ettlie、Rosenthal,2016;Dörner 等,2011;Rubalcaba 等,2012),学者们对于服务创新的定义也有所不同。Lusch 和 Nambisan(2015)认为,服务创新可以被认为是对不同资源的重新打包,这些资源创造了对特定环境中的某些参与者有益的新资源、新的价值体验。Miles(2005,2010)和 Trott(2012)认为,服务创新涉及多个流程,包括服务的设计以及服务的交付与实施。Hertog(2000)认为,服务创新是服务概念、服务交付系统、客户端接口和技术的相互作用,以此来为顾客提供服务的新方式。Paton 等(2008)提出,服务创新是使用新的服务手段来实现公司价值的过程。

关于服务创新的划分类型有以下三种主要观点。第一种观点忽视了产品创新与服务创新的区别,认为已有的关于产品创新的理论以及模型同样能运用到服务创新的环境中(Nijssen 等,2006;Sicotte、Bourgault,2008)。第二种观点强调了服务的独特特征,认为需要特定模型和理论来解释服务创新的本质与特点,这与产品的创新有明显的区别(Gadrey、Gallouj 和 Weinstein,1995)。第三种观点认为服务创新是一种价值导向、多维创新模式的结合(Michel、Brown 和 Gallan,2008)。

虽然学者们对服务创新定义的表述有所不同,但都强调了服务创新所包含的特征。首先,服务创新需要顾客参与,并且涉及顾客与服务提供者之间的高度互动(Wilson 等,2016;Miles,2005)。其次,服务创新受到多种因素的影响,比如科技水平(Karmarkar,2004)、组织文化(Edvardsson 等,2011)等。最后,服务创新的方式多样,比如多种创新模式(Bilderbeek,1998)。

二、服务创新的影响因素

(一) 外部环境因素

外部环境因素包括外部的市场环境、外部政策等,这些因素都会影响服务创新的产生及实施。Vargo 等(2015)认为,服务创新受到外部制度安排的影响。徐仰前和吕毅华(2008)认为,外部的竞争环境是影响服务创新的重要因素之一。曲婉(2012)等认为,在制造行业,市场环境对服务创新的影响更大,随着企业生产规模扩大,生产效率提高,消费者的消费行为从产品价值消费到服务价值消费转变,更加注重产品相关的服务和附加价值。同样,市场环境也对服务业的服务创新产生了重要影响。

(二) 企业内部因素

企业内部因素主要指组织文化以及员工氛围,员工可以在互动中提供更多的、更具针对性的服务,从而实现服务创新(Agarwal 和 Selen,2011a)。组织文化也逐渐被学者们认为是影响服务创新的影响因素(Boedker 等,2011;Alam,2010)。服务创新在大多数情况下通过顾客和相关利益者协作实现,因此服务创新的构成会受到员工的价值观、道德标准等多方面因素的影响(Edvardsson 等,2011)。企业所营造的文化通过非正式的沟通、良好的工作环境与氛围以及合理的工作安排促进知识的共享,从而培养员工的创造力(Hipp 和 Grupp,2005)。鼓励创新的文化氛围对服务产品的开发、服务流程的优化有较好的促进作用(Bessant 和 Tidd,2007)。

(三) 顾客因素

顾客对服务创新的产生有重要的影响。首先,顾客参与是服务创新产生的来源之一,相比于酒店员工的想法,顾客提的想法更具有创新性(Magnusson,Matthing 和 Kristensson,2003)。其次,服务创新所获得的体验均基于顾客的感受,包括顾客的感知程度、情感等因素(Smith,2007)。Helkkula 和 Holopainen(2011)将服务创新定义为社会背景下服务创新的主观、个人体验。顾客自身社会环境中的主观经验和意义决定了什么是服务创新。顾客是服务创新的来源之一并且顾客的体验是服务创新成功与否的关键指标之一。

在服务行业,酒店市场的大规模发展,顾客对某一品牌保持高度忠诚的行为减少。顾客在挑选酒店的时候,更多偏向于性价比高、能够带来非凡体验的酒店(Olsen 和 Connolly,2000)。了解了顾客需求和偏好的企业才能为顾客提供更好的服务(Karmarkar,2004)。由此可见,旅游企业经营者应该充分了解顾客的需求及偏好,以此来优化顾客的入住体验。Victorino 等(2012)强调了顾客偏好对服务创新选择的重要影响,公司服务创新的战略制定要与顾客偏好一致。将顾客偏好与公司的运营战略结合非常重要,因为旅游企业在实际的运营管理中不可能实现所有服务产品的创新,但是,根据顾客偏好开展的服务创新是能给顾客带来好的体验并且会影响顾客消费行为的。

(四)信息技术

技术在促进服务创新方面发挥着关键作用,Miles(2005)认为,信息技术的应用使服务的质量和效率得到了大规模的提高。Barras(1986,1990)也强调了基于信息技术开展的服务创新对企业发展的重要性。由于信息技术的快速发展,旅游企业的市场环境也发生了变化(Olsen 和 Connolly,2000),为了在快速变动的市场环境之中保持竞争力,旅游企业管理者更加关注顾客偏好以及信息技术的未来发展趋势(Karmarkar,2004)。李亚男(2014)认为,信息技术大力推动了酒店的服务创新,并对酒店的绩效产生了重要影响。

三、旅游企业服务创新的模式及途径

已有学者对服务创新的模式展开了深入的探讨,Anu Helkkula 等(2018)探讨了服务创新的不同方法,并提出了基于产出、过程、体验、系统性的服务创新四种模型。Bilderbeek(1998)等提出服务创新的"四维度模型",指出服务创新包含新服务概念、顾客服务界面、服务传递系统、技术选择四个维度。以下从旅游企业服务产品创新、旅游企业服务交互过程创新、基于技术应用的服务方式创新三个方面探讨旅游企业服务创新的模式及途径。

(一)旅游企业服务产品创新

服务创新中涉及产品的创新主要有两个方面。一方面是产品数量的增多。Toivonen 和 Tuominen(2009)将服务创新等同于服务产出,定义为新推出服务的数量,这种视角为服务的开发者提供了方便。另一方面是产品的升级,王学峰(2002)认为,产品类型直接决定了旅游目的地的旅游企业的性质和特点,产品类型的创新主要是提升产品质量和开发新产品。朱竑(2004)等将老产品的结构调整、转型和升级作为苏州旅游产品的主要开发策略。

(二) 旅游企业服务交互过程创新

Rubalcaba 等(2012)指出:"创新不仅是开发一种新的产品,还是提高顾客价值的共同创造。"服务创新的核心是服务提供者与顾客之间的动态互动,通过这种互动,顾客被视为创新的共同创造者(Chesbrough,2011)。服务的提供需要员工整合各方面的资源以及信息,并且在与顾客的互动中精准地提供其需要的信息(Sampson 和 Froehle 2006;Chesbrough,2006;Moeller 等,2008)。顾客的参与可以对服务创新产生积极的影响(Edgett,1994)。鲍艳利(2020)重视服务创新对顾客满意度的影响,并提出了高星级酒店服务创新的路径模式,其中包括增加员工与顾客之间的互动,提高服务效率,融洽顾客关系,进而提升顾客满意度。鲍艳利还提倡在为顾客提供服务的过程中鼓励顾客积极参与以此达到服务创新。

(三) 基于技术应用的服务方式创新

酒店服务创新的另外一个模式是使用信息技术,Reid 和 Sandler(1992)分析了哪些信息技术对酒店的服务创新是有益的,以及针对服务创新的信息技术的未来发展方向。Namasivayam(2000)介绍了在为顾客提供服务的整个流程中信息技术的应用。谷慧敏和郭帆(2013)将基于信息技术的酒店服务创新归纳为新服务概念、新顾客界面、新信息传递系统、信息技术选择、外部创新平台五大维度。

第二节 旅游企业服务创新案例分析

时光漫步酒店集团的服务创新在酒店市场中具有较强的典型性,在充分分析了市场环境之后,时光漫步的服务创新主要包括酒店主题特色创新、酒店产品的创新升级、对客服务流程的创新三个方面。相比于其他酒店企业在某一方面展开创新的做法,时光漫步的服务创新更加全面、更加丰富,并且时光漫步的服务创新真正从服务出发、从员工出发,其服务的流程创新以及服务互动方式的优化具有较强的代表性。本部分将简要介绍时光漫步酒店集团的概况,分析服务创新的影响因素,详细描述服务创新的优秀做法,通过时光漫步服务创新完整的介绍以期对国内酒店企业的服务提升有所裨益。

进入21世纪,经济型酒店借助良好的市场环境快速发展起来。然而,随着经济型酒店规模的快速扩张和发展,酒店市场的同质化现象日益严重。为了解决此现象,书香酒店集团为顾客提供了"流动的图书馆",通过丰富酒店的功能区为喜欢阅读的顾客提供了一个舒适的阅读场所;亚朵酒店集团通过联合热门IP打造酒店特色;有戏电影酒店向大众推出能够在房间看电影、吃爆米花的特色客房产品。总的来说,以上酒店的创新方式都属于服务创新的方式之一,但是不能囊括整个酒店服务创新。酒店的服务不仅仅依靠产品的丰富、主题的优化,更多的是依靠服务的提供者——酒店员工。产品优化、员工互动、主题设定等多种方式的创新才是更加全面、系统的服务创新,这样的服务创新才能落到实地,影响深远。时光漫步正是这样的一家酒店,通过服务创新为顾客提供了个性化、具有人情味的服务。

一、时光漫步酒店集团概况

时光漫步是一家怀旧主题的经济型酒店,酒店通过服务创新让其在同质化严重的经济型酒店市场中脱颖而出,大量顾客慕名而来。在OTA预订平台中,时光漫步的评分普遍高于同类型经济型酒店,在顾客的点评中能经常看到"服务非常好""十分有人情味""走心""温馨"等字眼。时光漫步的优质服务在经济型酒店中十分具有代表性,其优质服务得益于酒店的服务创新,时光漫步通过优化了酒店产品以及顾客交互过程,让顾客在整个住店环节都能感受到酒店的服务创新。其服务创新的优秀实践值得其他酒店学习和借鉴。

二、时光漫步酒店服务创新的影响因素

服务创新能够为顾客提供个性化的服务以及提升酒店的服务质量。因此,众多酒店集团也将开展服务创新,并将其作为主要工作之一。然而,在日常的经营活动中,并非所有酒店都能将服务创新落到实地。多数酒店可能只是通过某一方面的努力丰富了酒店产品或者优化了部分的服务流程。时光漫步的服务创新真正从"服务"展开,融合多种方式做到极致,究其原因,主要受到酒店所处的市场环境、酒店的运作机制、鼓励员工创新的工作氛围等多方面因素的影响。

(一)酒店市场饱和,同质化现象严重

20世纪末到21世纪初,经济型酒店属于发展的"蓝海时期",大多数酒店借助良好的市场环境发展良好。1999年的"五一黄金周"开创了国内酒店业发展的黄金时代。然而从2012年开始,经济型酒店遇到瓶颈,市场达到饱和状态。2020年10月,笔者调研时光漫步时,创始人杨静峰说:"2012年的时候出了问题,我们发

现 5 月份业绩下降,记得我坐在办公室,马上给郝总打电话,郝总说她的东北区域也出现了这些问题,我又给如家打电话,他们也出现了这类问题,酒店有点'疲'了,虽然市场波动像是一个涟漪,但是会扩散,从一线到二线、二线到下面,认为是涟漪就会提前做预测,当时我和我的同行想,这肯定是一个信号,市场已经达到饱和。"时光漫步的开发总监张睿博也说:"大家从最开始的品牌依赖到后来已经是品牌麻木了,就是住如家、住汉庭、住锦江都是一样的,都是一张床四面墙,没有区别,所以从品牌依赖发展到品牌麻木。"经济型酒店市场竞争日益加剧,市场环境日趋饱和,杨静峰及时意识到创新才是未来酒店的出路,在充分洞察市场环境之后,杨静峰一行人也积极推进了他们创新的想法。在时光漫步的客房内,会放有杨静峰的一封信,信上写道:"大家可能会疑惑——为什么我们要做这样一个主题酒店?为什么会选择以怀旧为主题呢?是因为现在经济连锁酒店品牌不停攻城拔寨的同时,各个品牌产品的同质化也越来越严重:四面四堵墙,中间一张床!洗个热水澡,吃个简单的早餐,这就是现在连锁酒店能够给顾客提供的全部的内容。""我们选择的是特色,是因为我们了解到,顾客在入住酒店的同时,更多的是希望能够得到深刻的入住体验。"

(二)以服务为核心的运营机制,为服务创新提供条件

各大主流 OTA 平台上点评时光漫步旗下的酒店最多的就是"服务好"。时光漫步的优质服务已成为企业的核心竞争力,正如杨静峰所说的其发展目标是"做顾客满意度最高的主题酒店",时光漫步在门店的日常管理中紧扣"服务至上"的经营理念,将"做好服务"作为各项工作开展的重点。杨静峰说:"我们考评门店,考评店长,考评员工,最重要的一个指标就是'服务'。""我们日常开会、检查工作、培训员工都是围绕着一个核心,就是'服务'。""我们的目的就是要让'服务'成为我们品牌的核心竞争力,让顾客想起时光漫步,首先想到的就是时光漫步的服务!"

在总部层面,时光漫步制定了诸多与服务相关的政策和制度。比如新员工入职必须记住的"服务守则二十三条",时光漫步的"服务之星"是时光漫步的最高荣誉,评分标准紧紧围绕服务展开,当月门店无服务类差评是评选"服务之星"的基础条件,从总部政策出发,通过各项规定来推动门店的服务建设。时光漫步还推出了红宝书。红宝书将员工的服务案例分为 22 个门类,如"如何照顾生病的顾客""如何处理隔音类投诉"等,每个门类下有 5~6 个典型的员工服务案例,介绍了时光漫步员工在实际工作中有效应对投诉、解决顾客问题的方法,供酒店其他员工学习。

在员工的实践层面,员工会在工作群分享每日的"优秀服务案例",通过相互

学习提高服务水平,此外员工绩效考核包括提供优质服务的数量、顾客表扬信等数量,采用多种方式让员工注重服务。

整个企业的运作模式都将服务放在了非常重要的位置,这种模式也让酒店高层、门店管理者、酒店一线员工都深刻认识服务的重要性,为服务创新建立了良好的环境和条件。

(三)良好的员工氛围以及鼓励员工创新

为了更好地了解企业的运作模式、更全面地感受时光漫步的服务创新的具体表现,笔者在时光漫步酒店进行了数月的参与式观察,感受到了时光漫步良好的工作氛围。在时光漫步,店长需要亲自在前台接待顾客,店长和员工一起吃饭、一起工作。时光漫步的前台员工不仅处理前台的工作,在客房人手不够时会到客房帮忙。在酒店内部,没有明显的职位划分,大家关系紧密,这种氛围也让员工敢于表达自己的想法,并且敢于向企业提出自己的意见。时光漫步尊重每一位员工的意见,在笔者参与式观察的时间里,酒店店长不会因为笔者是一名实践经历较少的"外行"而忽视笔者的想法,多次询问笔者有没有自己的一些想法和看法,如怎样为顾客提供更好的服务等,对于这些意见和看法店长会认真倾听并给予反馈,这样的例子在时光漫步数不胜数。时光漫步每年还会举办"服务创新大赛",鼓励员工创新,好的服务创新的点子会在整个集团推广。

三、时光漫步服务创新的优秀实践

时光漫步的服务创新主要体现在酒店主题特色创新、酒店产品的创新升级以及对客服务流程创新上,为了加深读者对时光漫步服务创新的了解,下面从这三个方面展开介绍。

(一)酒店主题特色创新

酒店的主题能够烘托出酒店的特色,"讨巧"的主题也是服务创新的一部分,能够丰富顾客的体验并让顾客留下深远持久的印象。创始人杨静峰说:"我们主打的怀旧元素,把主题定位怀旧,为什么,因为当时在胡同里面,我们想加文化元素,只有怀旧比较合适。"

酒店通过复古风格的装修设计以及小物件的摆放营造出怀旧的主题。酒店内、二八自行车、颇有年代感的缝纫机、楼层挂的老照片、客房内的拨盘电话等,处处弥漫着怀旧气息。怀旧气息拉近了酒店与顾客间的距离,勾起了顾客儿时的回忆,让顾客产生情感上的共鸣。同时也丰富了顾客的入住体验,使顾客的内心得以放松。网上顾客点评:"酒店虽然不是很新,门脸不大,但是一进到酒店满满的怀旧气息!老电视、老照相机,房间里还摆着老式电话,小人书和万紫千红润肤脂,娃哈哈AD钙奶每人一瓶,加上大白兔奶糖,总之给人一种亲切熟悉的味道。""我本来就是个很怀旧的人,这个主题很对我的心思,刚进店的时候背景音乐正播放着《十七岁的雨季》,看着店里摆放的那些童年时的小物件,怀旧氛围一下子就涌上来了,像是重回到儿时的家。""酒店设施很齐全,怀旧主题,对我们'80后'而言是很有爱的,大厅有小霸王游戏机,可以追忆童年。""办理了入住之后进了房间,这个搪缸杯让我想起了我的奶奶,瞬间泪目了,奶奶曾经也用过这样的杯子。"

除了主打怀旧主题外,时光漫步酒店也通过精心的选址、巧妙的室内设计等渲染了地域文化,独具特色的地域文化与怀旧主题的融合让时光漫步怀旧的风格更加鲜明、独特,让顾客印象深刻。北京的时光漫步酒店多数靠近景区或者选址在胡同深处,让顾客感受到了地道的北京文化。比如,时光漫步南锣鼓巷店坐落于东城区安定门方家胡同内;国子监店坐落在老北京胡同重点保护区;天安门广场店位于小齐家胡同,与著名的大栅栏商业街仅一墙之隔。网上顾客点评:"胡同里四合院酒店是我第一次住,体验感真的特别棒,来北京一定要住这家酒店,真的是'不住后悔系列'。""胡同里的气息也真不是住其他酒店能感受到的,胡同里的生活真的很安静,大爷大妈晒太阳闲聊,戴着小袖标给你指路,让人觉得就是电视里那种北京胡同的样子。"时光漫步张家口店在室内设计中加入了冰雪元素,随处可见的雪花图案地毯、滑雪板装饰的墙面让酒店的主题更加鲜明。时光漫步太原理工店同样在室内设计中融入当地元素,酒店大堂中有手绘的山西所有著名景点的导览图,值得一提的是,大堂内有古宅门的设计,让顾客有家的感觉。网上顾客点评:"这家店大堂竟然布置成一个古宅子,好有大宅门的感觉,还有就是房间里背景墙上,一圈圈的波纹里手绘着一个太原古城门,仿佛透过时光隧道一下子回到过去,这样的感觉要好了!""大堂非常漂亮,除了手绘地图,竟然还有一个大宅门的布置,这里不仅住得舒服还能感受龙城山西的特色。下次来山西,一定再好好住一晚,更好地体验一下。"

(二) 酒店产品的创新升级

酒店产品是指酒店场景中所提供的实物、设施等,酒店产品是服务的基础,为了打破"四面四堵墙,中间一张床"中的酒店产品单一、无特色的情况,时光漫步在酒店产品上也有所创新,通过精选的支持性设施及丰富、高质量的辅助物品做到服务的创新升级,增强顾客的入住体验。时光漫步的酒店产品大致可以分为支持性设施、辅助物品两个部分,下面将从这两个部分展开介绍。

1. 支持性设施

支持性设施是指服务前必须到位的服务设施，一般是一次性投入、可以多次使用的固定资产。酒店企业前期的支持性设施主要体现在物业筛选以及大堂、客房设施设备上。

时光漫步的物业筛选有着与其他经济型酒店部分相似但独具特色的评判标准，主要涉及四个维度：①物业面积在3000～5000平方米；②选址的城市目前瞄准北京、上海以及省会城市；③房租不超过预期营收额的30%；④选择城市的核心商业区，保证客流量。时光漫步酒店不会选址在紧挨地铁站、临街的地方。以北京的时光漫步酒店为例，其酒店多数位于胡同深处或者居民区，雍和宫店原址是北京第一机床厂，房间是以前职工宿舍改造的；国子监店是一所中学的教职工楼改造的，通过这种方式使顾客感受到了怀旧气息，同时也感受到地道的北京文化以及市井气息。

相比于其他经济型酒店，时光漫步大堂也进行了创新升级。时光漫步太原理工店大堂设有露天休息区，为顾客提供交谈、休息的场所，酒店的大堂还设有书柜、游戏设备，可供顾客休闲娱乐。在酒店内部，顾客可以拿上一本小人书、玩着小霸王游戏机重温儿时的快乐时光。为节省物业成本，时光漫步酒店的客房面积比较小，但酒店通过高质量的客房设施进行了弥补。为了提高顾客入住的舒适度，时光漫步在客房用品方面做了调整和升级（表13-1）。

表13-1 时光漫步升级后的客房产品

客房产品	升级后的客房产品
客房布草	床上的棉织品选购的是60支贡缎的巴基斯坦棉，柔软亲肤
客房枕头	两个枕头可供选择（精挑细选的软枕和记忆枕）
客房家具	老榆木定制的全套家具、席梦思床垫

2. 辅助物品

辅助物品是指顾客购买和消费的物品或顾客自备的产品，一般为易耗品，是服务的载体。辅助物品分为供客消费的易耗品以及其他有利于酒店提供优质服务的物品。时光漫步在辅助物品上也进行了创新升级，更好地为顾客提供服务。

酒店当中的易耗品主要是指客房的一次性洗漱用品以及客房饮品和零食。为了在传统的经济型酒店客用品的基础上有所创新，时光漫步选取了口碑好、质量优的品牌。在洗漱用品上，时光漫步选用的是宝洁、两面针系列产品，干净卫生。在客房饮品上，时光漫步选用了立顿、雀巢的产品，免费的饮品还有娃哈哈AD钙奶和百岁山矿泉水。此外，客房内部还提供了免费的大白兔奶糖、万紫千红润肤脂，如果顾客喜欢房间内的一些复古的小玩具、小人书，也可免费带走。高质量的辅助物品让顾客有"物超所值"之感，便于酒店一系列优质服务的开展。

此外，时光漫步酒店还提供了各式各样的小物品，凡是顾客能想到的，酒店都会提供。比如时光漫步酒店会提供洗脚盆、洗衣液、暖宝宝、一次性雨衣等其他经济型酒店不会提供的物品，丰富的小物品让时光漫步的服务更加周到、细致。前台员工还会根据顾客喜好赠送小礼物，有顾客在点评中写道："首先必须表扬前台最帅那个戴小队长标识的小哥哥，特别贴心，我只是说了一句签字的笔好用，立马送了一支给我。""因为有小朋友入住，前台送了铁皮青蛙。""我说天气干燥，手掉皮，马上就有护手霜送到房间。"

（三）对客服务流程创新

丰富、细致、个性化的服务是时光漫步区别于其他经济型酒店的关键所在。时光漫步的对客服务创新体现在更加主动和个性化的服务、服务流程的优化、与客互动方式的优化等方面。

更加主动和个性化的服务是时光漫步服务创新的重要表现之一，员工主动、有针对性、有温度的服务会让顾客感到自己受到了重视，提高顾客入住期间的满意度。时光漫步的主动服务十分灵活多样，比如为感冒的顾客熬上一份姜汤、为处于生理期的顾客送上红糖水和暖宝宝、为即将考试的顾客送上小零食并附上"考试加油"的小纸条，等等，在时光漫步这样的例子还有很多，比如网评客户评论："入住时刚做完小手术，走路不方便，前台特别热情，帮忙拿东西按电梯，还主动给我找消毒水、棉签、纱布，使我很感动，中午还打电话问我吃饭了吗，说可以给我煮碗面，很棒的服务。""前台小姐姐真的太棒啦！看到我的朋友圈都是我的'爱豆'，特意去帮我洗了一张'爱豆'的照片送给我，还给我留了小纸条，哈哈哈，超级可爱！"时光漫步的所有员工都是优质服务的创造者，主动服务的提供不局限于前台员工，而是深入到酒店的各个部门与环节中，客房工作人员打扫房间时如果看到房间有小朋友会多放一些糖果和饮品，看到顾客吃药会放上两瓶水并附上提醒顾客按时吃药的小纸条。

时光漫步的服务创新还体现在服务流程的优化上，酒店抓住了每一个与顾客接触的机会，为顾客提供相应的增值服务。这里所指的增值服务主要与传统的经济型酒店对比，主要介绍目前经济型酒店中没有或少见的服务。顾客入住酒店的各个环节时光漫步体现的服务创新如图13-1所示。

此外，时光漫步的服务创新还体现在与客互动方式的优化上，酒店每个月组织内容不同的主题活动，让员工和顾客一起参与，增加顾客的体验感。比如，时光漫步在春节期间举行了猜灯谜活动，猜中灯谜的顾客会有小礼物赠送，跨年时为顾客提供免费的明信片并代寄，腊八节会为顾客送上免费的腊八粥。通过主题互

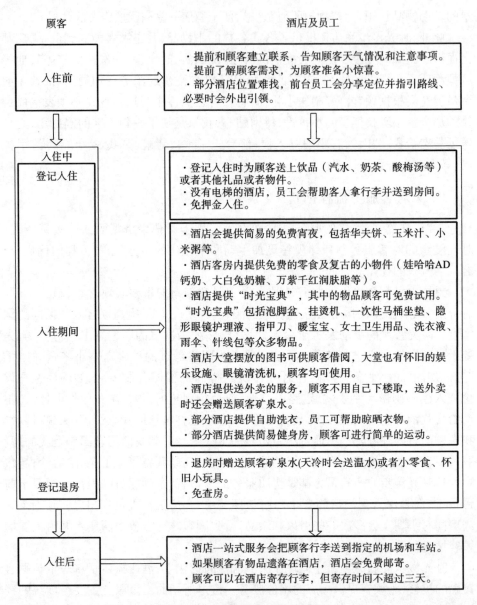

图 13-1 时光漫步服务流程创新

动方式拉近与顾客的距离,在活动中也能与顾客展开沟通,了解顾客的入住感受。传统经济型酒店中,客房员工与顾客的沟通几乎为零,但在笔者实习的数月时间里,时光漫步的客房员工通过"纸条"与顾客产生互动,客房员工除了每天打扫客房之外,还有一项工作就是写"纸条"。纸条内容通过为顾客提供的服务进行编辑,比如"天气炎热,给您房间多放了两瓶水",对于房间衣服比较多、比较乱的顾客，客房员工会留言"见您房间衣服比较多，我们给您挂好了，如果有需要，请联系我们"，"纸条"成为客房员工和住客互动的工具，让顾客感受到酒店的"人情味"。

总的来说，时光漫步的服务创新体现在酒店主题特色创新、酒店产品的创新升级、对客服务流程创新这三个部分，每一个部分的创新都对服务产生影响，也都是服务创新的具体维度，三者兼顾的服务创新才能为顾客提供印象深刻、个性化十足的入住体验。时光漫步的服务创新对酒店企业服务升级具有较强的借鉴意义。服务创新实践的开展受到多方因素的影响，比如企业的运营机制、良好的员工工作氛围等，这些是服务创新得以开展并取得良好效果的支撑条件，值得酒店企业学习和借鉴。

多数酒店的服务创新仅仅从某一方面展开，通过服务流程或者酒店产品的优化和升级，以此达到服务创新的目的。而时光漫步的服务创新从服务入手，从多个方面着手，将服务创新落到实地，所展开的服务创新是一种全面、完整的服务创新，这种全面的服务创新值得许多的酒店企业学习和借鉴，这也是时光漫步服务创新的典型性所在。

第十四章 研究结论与展望

第一节 研究结论

如本书第一章绪论部分所述,旅游企业创新创业将会对旅游业高质量发展起到重要的驱动作用,但当前我国对旅游企业创新创业的研究仍然处于起步阶段,在这一背景下,本书首先对旅游创新、旅游创业等内容进行文献回顾与梳理,并在此基础上,对旅游创业、旅游创新的概念进行界定,提出了"旅游创新型创业"的概念。在概念界定的基础上,提出了一个旅游企业创新创业研究框架作为整本书的分析提纲。

秉持建构主义的科学哲学,本书采用了质性与案例研究方法,进一步对该框架做深入探索。考虑到旅游企业创新创业与一般企业创新创业研究并没有本质的区别,但在旅游情境下,可能会有较多独特的情境化特征需要挖掘,从而得出一个适用于分析旅游企业创新创业的理论框架。在这一思路指导下,得出如图14-1所示的理论框架,围绕这个框架进行深入研究和分析并得出主要结论。

第一,提出了一个旅游企业创新创业管理的理论框架。

通过将创新和创业整合,本书基于旅游情境提出了一个旅游企业创新创业管理分析框架,主要包括五个部分:旅游创新创业环境、旅游创新创业主体、旅游企业创业过程管理、旅游企业创新管理和创新创业绩效。旅游创新创业环境是重要的外部驱动力,旅游创新创业主体是重要的内部驱动力,也是旅游企业创新创业活动的"基因"。在外部、内部驱动力的作用下,旅游企业通过产生创业动机、创业机会识别、资源开发利用与配置、成长管理等一系列步骤完成整个创业过程。在创业的过程中,旅游企业在创业的各个阶段对商业模式、管理模式、服务模式等方面进行创新,并通过开放式创新过程来完成整个创新活动,从而最终影响创新创业的绩效。该框架既具有整体性和综合性,同时又充分体现了旅游的情境,是旅游研究领域中首次通过经验研分析得出的一个旅游企业创新创业管理理论框架,也为主流企业创新创业管理知识体系和理论体系做出一定的拓展和补充。

第二,提出旅游创新创业环境是旅游企业创新创业重要的外部驱动力。

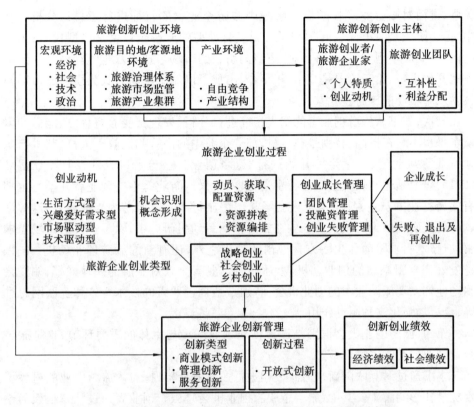

图 14-1 本书研究结论——旅游企业创新创业管理的理论框架

旅游创新创业环境从三个方面进行分析,包括宏观环境、旅游目的地/客源地环境和产业环境。其中,宏观环境中的经济、社会、技术和政治环境决定了创新创业的广度与深度。旅游目的地/客源地环境从治理、市场监管和产业集群三个方面分析,发现这一环境因素通过政策制定和政策效果来影响旅游企业创新创业的行为。同时,该理论框架中加入这一环境因素,是考虑到该因素是旅游情境下创新创业研究需要考虑的独特因素,也是区别于一般企业创新创业管理研究的一个重要方面。同时,多部门协同的旅游目的地治理体系和基于互联网、大数据等技术创新与基于信用体系建设而进行精准的智能化、数字化、平台化市场监管,会对旅游企业创新创业行为有更深入的影响。

第三,提出旅游创新创业的主体是旅游创业者与旅游企业家,是旅游企业创新创业的重要内部驱动力。

笔者认为,旅游企业家是一个地区旅游业能够可持续发展的极为宝贵的资源之一,在重视程度上,应当与该地区的旅游资源相并列。

首先,从历史演化角度来看,旅游企业家的成长与角色变化与旅游业成长相关联,进而对旅游业成长的每个阶段中旅游企业家的特征进行了总结分析。其中,第一阶段是改革开放到 1999 年,制度驱动型的旅游企业家是典型代表;第二阶段是 1999 年到 2010 年,以商业逻辑为引领的市场与技术双重驱动型的旅游企业家开始出现;第三阶段是 2010 年至今,出现了以旅游生活方式为引领的市场与技术双重驱动的旅游企业家。

其次,本书从旅游创业者的个人特征进行分析,发现其受教育程度、能力和素质水平也不断在提高,特别是在乡村,部分企业中的高管和高收入人群、艺术与媒体行业等从业者、大学生等开始进行"返乡创业",这与 Jafarr(2012)、徐红罡等(2015)研究结论有较大区别。特别是,进入新兴旅游业态中的创业者并不一定拥有旅游行业的从业经验,但个人会经常出去旅行或者以旅游为兴趣爱好,这一命题与前人研究结论有较大差别。在旅游创业者动机研究中,除了传统的市场需求驱动、技术需求驱动和生活方式型创业动机之外,还有新的旅游创业动机——兴趣爱好需求驱动型的创业动机,上述旅游创业者个人对旅游的兴趣爱好、偏爱会驱动他们发现旅游业中的创业机会,特别是结合创业者的技术背景和互联网思维等,会更加强化这种驱动作用。

第四,旅游创业机会识别是连接创新创业环境与主体的重要环节,也是旅游企业创业启动的关键环节。

本书通过对互联网新兴旅游公司进行多案例分析,探讨了旅游企业的机会识别类型和影响因素。其中,旅游企业的创业机会是旅游创业者通过认知框架而逐步构建的,分为服务驱动型和技术驱动型两类机会识别模式,影响因素主要包括外部环境因素和内部环境因素。其中,外部环境因素体现在宏观因素、政治和制度因素以及技术因素,内部环境因素包括创始团队的人口统计特征、创始团队的心理资本、创始团队先前知识和经验多元化、创始团队社会网络多元化和创始团队个人能力多元化。

第五,旅游创业企业通过对资源的利用与开发和成长管理实现创业绩效。

旅游企业通过资源拼凑和资源编排两种方式对资源进行重组、配置和开发,这里的资源不仅包括旅游研究中的旅游资源,还包括旅游企业的核心技术资源、组织资源、财务资源和社会资本等。在旅游企业成长管理方面,本书从创业团队管理、投融资管理、创业失败管理三个方面进行分析。研究发现,当一家旅游企业相对于传统旅游企业是"新物种"时,该企业的创业团队"基因",如教育背景和程度、创业经历和产业经验等并不一定要与旅游行业相关,在利益分配上创业团队能够实现较好的平衡,这些都是旅游企业创业实现成长和发展的基础条件。在投融资方面,旅游企业需要把握宏观环境的"大势",借鉴优秀旅游企业的投融资模式经验,把握投融资的节奏和时机,平衡投融资和盈利的关系。

进而，笔者通过案例研究归纳，分析旅游企业创业失败的原因。根本原因是创业团队的不成熟与外部市场环境高度复杂之间的不匹配。具体来看，一方面，管理团队的不成熟表现为管理人员经验不足、自信过度、团队不稳定、管理风格不当。特别地，旅游企业创业者中的大多数都对此有兴趣但缺乏经验，且认为旅游创业的难度较低，进一步增加了旅游企业创业失败的可能。另一方面，外部市场环境的高度复杂体现为旅游行业发展滞后以及旅游生态圈的复杂性。考虑到在线旅游企业的"线上"属性，其所受信息技术等环境因素变化的影响较大，而传统旅游企业受这方面的影响则较小。

第六，战略创业与乡村创业是旅游企业创业的两种重要类型。

笔者从这两类典型的旅游企业创业类型来进一步深化旅游创业研究。

战略创业部分，采用单案例研究方法，通过2013年和2014年两次前往东呈酒店集团对50余名高管及员工深入访谈和现场观察等研究方法，对东呈酒店集团的战略创业过程进行深入剖析，发现整个旅游企业战略创业过程分为四个部分：创业心智、创业文化和创业领导力、战略性配置资源、应用创造力和发展创新。其中，创业心智是思维开始，通过高层管理者对机会的识别和把握，以及自我更新、持续更新的意识来形成战略创业的心智；创业文化和创业领导力是战略创业的保障，东呈酒店集团将自身定义为"追赶性的学习型组织"，全员学习、慢慢追赶，而领导力则表现为企业家"重新审视简单问题"的能力；战略性配置资源方面，从构建资源组合，捆绑资源，应用创造力和发展创新等方面展开。总之，通过上述手段，东呈酒店集团从区域走向全国，在保证既有的业务不受冲击的情况下还发展了多个新品牌，走出了属于自己的战略创业道路。

乡村旅游创业部分，本书首先提出了乡村旅游创业的概念，并进而分析了该创业类型的模式和特点。采用单案例研究方法，通过2016—2018年连续三年对北京隐居乡里民宿进行深入访谈的调研，对其乡村旅游创业模式进行分析。研究发现，隐居乡里摸索出一条行之有效的共生式运营模式，即引入村民、合作社、政府、扶贫机构、银行等主体形成"村集体合作社＋运营商＋X"的多元合作模式。通过打造一个乡村利益共同体，盘活闲置资源，让参与的各方都获利，共同助力农村经济发展，这样的模式就有了轻资产、可规模化、可复制、可集群发展的特色。这一模式的底层逻辑是共生发展的乡村利益共同体，顶层逻辑是运营管理和资产管理相结合。同时，对本地资源进行编排，利用本地人力资源打造"管家制"管理模式，利用本地自然资源延长农产品产业链，利用本地资源打造沉浸式体验旅游目的地，为乡村振兴赋能，实现价值共创。

第七，旅游业创新发展的阶段与模式。

这一部分首先总结了我国旅游业演进中的几个创新阶段。第一阶段是改革开放之初到 1999 年左右,是制度突破与规则标杆创立的创新阶段。在当时特定的历史阶段,在管理理念、经营模式、管理模式等方面大胆引入西方先进经验结合我国具体实际进行了创新型的应用和创造性的转化,其中一些被历史检验的优秀模式与做法、理念与思维已深深植入新成长的旅游企业中。此时的创新以政策引导、制度突破、设立规则或标杆的创新为主要特征。第二阶段是 1999 年到 2010 年,需求与技术创新驱动的产业链重构式创新阶段,国内旅游需求的增长与互联网技术的普及,使得在线旅游企业的电子商务模式、管理模式等成为旅游业创新的亮点,这些企业改变了传统旅游产业链条模式,通过对各种中间环节"去中间化",对旅游产业进行了重构,在旅游业中产生了变革式创新。第三阶段,2010 年至今,是新需求与新技术驱动的产业链解构式创新阶段。伴随自助游、自驾游等新兴旅游需求出现以及以移动互联网为基础的手机和其他智能终端,大数据、人工智能等广泛应用,原有产业链条中的各个"节点"产生了专业化生产和服务的公司,特别是围绕游客在目的地出行的"节点"——吃、住、行、游、购、娱六要素,每个要素又产生了大量细分市场和业态,围绕这些微细分市场随即产生大量采用集聚化、细分化战略的旅游企业。原有的旅游产业链条被解构,甚至在很多旅游目的地已经成为旅游产业网络,而不再只是旅游产业链条。由于旅游企业创新与互联网技术、市场经济和商业逻辑紧密融合,使得创新的速度、频率和强度等有类似于互联网行业中的"摩尔定律"特征,在加快旅游企业创新速度的同时,也加速了旅游企业的淘汰速度。

之后,本书进一步分析了旅游业的创新模式,从通过纵向一体化控制资源、通过分解产业链条从事专业化生产、基于供给的产品要素创新等方面总结了旅游业创新模式。

第八,开放式创新是旅游企业创新的重要模式和过程。

本书以亚朵集团与旅悦集团为案例分析对象,归纳总结旅游企业开放式创新模式。其中,第一种模式是以用户为导向的多行业发散型开放式创新模式。第二种模式是以技术为导向的旅游产业链横向型开放式创新模式。在用户导向的多行业发散型开放式创新模式下,企业表现出的创新特征主要为:拓宽原有知识边界触达用户生活方式,深度了解用户需求以此作为创意的核心来源。用户参与设计、消费、投资等全过程,通过用户参与产品研发、联合营销、战略联盟、合作开发、产学研融合等协同形式来打造企业多行业发散型的创新系统。呈现出具有高开放度的内外耦合式开放式创新。在以技术为导向的旅游产业链横向型开放式创新模式下,企业表现出的创新特征主要为:不断拓宽企业知识边界,充分利用 OTA 大数据与全互联网资源并以此作为创意的核心来源。技术赋能选址、运营、管理、营销等各层面,通过技术重塑业务流程、上下游产业链整合、战略合作、国内外 OTA 合作、孵化等形式来打造旅游产业链横向型创新系统。呈现出具有高开放度的内外耦合式开放式创新。

第九，旅游企业创新从管理模式创新、商业模式创新和服务模式创新三个方面展开。

管理模式创新方面，本书提出管理模式创新包括战略创新、组织结构创新、员工激励与发展创新、技术创新四个维度，进而对 7 天酒店的创新管理实践进行归纳，总结其独特的管理模式创新。

商业模式创新方面，本书以有戏电影酒店为案例，通过分析其用电影 IP 为传统酒店赋能，打造"住宿＋电影"跨界融合的中高端连锁酒店的商业模式创新，从打造独特的价值主张、目标市场、资源配置、产品与服务设计和收入模式等方面分析其商业模式创新。

服务模式创新模式方面，本书以时光漫步酒店为案例，从酒店主题创新、酒店产品创新升级、对客服务流程创新三个方面分析其服务模式创新。

第二节 研究展望

本书尽管通过质性与案例研究方法提出了一个旅游企业创新创业管理的理论框架，并得出了一系列研究发现和结论，但仍然属于华莱士所提出的"科学环"中的"理论构建环"。后续研究，一方面需要对本书构建的理论框架和框架中的命题和观点进行检验；另一方面，也要继续深化和细化所提出的理论框架，从而不断对该领域的理论进行拓展和完善。

下面提出几个未来研究的主要方向和议题。

一个根本性的研究问题是，旅游企业创新创业研究与主流创新创业研究的区别或独特性体现在哪里？这个问题直接决定了旅游创新创业研究的理论贡献大小。尽管本书已经对这一问题进行了部分回答，但仍有一些问题亟待未来探讨。

1. 环境与旅游企业创新创业活动的关系研究

未来研究可深入分析旅游创新创业环境中的各个子维度对旅游企业创新创业活动中的主体、过程和绩效之间的影响。例如，部分研究只聚焦了经济环境因素对创业活动的影响，部分研究涉及了社会文化因素（Wang 等，2020），然而由于创业活动的复杂性，特别是我国旅游企业的创新创业活动会受到社会、文化、制度等多方面因素的影响。因此可以分析我国不同地区之间的制度环境差异（如反映地区间制度差异的"制度距离"或地方政府的市场分割与地方保护主义政策等）对旅游企业创新创业活动的影响；也可以对比分析我国不同地域文化下的旅游企业创新创业活动的特征差异。又如,可以对比分析不同旅游目的地或客源地环境或集群环境下的旅游企业创新创业活动差异,分析我国几个典型城市,如北京、上海、深圳等与法国巴黎、日本东京等城市的创业活动特征以及影响这些创新创业活动的情境变量(如需求、技术、政策、经济、社会文化等)。上述城市既是旅游目的地,也是旅游客源地,由此进一步总结我国出现如此大规模的旅游企业创新创业浪潮的特征及其原因。

同时,也需要关注旅游企业创新创业对创业环境的反作用影响。例如,可以研究旅游企业创新创业活动对旅游目的地环境的影响,某些旅游目的地中的旅游企业往往是当地重要的纳税大户、"金字招牌",同时也是当地社会生活的重要构成部分,特别是在乡村旅游创业中,一个村子、乡镇往往依赖一家旅游企业的成长。与此同时,还可以分析,旅游企业与旅游目的地的"共演化"(co-evolution),这一研究点在其他创新创业研究领域较为少见。

2. 旅游企业创新创业的主体及其与旅游创新创业活动关系研究

旅游创业者研究问题主要包括以下方面。第一,旅游创业者的个人特质研究。尽管我们对访谈的50多个创业者进行了个人特质方面的研究,但根据当前创业研究的前沿领域,开始关注创业者的性格特质、认知模式、创业警觉性、创业激情、创业直觉、过度自信、情绪等方面的研究。第二,创业者决策过程研究。在机会识别、资源获取、资源开发与利用等过程中创业者的决策过程和思维过程的研究。第三,当旅游创业企业进入成长期和成熟期后,旅游创业者的管理能力、领导力、企业家精神、动态能力等的培育与构建机制及其对创业企业成长影响的研究。

创业团队层面的研究问题主要包括以下方面。第一,"混搭型"旅游创业企业初创团队的形成过程及其对创业能力积累的影响问题。在我们的分析中,大量创新创业旅游企业的创业团队是由非旅游专业背景(以IT专业背景为主)人员与旅游专业背景人员"混合"组成,因此这些"混合型"创业团队的形成过程及其对旅游创新创业活动的影响值得关注。第二,创业团队的结构与关系治理问题。旅游创业团队的股权结构、IT背景创始人与旅游背景创始人间的协调合作问题、创业团队的关系治理问题(正式关系与非正式关系)等。第三,创业团队的知识共享、成员间学习、集体决策等特征对创业过程中机会识别、资源利用、组织管理等方面的影响。第四,创业过程中,创业团队成员的流动变化与企业能力成长、创业绩效间的关系问题。第五,某些创业团队成员从原团队剥离出去后成立新企业的再创业问题。

另外,需要特别指出的是,旅游创业研究中也要关注一类特殊旅游者的研究。因为正如在本书第四章的发现,许多旅游企业创始人是由于对旅游旅行的兴趣爱好,甚至因为是资深"旅游达人"而选择旅游业创业,这类创业者本身也是旅游者,那么这类创业型旅游者从日常旅游逐步转化为旅游创业,他们的动机是什么、是如何转化的等,值得关注。

3. 旅游企业创新创业的理论框架中各个部分与创新创业的绩效关系研究

以往研究中,对创新创业绩效的研究大多集中在财务绩效,但本书发现许多旅游创业者或创业团队的创业动机并不是以取得经济回报为首要目标,而是以实现自我追求、追求某种生活方式(如访谈中被经常提及的"情怀")、追求社会贡献(如当前比较前沿的社会创业领域)等为目标。因此,后续研究可以对创新创业绩效进行重新定义,将经济绩效和社会绩效等综合考虑进来,进行分析。在此基础上,通过定量研究方法,深入探讨创新创业环境、创新创业主体、创新创业过程等部分与创新创业绩效的关系,也是发现旅游创新创业活动的效果以及取得这些效果的因果机制链条的重要问题。

参 考 文 献

学术论文

[1] Agarwal R, Selen W. Multi-dimensional nature of service innovation: operationalisation of the elevated service offerings construct in collaborative service organizations[J]. International Journal of Operation & Production Management,2001,31(11):1164-1192.

[2] Ahire S L, Ravichandran T. An innovation diffusion model of TQM implementation[J]. IEEE Xplore,2001,48(4):445-464.

[3] Akgün A A,Nijkamp P,Baycan T,et al. Embeddedness of entrepreneursim rural areas: a comparative rough set data analysis[J]. Tijds Chriftvoor Economischeen Sociale Geografie,2010,101(5):538-553.

[4] Alegre I,Berbegal-Mirabent J. Social innovation success factors: hospitality and tourism social enterprises[J]. International Journal of Contemporary Hospitality Management,2016,28(6):1155-1176.

[5] Alford P, Duan Y Q. Understanding collaborative innovation from a dynamic capabilities perspective[J]. International Journal of Contemporary Hospitality Management,2018,30(6):2396-2416.

[6] Alonso-Almeida M M, Rocafort A, Borrajo F. Shedding light on eco-innovation in tourism: a critical analysis[J]. Sustainability, 2016, 8(12):1262.

[7] Altinary L, Altinary M. The influence of organizational structure on entrepreneurial orientation and expansion performance[J]. International Journal of Contemporary Hospitality Management,2004,16(6):334-344.

[8] Altinay L. The intrapreneur role of the development directors in an international hotel group[J]. Service Industries Journal, 2005, 25(3): 403-419.

[9] Gardner H K, Anand N. Knowledge based innovation: emergence and embedding of new practice areas in management consulting firms[J]. Academy of Management Journal,2007,50(2):406-428.

[10] Ateljevic I, Doorne S. Unpacking the Local: A Cultural Analysis of Tourism Entrepreneurship in Murter, Croatia[J]. Tourism Geographies, 2002,5(2):123-150.

[11] Ateljevic J. Tourism entrepreneurship and regional development: example from New Zealand[J]. International Journal of Entrepreneurial Behaviour and Research,2009,15(3):282-308.

[12] Athiyaman A, Robertson R W. Strategic planning in large tourism firms: an empirical analysis[J]. Tourism Management,1995,16(3):199-205.

[13] Atuahene-Gima K, Slater S F, Olson E M. The contingent value of responsive and proactive market orientations for new product program performance[J]. Journal of Product Innovation Management,2005,22(6): 464-482.

[14] Baggio R, Scott N, Cooper C. Improving tourism destination governance: a complexity science approach [J]. Tourism Review,2010,65(4):51-60.

[15] Baker T, Nelson R E. Creating something from nothing: Resource construction through entrepreneurial bricolage[J]. Administrative Science Quarterly,2005,50(3):329-366.

[16] Bani-Melhem S, Zeffane R, Albaity M. Determinants of employees' innovative behavior[J]. International Journal of Contemporary Hospitality Management,2018,30(3):1601-1620.

[17] Barney J B. Firm resources and sustained competitive advantage[J]. Journal of Management,1991,17(1):99-120.

[18] Barras R. Interactive innovation in financial and business services: the Vanguard of the service revolution[J]. Research Policy, 1990, 19 (3): 215-237.

[19] Barras R. Towards a theory of innovation in services[J]. Research Policy, 1986,15(4):161-173.

[20] Baum T. Managing hotels in Ireland: research and development for change [J]. International Journal of Hospitality Management, 1989, 8 (2): 131-144.

[21] Berger F, Bronson B. Entrepreneurs in the Hospitality Industry: a psychological Portrait[J]. The Cornell Hotel and Restaurant Administration Quarterly,1981,22(2):52.

[22] Beritelli P, Bieger T, Laesser C. Destination governance: using corporate

governance theories as a foundation for effective destination management[J]. Journal of Travel Research,2007,46(1):96-107.

[23] Berry L L, Shankar V, Parish J T, et al. Creating new markets through service innovation[J]. MIT Sloan Management Review,2006,47(2):56.

[24] Bianchi M, Cavaliere A, Chiaroni D, et al. Organisational modes for Open Innovation in the bio-pharmaceutical industry:an exploratory analysis[J]. Technovation,2011,31(1):22-33.

[25] Booyens I, Rogerson C M. Networking and learning for tourism innovation: evidence from the western cape[J]. Tourism Geographies,2017,19(3): 340-361.

[26] Booyens I, Rogerson C M. Tourism innovation in the global south: Evidence from the western Cape, South Africa[J]. International Journal of Tourism Research,2016,18(5):515-524.

[27] Bosworth G, Farrel H. Tourism entrepreneurs in Northumberland[J]. Annals of Tourism Research,2011,38(4):1474-1494.

[28] Burgess C. Factors influencing middle managers' ability to contribute to corporate entrepreneurship[J]. International Journal of Hospitality Management,2013(32):193-201.

[29] Büschgens T, Bausch A, Balkin D B. Organizational culture and innovation:a meta-analytic review[J]. Journal of product innovation management,2013, 30(4):763-781.

[30] Cainelli G, Evangelista R, Savona M. Innovation and economic performance in services: a firm-level analysis[J]. Cambridge journal of economics, 2006,30(3):435-458.

[31] Camisón C, Villar-López A. Non-technical innovation: organizational memory and learning capabilities as antecedent factors with effects on sustained competitive advantage[J]. Industrial Marketing Management, 2011,40(8):1294-1304.

[32] Cardinale B J, Matulich K L, Hooper D U, et al. The functional role of producer diversity in ecosystems[J]. American journal of botany,2011,98 (3):572-592.

[33] Carlsson B, Braunerhjelm P, McKelvey M, et al. The evolving domain of entrepreneurship research[J]. Small Business Economics,2013,41(4): 913-930.

[34] Casadesus-Masanell R, Ricart J E. From strategy to business models and onto Tactics[J]. Long Range Planning, 2010, 43(2):195-215.

[35] Cavagnoli D. A conceptual framework for innovation: an application to human resource management policies in Australia[J]. Innovation, 2011, 13(1):111-125.

[36] Černe M, Jaklič M, Škerlavaj M. Authentic leadership, creativity, and innovation: a multilevel perspective[J]. Leadership, 2013, 9(1):63-85.

[37] Chang S, Gong Y, Shum C. Promoting innovation in hospitality companies through human resource management practice[J]. International Journal of Hospitality Management, 2011, 34(4):812-818.

[38] Chen W J. Innovation in hotel services: Culture and personality[J]. International Journal of Hospitality Management, 2011, 30(1):64-72.

[39] Ettlie J E, Rosenthal S R. Service innovation in manufacturing[J]. Journal of Service Management, 2012, 23(3):440-454.

[40] Chiaroni D, Chiesa V, Frattini F. Unravelling the Process from Closed to Open Innovation: Evidence from Mature, Asset-Intensive Industries[J]. R & D Management, 2010, 40(3):222-245.

[41] Cohen E. Touristic craft ribbon development in Thailand[J]. Tourism management, 1995, 16(3):225-235.

[42] Damanpour F, Aravind D. Managerial Innovation: Conceptions, Processes, and Antecedents[J]. Management and Organization Review, 2012, 8(2):423-454.

[43] DaSilva C M, Trkman P. Business Model: What It Is and What It Is Not[J]. Long Range Planning, 47(6):379-389.

[44] Dawson D, Fountain J, Cohen D A. Seasonality and the lifestyle "Conundrum": an analysis of lifestyle entrepreneurship in wine tourism regions[J]. Asia Pacific Journal of Tourism Research, 2011, 16(5):551-572.

[45] Dörner N, Gassmann O, Gebauer H. Service Innovation: Why Is It So Difficult to Accomplish[J]. Journal of Business Strategy, 2011, 32(3):37-46.

[46] Edgett, Scott. The Traits of Successful New Service Development[J]. Journal of Services Marketing, 1994, 8(3):40.

[47] Edvardsson B, Tronvoll B, Gruber T. Expanding understanding of service

exchange and value co-creation: a social construction approach[J]. Journal of the academy of marketing science,2011,39(2):327-339.

[48] Fatima S, Luqman R. Impact of market learning on management innovation: mediating role of knowledge integration [J]. SEISENSE Journal of Management,2020,3(5):1-12.

[49] Ferguson D, Berger F, Francese P. Intrapreneuring in hospitality organizations[J]. International Journal of Hospitality Management,1987, 6(1):23-31.

[50] Gadrey J,Gallouj F,Weinstein O. New modes of innovation: how services benefit industry[J]. International Journal of Service Industry,1995,6(3): 4-16.

[51] Gajdošíková Z, Gajdošík T, Kučerová J, et al. Reengineering of tourism organization structure: the case of Slovakia [J]. Procedia-Social and Behavioral Sciences,2016,230(1):405-412.

[52] Ganter A, Hecker A. Configurational paths to organizational innovation: qualitative comparative analyses of antecedents and contingencies [J]. Journal of Business Research,2014,67(6):1285-1292.

[53] Garcia-Sanchez A, Siles D, Vazquez-Mendez M. Competitiveness and innovation: effects on prosperity, Anatolia[J]. An International Journal of Tourism and Hospitality Research,2019,30(2):200-213.

[54] Gartner W B. A conceptual framework for describing the phenomenon of new venture creation[J]. Academy of management review,1985,10(4): 696-706.

[55] Gassmann O. Opening up the innovation process: towards an agenda[J]. R & D Management,2006,36(3):215-228.

[56] Gebauer H. Exploring the contribution of management innovation to the evolution of dynamic capabilities[J]. Industrial Marketing Management, 2011,40(8):1238-1250.

[57] Getz D,Carlsen J. Characteristics and goals of family and owner-operated businesses in the rural tourism and hospitality sectors [J]. Tourism Management,2000,21(6):547-560.

[58] Getz D, Petersen T. Growth and profit-oriented entrepreneurship among family business owners in the tourism and hospitality industry [J]. International Journal of Hospitality Management,2005,24(2):219-242.

[59] Getz D. Family business in tourism: state of the Art[J]. Annals of Tourism Research,2005,32(1):237-258.

[60] Glancey K,Pettigrew M. Entrepreneurship in the small hotel sector[J]. International Journal of Contemporary Hospitality Management,1997, 9(1):21-24.

[61] Göymen K. Tourism and governance in Turkey[J]. Annals of Tourism Research,2000,27(4):1025-1048.

[62] Grande J. New venture creation in the farm sector-critical resources and capabilities[J]. Journal of Rural Studies,2011,27(2):220-233.

[63] Hall R. The strategic analysis of intangible resources[J]. Strategic Management Journal,1992,13(2):135-144.

[64] Hallak R,Brown G,Lindsay N J. The place identity performance relationship among tourism entrepreneurs:a structural equation modelling analysis[J]. Tourism Management,2012,33(1):143-154.

[65] Hallk R,Assaker G,Lee C. Tourism entrepreneurship performance: the effects of place identity, self-efficacy and gender[J]. Journal of Travel research,2015,54(1):36-51.

[66] Hamel G. The why,what,and how of management innovation[J]. Harvard business review,2006,84(2):72.

[67] Helkkula A,Kowalkowski C,Tronvoll B. Archetypes of service innovation: implications for value cocreation[J]. Journal of Service Research,2018,21(3):284-301.

[68] Henry W. A Better Way to Innovation [J]. Harvard Business Review, 2003,81(7):12-14.

[69] Hernandez-Maestro R M, Gonzalez-Benito. Rural lodging establishments as drivers of rural development[J]. Journal of Travel Research,2014, 53(1):83-95.

[70] Hertog P D. Knowledge-intensive business services as co-producers of innovation[J]. International Journal of Innovation Management,2000, 4(4):491-528.

[71] Hipp C,Grupp H. Innovation in the service sector:the demand for service-specific innovation measurement concepts and typologies[J]. Research Policy,2005,34(4):517-535.

[72] Hjalager A M. 100 Innovations that transformed tourism[J]. Journal of

Travel Research,2015,54(1):3-21.

[73] Hjalager A M. A Review of Innovation Research in Tourism [J]. Tourism Management,2010,31(1):1-12.

[74] Hjalager A M. Innovation patterns in sustainable: an analytical typology [J]. Tourism Management,1997,18(1):35-41.

[75] Hjalager A M. Repairing innovation defectiveness in tourism [J]. Tourism Management,2002,23(5):465-467.

[76] Hogan S J,Coote L V. Organizational culture, innovation, and performance: a test of Schein's model[J]. Journal of Business Research,2014,67(8): 1609-1621.

[77] Huber G P,Power D J. Retrospective reports of strategic-level managers: guidelines for increasing their accuracy[J]. Strategic Management Journal, 1985,6:171-180.

[78] Huffman R C,Hegarty W H. Top management influence on innovations: the effects of executive characteristics and social culture[J]. Journal of Management,1993,19(3):549-574.

[79] Ioannides D, Petersen T. Tourism non-entrepreneurship in peripheral destinations: a case study of small and medium tourism enterprises on Bornholm,Denmark[J]. Tourism Geographies,2003,5(4):408-435.

[80] Ireland R D,Hitt M A,Sinmon D G. A model of strategic entrepreneurship: the construct and its dimensions[J]. Journal of Management,2003,29(6): 963-989.

[81] Ireland R D,Webb J W. Strategic entrepreneurship: creating competitive advantage through streams of innovation[J]. Business Horizons,2007,50 (1):49-59.

[82] Jaafar M,Abdul-Aziz A R,Maideen S A. Entrepreneurship in the tourism industry: issues in developing countries [J]. International Journal of Hospitality Management,2011,30(4):827-835.

[83] Jaafar M, Rasoolimanesh S M, Lonik K A T. Tourism growth and entrepreneurship: empirical analysis of development of rural highlands[J]. Tourism Management Perspectives,2015,14:17-24.

[84] Jansen J J P,Van Den Bosch F A J,Volberda H W. Managing potential and realized absorptive capacity: how do organizational antecedents matter [J]. Academy of Management Journal,2005,48(6):999-1015.

[85] Jick T D. Mixing qualitative and quantitative methods：triangulation in action[J]. Administrative Science Quarterly,1979,24：602-611.

[86] Magretta J. Why business models matter [J]. Harvard Business Review, 2002,80(5)：86-92,133.

[87] Jogaratnam G,Eliza C T,Olsen M D. An empirical analysis of entrepreneurship and performance in the restaurant industry[J]. Journal of Hospitality & Tourism Research,1999,23(4)：339-353.

[88] Jogaratnam G,Tse E C Y. Entrepreneurial orientation and the structuring of organizations performance evidence from the Asian hotel industry[J]. International Journal of Contemporary Hospitality Management,2006,18 (6)：454-468.

[89] Jogaratnam G. Entrepreneurial orientation and environmental hostility：an assessment of small, independent restaurant business [J]. Journal of Hospitality and Tourism Research,2002,26(3)：258-277.

[90] Jones P. Managing hospitality innovation [J]. The Cornell Hotel and Restaurant Administration Quarterly,1996,37(5)：86-95.

[91] Kallmuenzer A, Peters M. Innovativeness and control mechanisms in tourismand hospitality family firms：a comparative study[J]. International Journal of Hospitality Management,2018,70：66-74.

[92] Kallmuenzer A, Peters M. Entrepreneurial behaviour, firm size and financial performance：the case of rural tourism family firms[J]. Tourism Recreation Research,2018,43(1)：2-14.

[93] Karmarkar U. Will you survive the services revolution [J]. Harvard Business Review,2004,82：100-107,138.

[94] Kellogg D L, Nie W. A framework for strategic service management[J]. Journal of Operations Management,1995,13(4)：323-337.

[95] Knights D. Writing organizational analysis into foucault[J]. Organization, 2002,9(4)：575-593.

[96] Komppula R. The role of individual entrepreneurs in the development of competitiveness for a rural tourism destination—a case study[J]. Tourism Management,2014,40(1)：361-371.

[97] Kumar N. Conducting interorganizational research using key informants [J]. Academy of Management Journal,1993,36(6)：1633-1651.

[98] Lashley C, Rowson B. Lifestyle Businesses：Insights into Blackpool's

Hotel Sector[J]. International Journal of Hospitality Management,2010, 29(3):511-519.

[99] Lee Y H,Hsieh Y C,Hsu C N. Adding innovation diffusion theory to the technology acceptance model:Supporting employees' intentions to use e-learning systems[J]. Journal of Educational Technology & Society,2011, 14(4):124-137.

[100] Lerner M,Haber S. Performance factors of small tourism ventures:the interface of tourism, entrepreneurship and environment[J]. Journal of Business Venturing,2001,16:77-100.

[101] Li L. A review of entrepreneurship research published in the hospitality and tourism management journals[J]. Tourism Management, 2008, 29 (5):1013-1022.

[102] Lichtenthaler U. Open innovation:past research, current debates, and future directions[J],Academy of Management Perspectives,2011,25(1): 75-93.

[103] Lin H F,Su J Q,Higgins A. How dynamic capabilities affect adoption of management innovations[J]. Journal of Business Research,2016,69(2): 862-876.

[104] Lipton J P. On the psychology of eyewitness testimony[J]. Journal of Applied Psychology,1977,62:90-95.

[105] Low M B, MacMillan I C. Entrepreneurship:Past research and future challenges[J]. Journal of Management,1988,14(2):139-161.

[106] Lowe A. Small hotel survival—an inductive approach[J]. International Journal of Hospitality Management,1988,7(3):197-223.

[107] Luke B G,Verreynne M L. Exploring strategic entrepreneurship in the public sector[J]. Qualitative Research in Accounting & Management, 2006,3(1):4-26.

[108] Lusch R F,Nambisan S. Service innovation:a service dominant logic perspective[J]. MIS quarterly,2015,39(1):155-175.

[109] Lynch P. Female microentrepreneurs in the host family sector:key motivations and social-economic variables[J]. International Journal of Hospitality Management,1998,17(3):319-342.

[110] March J G. Exploration and exploitation in organizational learning[J]. Organization Science,1991,2(1):71-87.

[111] Martínez-Ros E,Orfila-Sintes F. Training plans,manager's characteristics and innovation in the accommodation industry[J]. International Journal of Hospitality Management,2012,31(3):687-694.

[112] Mavondo F T,Chimhanzi J,Stewart J. Learning orientation and market orientation:Relationship with innovation, human resource practices and performance[J]. European journal of marketing,2005,39(11/12):1235-1263.

[113] Mcgehee N G, Kim K,Jennings G R. Gender and motivation for agri-tourism entrepreneurship [J]. Tourism Management, 2007, 28 (1): 280-289.

[114] Medina-Munoz D R,Medina-Munoz R D,Zuniga-Collazos A. Tourism and innovation in China and Spain: A review of innovation research on tourism[J]. Tourism Economics,2013,19(2):319-337.

[115] Michael R. The Utility Business Model and the Future of Computing Services [J]. IBM Systems Journal,2004,43(1):32-42.

[116] Mitra N J,Pauly M,Wand M,et al. Symmetry in 3d geometry:extraction and applications[J]. In Computer Graphics Forum,2013,32(6):1-23.

[117] Mol M J, Birkinshaw J. The sources of management innovation: when firms introduce new management practices [J]. Journal of Business Research,2009,62(12):1269-1280.

[118] Morrison A, Baum T, Andrew R. The Lifestyle Economics of Small Tourism Businesses[J]. Journal of Travel and Tourism Research,2001,1 (1-2):16-25.

[119] Morrison A,Carlsen J,Weber P. Small tourism business research change and evolution[J]. International Journal of Tourism Research, 2010, 12 (6):739-749.

[120] Morrison A, Lynch P, Johns N. International tourism networks [J]. International Journal of Contemporary Hospitality Management,2004,16 (3):197-202.

[121] Morrison A, Thomas R. The future of small firms in the hospitality industry[J]. International Journal of Contemporary Hospitality Management, 1999,11(4):148-154.

[122] Morrison A. A contextualisation of entrepreneurship[J]. International Journal of Entrepreneurial Behaviour and Research, 2006, 12 (4): 192-209.

[123] Mottiar Z. Lifestyle entrepreneurs and spheres of inter-firm relations[J]. Entrepreneurship and Innovation,2007,8(1):67-74.

[124] Nguyen L A. Management innovation: a critical review [J]. Management, 2021,8(1):31-51.

[125] Nieves J,Segarra-Ciprés M. Management innovation in the hotel industry [J]. Tourism Management,2015,46:51-58.

[126] Nijssen E J, Hillebrand B, Vermeulen P A M, et al. Exploring product and service innovation similarities and differences [J]. International Journal of Research in Marketing,2006,23(3):241-251.

[127] North D, Smallbone D. Developing entrepreneurship and enterprise in Europe's peripheral rural areas: some issues facing policy-makers[J]. European Planning Studies,2006,14(1):41-60.

[128] Oliveira L S,Echeveste M E,Cortimiglia M N. Critical success factors for open innovation implementation[J]. Journal of Organizational Change Management,2018,31(6):1283-1294.

[129] Oliveira P,Von H E A. Users as service innovators: the case of banking services[J]. Research Policy,2011,40(6):806-818.

[130] Olsen M D,Connolly D J. Experience-based travel[J]. Cornell Hotel and Restaurant Administration Quarterly,2000,41(1):30-40.

[131] Ottenbacher M C. Innovation management in the hospitality industry: different strategies for achieving success[J]. Journal of Hospitality & Tourism Research,2007,31(4),431-454.

[132] Özer B,Yamak S. Self-sustaining pattern of finance in small businesses: Evidence from Turkey[J]. International Journal of Hospitality Management, 2000,19(3):261-273.

[133] Page S J,Forer P,Lawton G R. Small business development and tourism: terra incognita[J]. Tourism Management,1999,20(4):435-459.

[134] Paton R A,McLaughlin S. Services innovation: knowledge transfer and the supply chain[J]. European Management Journal,2008,26(2):77-83.

[135] Pikkemaat B, Peters M, Bichler B F. Innovation research in tourism: Research streams and actions for the future[J]. Journal of Hospitality and Tourism Management,2019(41):184-196.

[136] Pikkemaat B, Peters M. Open innovation: a chance for the innovation Management of Tourism Destinations[J]. Open Tourism,2016:153-169.

[137] Pisano G P, Teece D J. How to Capture Value from Innovation: shaping intellectual property and industry architecture[J]. California Management Review,2007,50(1):278-296.

[138] Poorani A A, Smith D R. Financial characteristics of bed-and-breakfast inns[J]. The Cornell Hotel and Restaurant Administration Quarterly, 1995,36(5):57-63.

[139] Popelka C A, Littrell M A. Influence of tourism on handcraft evolution [J]. Annals of Tourism Research,1991,18(3):392-413.

[140] Quinn U, Larmour R, McQuillan N. The small firm in the hospitality industry[J]. International Journal of Contemporary Hospitality Management, 1992,4(1):304-311.

[141] Rainsford P. The small business institute: hands-on learning[J]. The Cornell Hotel and Restaurant Administration Quarterly, 1999, 33 (4): 73-76.

[142] Amit R, Zott C. Value Creation in E-Business [J]. Strategic Management Journal,2001,22(6/7):493-520.

[143] Reid R D, Sandler M. The use of technology to improve service quality [J]. Cornell Hotel and Restaurant Administration Quarterly, 1992, 33 (3):68-73.

[144] Roberts P W D. Financial aspects[J]. Tourism Management,1987,8(2): 147-150.

[145] Rubalcaba L. Shaping, organizing, and rethinking service innovation: a multidimensional framework[J]. J Serv Manag,2012,23(5):696-715.

[146] Russell B, Faulkner B. Entrepreneurship, chaos and the tourism area lifecycle[J]. Annals of Tourism Research,2004,31(3):556-579.

[147] Sampson S E, Froehle C M. Foundations and implications of a proposed unified service theory[J]. Prod Oper Manag Soci,2006,15(2):329-343.

[148] Scott. Success of peasant entrepreneurs[J]. Physics Procedia,2012,25: 2282-2286.

[149] Scott M, BruceR. Five stages of growth in small business[J]. Long Range Planning,1987,20(3),45-52.

[150] Shane S. Reflections on the 2010 AMR decade award: delivering on the promise of entrepreneurship as a field of research[J]. Academy of Management Review,2012,37(1):10-20.

[151] Sicotte H, Bourgault M. Dimensions of uncertainty and their moderating effect on new product development project performance[J]. R & D Management, 2008, 38(5):468-479.

[152] Sirmon D G, Hitt M A, Ireland R D. Managing firm resources in dynamic environments to create value: looking inside the black box[J]. Academy of Management Review, 2007, 32(1):273-292.

[153] Skokic V, Morrison A. Conceptions of tourism lifestyle entrepreneurship: transition economy context[J]. Tourism Planning & Development, 2011, 8(2):157-169.

[154] Smirnov A V, Shilov N, Oroszi A, et al. Changing information management for product-service system engineering: customer-oriented strategies and lessons learned[J]. International Journal of Product Lifecycle Management, 2018, 11(1):1.

[155] Stamboulis Y, Skayannis P. Innovation strategies and technology for experience-based tourism[J]. Tourism Management, 2003, 24(1):35-43.

[156] Staw B M, Epstein L D. What bandwagons bring: effects of popular management techniques on corporate performance, reputation, and CEO pay[J]. Administrative Science Quarterly, 2007, 45(3):523-556.

[157] Stevenson H, Gumpert D E. The heart of entrepreneurship[J]. Harvard Business Review, 1985, 63(2):85-94.

[158] Tajeddini K. Effect of customer orientation and entrepreneurial orientation on innovativeness: evidence from the hotel industry in Switzerland[J]. Tourism Management, 2010, 31(2):221-231.

[159] Teece D J, Pisano G, Shuen A. Dynamic capabilities and strategic management[J]. Strategic Management Journal, 1997, 18(7):509-533.

[160] Teresa B F. Managing fictitious capital: the legal geography of investment and political struggle in rental housing in New York city[J]. Environment and Planning A: Economy and Space, 48(3):465-484.

[161] Thomas R, Shaw G, Page S. Understanding small firms in tourism: a perspective on research trends and challenges[J]. Tourism Management, 2011, 32(5):963-976.

[162] Timmers P. Business Models for Electronic Markets[J]. Journal on Electronic Markets, 1998, 8(2):3-8.

[163] Tracy S J. Qualitative quality: eight "big-tent" criteria for excellent

qualitative research[J]. Qualitative Inquiry,2010,16:837-851.
[164] Ulaga W, Reinartz W J. Hybrid offerings: how manufacturing firms combine goods and services successfully[J]. Journal of Marketing,2011, 75(6):5-23.
[165] Vaccaro I G, Jansen J J P, Van Den Bosch F A J, et al. Management innovation and leadership: the moderating role of organizational size[J]. Journal of Management Studies,2012,49(1):28-51.
[166] Vargo S L, Heiko W, Melissa A A. Innovation through institutionalization: a service ecosystems perspective[J]. Industrial Marketing Management,2015, 44(1):63-72.
[167] Victurine R. Building tourism excellence at the community level: capacity building for community-based entrepreneurs in Uganda[J]. Journal of Travel Research,2000,38(3):221-229.
[168] Vila M, Enz C, Costa, G. Innovative practices in the Spanish hotel industry[J]. Cornell Hospitality Quarterly,2012,53(1):75-85.
[169] Wang S, Hung K, Huang W J. Motivations for entrepreneurship in the tourism and hospitality sector: social cognitive theory perspective[J]. International Journal of Hospitality Management,2019,78:78-88.
[170] Wanhill S. Small and medium tourism enterprises[J]. Annals of Tourism Research,2000,27(1):132-147.
[171] West J, Bogers M. Leveraging external sources of innovation: a review of research on open innovation[J]. Journal of Product Innovation Management, 2014,31(4):814-831.
[172] Williams B K. Adaptive management of natural resources—Framework and issues[J]. Journal of Environmental Management,2011,92(5):1346-1353.
[173] Williams C E, Tse E C. The relationship between strategy and entrepreneurship: the US restaurant sector [J]. International Journal of Contemporary Hospitality Management,1995,7(1):22-26.
[174] Wilson A, Zeithaml V, Bitner M J, et al. Innovation patterns in sustainable tourism—an analytical typology [J]. Tourism Management,1997,18(1): 35-41.
[175] Wilson D. Paradoxes of tourism in Goa[J]. Annals of Tourism Research, 1997,24(1):52-75.

[176] Wirtz B, WSchilke, OUllrich S. Strategic development of business models: implications of the Web 2.0 for creating value on the internet[J]. Long Range Planning,2010,43(2-3):272-290.

[177] Xiong Y,Zhang Y,Lee T J. The rural creative class:an analysis of in—migration tourism entrepreneurship[J]. International Journal of Tourism Research,2020,22:42-53.

[178] Zach F J, Hill T L. Network, knowledge and relationship impacts on innovation in tourism destinations[J]. Tourism Management,2017,62:196-207.

[179] Zhao W B, Ritchie J R B, Echtner C M. Social capital and tourism entrepreneurship[J]. Annals of Tourism Research,2001,38(4):1570-1593.

[180] 白长虹,温婧. 新常态下国内旅游创业的智慧取向及多种模式[J]. 旅游学刊,2015,30(2):3-5.

[181] 包建华,方世建,罗亮. 战略创业研究演进与前沿探析[J]. 外国经济与管理,2010,32(8):1-9,17.

[182] 保继刚,孙九霞. 雨崩村社区旅游:社区参与方式及其增权意义[J]. 旅游论坛,2008(4):58-65.

[183] 鲍艳利. 高星级酒店顾客满意度与服务创新研究[J]. 合作经济与科技,2020(22):91-93.

[184] 曹蓉. 国内外战略创业研究述评[J]. 世界科技研究与发展,2013,35(6):764-768,778.

[185] 陈劲,蒋子军,陈钰芬. 开放式创新视角下企业知识吸收能力影响因素研究[J]. 浙江大学学报(人文社会科学版),2011,41(5):71-82.

[186] 程愚,孙建国. 商业模式的理论模型:要素及其关系[J]. 中国工业经济,2013(1):141-153.

[187] 戴光全. 旅游资源创新问题的初步研究[J]. 桂林旅游高等专科学校学报,2001(1):12-14.

[188] 戴维奇,魏江. 创业心智、战略创业与业务演化[J]. 科学学研究,2015,33(8):1215-1224,1231.

[189] 戴维奇. "战略创业"与"公司创业"是同一个构念吗?——兼论中国背景下战略创业未来研究的三个方向[J]. 科学学与科学技术管理,2015,36(9):11-20.

[190] 董保宝,向阳. 战略创业研究脉络梳理与模型构建[J]. 外国经济与管理,2012,34(7):25-34.

[191] 董博文.国内连锁经济型品牌酒店商业模式的创新研究[D].福州:福建师范大学,2015.

[192] 段利民,王磊.交易成本视角下开放式创新采纳影响因素研究[J].科技进步与对策,2018,35(7):27-34.

[193] 冯雪飞,董大海.商业模式创新中顾客价值主张影响因素的三棱锥模型——基于传统企业的多案例探索研究[J].科学学与科学技术管理,2015,36(9):138-147.

[194] 高闯,关鑫.企业商业模式创新的实现方式与演进机理——一种基于价值链创新的理论解释[J].中国工业经济,2006(11):83-90.

[195] 高良谋,马文甲.开放式创新:内涵、框架与中国情境[J].管理世界,2014(6):157-169.

[196] 谷慧敏,郭帆.基于信息技术的饭店服务创新研究[J].北京第二外国语学院学报,2013,34(1):1-9.

[197] 郭峦.旅游创新的概念、特征和类型[J].商业研究,2011(12):181-186.

[198] 郭蕊,吴贵生.突破性商业模式创新要素研究[J].技术经济,2015,34(7):24-32,115.

[199] 果艳梅.企业开放式创新的影响因素研究——基于知识管理视角[J].科技创新与生产力,2015(10):24-26.

[200] 黄炜,廖姿曼,张婷婷,等.旅游演艺产业业态创新驱动机制研究——以张家界旅游演艺产业为例[J].中国证券期货,2013(2):162-163.

[201] 贾艳梅,王军.浅析企业目标市场营销战略的步骤——STP战略三步骤[J].现代商业,2013(21):27.

[202] 简兆权,肖霄.网络环境下的服务创新与价值共创:携程案例研究[J].管理工程学报,2015,29(1):20-29.

[203] 江金波,唐金稳.国外旅游创新研究回顾与展望[J].经济地理,2017,37(9):215-224.

[204] 江凌.多中心治理框架下文化旅游新业态的治理体系——以上海市探险体验+智力游戏类文旅项目为中心的考察[J].贵州大学学报(社会科学版),2020,38(6):80-91.

[205] 李菲菲,田剑.在线旅游企业商业模式创新动力因素实证研究[J].中国流通经济,2017,31(12):14-23.

[206] 李菲菲.在线旅游企业商业模式创新动力机制研究[J].商业研究,2017(12):28-34.

[207] 李娟.产业融合发展视域下乡村旅游市场营销的创新对策[J].农业经济,

2019(7):125-126.

[208] 李莉,陈雪钧.康养旅游产业创新发展的动力因素研究——基于共享经济视角[J].技术经济与管理研究,2021(4):36-40.

[209] 李凌飞.在线旅游产品创新研究[D].北京:北京交通大学,2017.

[210] 李美青.国内外农民创业模式比较研究[D].长春:吉林大学,2011.

[211] 李星群.乡村旅游经营实体创业影响因素研究[J].旅游学刊,2008,23(1):19-25.

[212] 李雪琴.基于顾客价值的在线旅游企业差异化战略研究[J].企业经济,2015(3):132-136.

[213] 李亚男.饭店业服务创新研究的脉络梳理与展望[J].重庆工商大学学报(社会科学版),2014(4):69-77.

[214] 林宗贤,吕文博,吴荣华,等.乡村旅游创业动机的性别差异研究——以台湾为例[J].旅游学刊,2013,28(5):89-98.

[215] 刘红春,李顺彩.协同治理:旅游市场综合监管的新路径[J].云南大学学报(社会科学版),2021,20(1):128-136.

[216] 刘金锋,李强.旅游创业对贵州西江千户苗寨农村妇女自我认知的影响[J].贵州农业科学,2014,42(7):251-255.

[217] 刘志阳,李斌.乡村振兴视野下的农民工返乡创业模式研究[J].福建论坛(人文社会科学版),2017(12):17-23.

[218] 刘志迎,沈磊,韦周雪.企业开放式创新动力源的实证研究[J],科学学研究,2018,36(4):732-743.

[219] 龙海莉.市场细分与目标市场问题研究[D].西安:西北工业大学,2005.

[220] 罗芬.国外旅游治理研究进展综述[J].热带地理,2013(1):96-103.

[221] 吕一博,蓝清,韩少杰.开放式创新生态系统的成长基因——基于iOS、Android和Symbian的多案例研究[J].中国工业经济,2015(5):148-160.

[222] 马妍竹.基于竞争力的四家旅行社上市公司商业模式研究[D].北京:北京工业大学,2015.

[223] 毛基业.运用结构化的数据分析方法做严谨的质性研究——中国企业管理案例与质性研究论坛(2019)综述[J].管理世界,2020,36(3):221-227.

[224] 梅姝娥,仲伟俊.企业管理创新及其过程模型研究[J].科技与经济,2013,26(4):1-5.

[225] 蒙芳.龙胜小型民营旅游经济实体创业发展的影响因素研究[D].广西:广西大学,2008.

[226] 秦宇,姜姗姗,张壮,等.互联网旅游企业创业机会来源及其识别影响因

素——一个多案例研究[J].旅游学刊,2021,36(1):69-86.
[227] 秦宇,李彬,郭为.对我国管理研究中情境化理论建构的思考[J].管理学报,2014,11(11):1581-1590.
[228] 秦宇.新制度的来源、要素和形成——旅游企业制度创新的分析框架[J].旅游学刊,2019,34(3):1-3.
[229] 曲婉,穆荣平,李铭禄.基于服务创新的制造企业服务转型影响因素研究[J].科研管理,2012,33(10):64-71.
[230] 邵利,唐仲霞,向程,等.旅游社区治理多主体共生行为模式演化探析——以青海省互助土族故土园为例[J].湖北农业科学,2020,59(24):236-241.
[231] 宋慧林,宋海岩.国外旅游创新研究评述[J].旅游科学,2013(2):1-13.
[232] 苏敬勤,林海芬.基于核心管理者的管理创新三维引进决策模型构建[J].管理评论,2013,25(4),103-114.
[233] 孙华,王楠楠,丁荣贵,等.依托组织核心能力的开放式创新模式选择[J].科研管理,2016,37(11):35-42.
[234] 孙启梦,余璐.战略创业国外研究进展述评[J].科学学与科学技术管理,2012,33(7):143-151.
[235] 孙轻宇.内向型开放式创新研究进展:战略构成、前置因素和绩效评价[J].科技进步与对策,2014,31(19):126-131.
[236] 谭云清,原海英,马永生,等.资源约束、知识搜索对企业开放式创新影响[J].科研管理,2017,38(S1):641-649.
[237] 田喜洲,谢晋宇.我国旅游业创业者胜任素质特征研究[J].旅游学刊,2011,26(10):63-68.
[238] 童斌.旅游企业组织模式创新与集团化发展路径探讨[J].企业改革与管理,2020(2):37-38.
[239] 王锋正,刘宇嘉,孙玥.制度环境、开放式创新与资源型企业转型[J].科技进步与对策,2020,37(5):114-123.
[240] 王国华.农民创业现状及其影响因素研究[D].扬州:扬州大学,2009.
[241] 王海弘,曹宁,李仲广,等.乡村旅游行业中农民创业绩效的影响因素研究[J].辽宁大学学报(哲学社会科学版),2019,47(5):70-80.
[242] 王皓.变革时代旅游市场主体创新动力因素研究[J].中外企业家,2015(33):23-24.
[243] 王京传,李天元.国外旅游目的地治理研究综述[J].旅游学刊,2013(6):15-25.
[244] 王鑫鑫,王宗军.国外商业模式创新研究综述[J].外国经济与管理,2009,

31(12):33-38.

[245] 王学峰.旅游产品创新的基本问题探析[J].山东师范大学学报(自然科学版),2002,17(4):58-61.

[246] 韦晓英.开放式创新下的企业人力资源管理变革策略研究——基于海尔实践的案例分析[J].管理现代化,2019,39(6):87-92.

[247] 魏国宏,闫强.知识场活性对企业开放式创新绩效影响研究[J].经济问题,2019(10):64-70.

[248] 闻波.社会化网络、知识协同与开放式创新:影响因素与作用框架实证研究[J].现代情报,2017,37(9):68-74.

[249] 吴晓波,周浩军.创业研究视角及主要变量:综述与展望[J].重庆大学学报(社会科学版),2010,16(4):35-44.

[250] 夏杰长,姚战琪.中国服务业开放40年——渐进历程、开放度评估和经验总结[J].财经问题研究,2018(4):3-14.

[251] 徐凤增,林亚楠,王晨光.社会创业对乡村旅游利益分配模式的影响机理研究——以山东省中郝峪村为例[J].民俗研究,2019(5):122-135,159-160.

[252] 徐红罡,马少吟.旅游小企业的创业机会识别研究——桂林阳朔西街案例[J].旅游学刊,2012,27(8):18-26.

[253] 徐红罡,唐周媛.旅游发展背景下民族手工艺企业家创业过程研究[J].西南民族大学学报(人文社会科学版),2014(9):124-129.

[254] 徐虹,刘宇青,梁佳.顾客感知酒店服务创新的构成和影响研究——基于来自经济型酒店的数据[J].旅游学刊,2017,32(3):61-73.

[255] 徐仰前,吕毅华.我国酒店服务产品创新现状及影响因素分析[J].商场现代化,2008(6):240-242.

[256] 许春晓,邹剑.酒店员工知识共享对服务创新的影响研究[J].旅游学刊,2010,25(11):66-72.

[257] 薛捷.管理创新的概念内涵及其生成机制研究[J].科学学与科学技术管理.2011,32(12),53-58,64.

[258] 阳银娟,陈劲.企业实际独占性机制对开放式创新的影响[J].技术经济,2018,37(2):2-9,76.

[259] 杨同华.生态产业集群内知识转移对开放式创新的影响研究[D].南昌:江西财经大学,2018.

[260] 杨学儒,杨萍.乡村旅游创业机会识别实证研究[J].旅游学刊,2017,32(2):89-103.

[261] 杨玚.酒店企业创新的理论体系和酒店创新管理模式构建研究[J].吉首大学学报(社会科学版),2018,39(S2):79-81.

[262] 于淼,马文甲.CEO个性、资源拼凑与开放式创新——基于中小企业视角的研究[J].山西财经大学学报,2018,40(5):83-94.

[263] 于晓宇,李雅洁,陶向明.创业拼凑研究综述与未来展望[J],管理学报,2017,14(2):306-316.

[264] 余传鹏,尚钰,张振刚.结构性权力和知识基础理论整合视角下管理创新实施对创新绩效的影响[J].技术经济,2019,38(1):48-55,88.

[265] 余传鹏,叶宝升,朱靓怡.知识交换能否提升旅游企业员工的服务创新行为?[J]旅游学刊,2020(12),92-108.

[266] 岳鹄,张宗益,朱怀念.创新主体差异性、双元组织学习与开放式创新绩效[J].管理学报,2018,15(1):48-56.

[267] 张环宙,李秋成,黄祖辉.资源系统、家族网依赖与农民创业旅游小企业成长关系研究[J].浙江社会科学,2018(12):52-59,156-157.

[268] 张岚,何雪莹,曹芳东.互联网旅游企业云服务创新对品牌资产价值影响研究[J].南京师大学报(自然科学版),2020,43(2):78-83.

[269] 张灵丹,罗芬.国外旅游企业家精神研究进展[J].中南林业科技大学学报(社会科学版),2021,15(2):122-130.

[270] 张露萍.旅游类垂直社交媒体平台的互动发展模式分析——以马蜂窝旅游为例[J].传媒,2019(3):66-68.

[271] 张耀一.乡村旅游社区参与开发模式与利益分配机制研究[J].农业经济,2017(3):65-66.

[272] 武晓英,李辉,李伟.社区参与旅游发展的利益分配机制研究——以西双版纳民族旅游地为例[J].北京第二外国语学院学报,2014,36(11):59-67.

[273] 张毓峰,乐雅.旅游目的地治理理论构建:一个整合分析框架[J].财经科学,2019(8):123-132.

[274] 张卓,魏杰.开放式创新:基于战略过程的分析框架与研究展望[J].管理现代化,2018,38(1):51-54.

[275] 赵伟勤.开放式创新、企业知识异质性与创新绩效的关系研究[D].昆明:云南财经大学,2018.

[276] 赵武,王珂,秦鸿鑫.开放式服务创新动态演进及协同机制研究[J].科学学研究,2016,34(8):1232-1243.

[277] 周常春,王玉娟,徐国麒.民族村寨旅游利益分配机制的影响研究——以可邑村为例[J].中南林业科技大学学报(社会科学版),2013,7(1):1-6.

[278] 周翼翔,王秀秀,吴俊杰.国内外战略创业研究的演进路径、热点与趋势——基于CiteSpace的可视化分析[J].浙江树人大学学报(人文社会科学),2021,21(1):87-95,104.

[279] 朱竑,戴光全,保继刚.历史文化名城苏州旅游产品的创新和发展[J].世界地理研究,2004,13(4):94-101.

[280] 庄晋财,尹金承,庄子悦.改革开放以来乡村创业的演变轨迹及未来展望[J].农业经济问题,2019(7):83-92.

著作

[1] 戴斌.创业照耀旅游的星空[M].北京:旅游教育出版社,2015.

[2] 戴斌,李仲广,肖建勇.游客满意论——国家战略视角下的理论构建和实践进程[M].北京:商务印书馆,2015.

[3] 郭峦.旅游创新系统理论与应用研究[M].北京:经济管理出版社,2014.

[4] 凯瑟琳·马歇尔,格雷琴·B.罗斯曼.设计质性研究:有效研究计划的全程指导[M].5版.重庆:重庆大学出版社,2015.

[5] 李彬,李朋波,秦宇.中国旅游企业创新创业发展报告(2016—2017)[M].北京:旅游教育出版社,2018.

[6] 李彬,秦宇.中国旅游企业创新创业发展报告(2017—2018)[M].北京:旅游教育出版社,2019.

[7] 李亮,刘洋,冯永春.管理案例研究:方法与应用[M].北京:北京大学出版社,2020.

[8] 李平,杨政银,曹仰锋.再论案例研究方法:理论与范例[M].北京:北京大学出版社,2019.

[9] 秦宇,李彬,张德欣,等.中国旅游企业创新创业发展报告(2014—2015)[M].北京:旅游教育出版社,2015.

[10] 翁君奕.商务模式创新企业经营"魔方"的旋启[M].北京:经济管理出版社,2004.

[11] 肖星,王景波.旅游资源学[M].天津:南开大学出版社,2013.

[12] 徐淑英,任兵,吕力.管理理论构建论文集[M].北京:北京大学出版社,2016.

[13] 亚历山大·奥斯特瓦德,伊夫·皮尼厄.商业模式新生代[M].王帅,毛心宇,严威,译.北京:机械工业出版社,2015.

[14] 张玉利,薛红志,陈寒松,等.创业管理[M].北京:机械工业出版社,2016.

[15] 郑红,钟栎娜,张德欣.旅游创业启示录——思辨商业模式与多元化创业[M].北京:旅游教育出版社,2016.

[16] 钟栎娜.中国旅游电商简史:1999—2019[M].北京:经济管理出版社,2020.